냉장고를
공짜로
드립니다

냉장고를 공짜로 드립니다

김학용 지음

책들의정원

스마트 디바이스 기반의
서비스 플랫폼을 선점하라!

최근 5G 기술과 디지털 트랜스포메이션Digital Transformation에 대한 관심이 뜨겁다. 미디어에서는 하루가 멀다며 5G에 대한 이야기가 나오고, 오프라인에서는 디지털 트랜스포메이션에 대한 세미나나 워크숍, 그리고 다양한 실천적인 활동들이 광범위하게 진행되고 있다. 경쟁자들보다 먼저 5G 기술을 도입하고 디지털 전환을 하면 마치 생각하는 모든 일이 가능해지고 자신이 종사하는 분야를 평정할 수 있는 것처럼 말이다. 첨단 분야에서 일어나고 있는 이런 상황을 바라보는 것이 나는 몹시 불편하다. 특정 분야의 전문가나 전문 매체들이 보다 냉정하고 객관적으로 기술과 현상에 대해 설명하고 미래에 대한 전망과 전략을 제시해야 하는데, 그러기는커녕 마치 선동가라도 되는 것처럼 지나치게 화려하고 긍정적인 측면만 강조하고 있기 때문이다. 여러 가지 현실적인 이유가 있겠지만, 이런 모습은 과거에 새로운 기술이나 트렌드가 등장했을 때도 어김없이 나타났던 모습이다.

실제로 이 《냉장고를 공짜로 드립니다》에서 다루고자 하는 사물인터넷도 예외는 아니었다. 대략 2013년부터 본격적으로 논의되기 시작한 사물인터넷도 2~3년간은 세상의 모든 관심을 독차지했다. 사물인터넷만 보급되면 세상의 모든 것들이 알아서 동작하고 세상은 더욱 풍요로워지며 살기 좋은 곳으로 바뀔 것처럼 이야기했다. 물론 나도 그런 꿈과 희망을 안겨주는 데 한몫을 담당했던 것을 부인할 수는 없다. 하지만 그로부터 또 몇 년이 지난 지금의 모습은 어떠한가?

시나브로 사물인터넷에 대한 관심은 냉소와 불신으로 바뀌고 있다. 사물인터넷이 인터넷이나 모바일과 아주 유사한 비즈니스 기반을 제공하는 기술임에도 불구하고 구글이나 페이스북, 우버나 넷플릭스처럼 성공한 사물인터넷 기업을 찾는 일은 쉽지 않기 때문이다. 그러다 보니 아직도 사물인터넷 이야기를 하면 왠지 시대에 뒤처지는 사람처럼 생각하거나 망상가처럼 바라보기도 한다. 하지만 나는 그렇지 않다고 생각한다.

전 세계에서 가장 높은 시가 총액을 자랑하는 기업들은 대부분 인터넷뿐만 아니라 사물인터넷을 기반으로 새로운 도약을 하고 있기 때문이다. 아마존과 마이크로소프트가 그렇고 구글도 예외는 아니다. 그리고 전통적인 산업 분야에서도 사물인터넷을 기반으로 시장의 지위를 굳건히 하거나 혹은 시장 1위로 치고 올라오는 경우도 다수 발견된다. 중장비 제조사인 캐터필러나 고마쓰제작소, 도미노피자, 스타벅스, 테슬라 등이 대표적이다. 이외에도 토발라나 펠로톤, 메트로마일 등과 같은 스타트업 기업들도 주목을 받고 있다.

그럼에도 불구하고 사물인터넷에 대한 시각이 회의적인 이유는 딱 하나다. 사물인터넷이 매출을 일으키는 데 직접적인 기여를 못 하는 것처럼 보이기 때문이다. 즉, 사물인터넷 제품이나 솔루션을 판매해서 성공한 기업들이 거의 보이지 않는다는 것이다. 그러나 이런 생각은 잘못된 것이다. 사물인터넷은 기존 비즈니스를 활성화시키기 위한 수단일 뿐이지 그 자체가 최종적인 목적이 아니기 때문이다.

실제로 앞에서 예를 든 기업들은 사물인터넷 디바이스의 판매보다는 이들을 이용해서 기존의 비즈니스를 활성화시킨 회사들이 대부분이다. 즉, 기존에 존재하던 제품이나 서비스들을 인터넷에 연결시킴으로써 새로운 고객 가치를 만들어 내고 이를 다양한 방식으로 고객에게 전달하며 이를 통해 더 많은 수익을 창출하기 위해 노력했던 것이다. 기존에 인터넷이나 모바일을 기반으로 시장을 파괴했던 기업들처럼 말이다. 나는 이런 이야기들을 매우 오래전부터 해왔었다. 실제로 2014년 9월《사물인터넷: 개념, 구현기술, 그리고 비즈니스》라는 책을 출간한 이후부터 사물인터넷 기반의 비즈니스 전략에 대한 내용들을 정리하고 이와 관련된 특강이나 기업 교육을 여러 차례 진행했으며, 기업의 자문 활동도 진행 중이다. 이런 내용을 정리하는 과정만 네 번을 반복했다.

《냉장고를 공짜로 드립니다》는 마지막으로 정리한 800쪽 분량의 내용을 절반도 안 되는 분량으로 압축한 것이다. 그래서 이미 성숙 단계에 들어선 제조업 분야의 사물인터넷Industrial IoT 이야기는 과감히 삭제했다. 대신 디바이스를 서비스화하거나 서비스 기업들이 사물인터넷 디바이스를 활용하는 방법에 집중했다. 이러한 내용을 대상 고객의 유형이나 활용 분야에 따라 정리하고, 제로 클릭 경제나 성과 경제처럼 이와 관련된 주목할 만한 트렌드를 함께 소개했다.

지난 4~5년간 이 책을 쓰기 위해 정말로 많은 시간 동안 고민과 노력을 아끼지 않았다. 그 과정에서 내가 찾은 답은 사물인터넷 디바이스 기반의 서비스 플랫폼을 선점하는 것이 가장 중요하다는 것이었다. 이 책은 그에 대한 다양한 접근법과 일부 구체적인 방법들을 제시하고 있다. 여기 담긴 내용들이 새로운 시대의 비즈니스 패러다임을 이해하고 본격적으로 사물인터넷 기반의 비즈니스를 시작하려는 분들에게 훌륭한 가이드가 되기를 바란다.

마지막으로 이 책이 빛을 볼 수 있게 도와주신 여러 분들과 부족한 원고를 멋진 책으로 만들 수 있게 도와주신 책들의정원 출판사 관계자분들께 깊은 감사의 말씀을 드린다. 또한, 옆에서 묵묵히 기다려주고 응원해준 아내 구현정과 딸 김태연에게도 고맙고 사랑한다는 말을 전하고 싶다. 그리고 항상 아들 걱정부터 하시는, 사랑하는 어머니께도 마음 깊이 감사드린다.

2019년 10월
수원에 있는 나만의 노리터老利터에서
김학용

Contents

Section 7. 일상을 스마트하게 만드는 IoT 디바이스

Section 8. 생활 서비스에 스마트 디바이스를 더하다

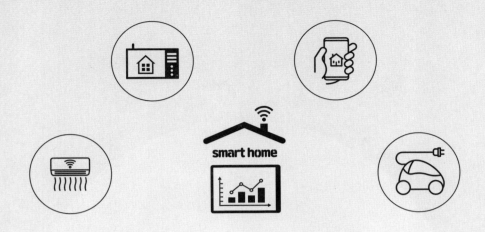

Section 9. 서비스 플랫폼 디바이스에 주목하라

Section 10. 디지털 전환을 준비하라

Section
1

냉장고를
공짜로 드립니다

2015년 9월, 글로벌 시장조사기관이자 컨설팅 업체인 가트너Gartner는 서울 강남에 있는 코엑스 인터컨티넨탈 호텔에서 로컬 브리핑Local Briefing 행사를 개최했다. 행사의 발표자로 참석한 짐 툴리Jim Tully 부사장은 발표 중에 다음과 같은 말을 했다. "사물인터넷Internet of Things 시대에는 냉장고를 공짜로 주게 될 것입니다."[1] 짐 툴리 부사장의 이 발언에 객석에 앉아 있던 사람들은 고개를 갸우뚱했다. 제값을 받고 팔아도 남는 게 별로 없는데 냉장고를 공짜로 준다는 것이 말이 되지 않았기 때문이다.

　　그럼에도 불구하고 짐 툴리 부사장은 발언을 이어 갔다. "냉장고를 공짜로 주더라도 냉장고 가격보다 최대 5배나 더 많은 돈을 벌 수 있을 것입니다." 이 말을 들은 청중 중에는 어이없다는 듯 코웃음을 치며 더 이상 들을 필요도 없다는 듯 자리를 뜨는 사람들이 나타났다. 현실을 제대로 알지도 못하면서 이상적인 이야기만 하는 컨설턴트의 말에 짜증이 났던 것이다.

　　그로부터 몇 년이 지난 지금도 기업가들은 짐 툴리 부사장의 주장에 별다른 관심을 두고 있지 않다. 그나마 다행스러운 것은 실무를 담당하는 몇몇 사람들과 일부 기업의 임원들이 짐 툴리 부사장의 생각에 조금씩 동조하기 시작했다는 것이다. 그리고 이러한 변화가 머지않아 본격화될 것이라고 단언한다. 첨단 디지털 기술과 비즈니스 모델로 무장한 외국의 선진 기업들 사이에서는 짐 툴리 부사장이 말하는 비즈니스 전략이 이미 뉴노멀New Normal로 자리를 잡아가고 있기 때문이다.

삼성전자의
프리미엄 냉장고

삼성전자는 2016년 1월 초 미국 라스베이거스에서 열린 2016 국제가전박람회CES 2016에서 사물인터넷 냉장고인 패밀리허브Family Hub를 처음으로 공개했다. 그리고 약 석 달 후인 2016년 3월 30일, 서울 강남에 있는 삼성전자 서초사옥에서 개최된 미디어데이 행사에서 자사의 첫 번째 사물인터넷 냉장고인 패밀리허브를 출시한다고 공식 발표했다.[2]

패밀리허브는 삼성전자의 프리미엄 냉장고인 '셰프 컬렉션Chef Collection'라인업에 속하는 제품으로, 프리미엄 냉장고의 핵심인 정온냉장과 정온냉동 기능을 이용하여 냉장고의 기본인 신선 식품 보관에 최적화된 냉장고다.[3] 초기 제품은 블랙캐비아 색상에 850 *l* 용량의 단일 모델로 출시되었으며, 판매가는 649만 원(약 5,500달러)이었다.

비슷한 용량의 보급형 냉장고인 삼성전자의 지펠이나 LG전자의 디오스 냉장고의 가격이 200만 원 내외인 점을 고려하면 무려 3배 이상 비싼 가격이다. 물론 그 이후에 2~300만 원대의 보급형 제품들이 출시되기도 했으나, 한 대에 1,470만 원이나 하는 슈퍼 프리미엄 제품도 함께 출시하고 있다.

그냥 흔한 백색가전제품 중의 하나인 냉장고의 가격이 이렇게나 비싼가 하고 놀라는 사람들도 있을 것이다. 실제로 인터넷 검색만 잘하면 세련된 디자인의 아주 저렴한 냉장고를 발견할 수 있으니 말이다. 그러나 패밀리허브가 이렇게 비싼 데에는 다 이유가 있다. 음식물이나 식자재를 보다 신선하게 오래 저장하기 위한 기능을 포함해 일반 냉장고에 비해 고성능, 고정밀, 고품격의 삼박자를 모두 갖추고 있기 때문이다.

일반 냉장고의 경우 냉장고 운전 시 냉동실 온도 편차가 최대 ±1.5℃에 달하지만 패밀리허브는 이것의 1/3에 불과한 ±0.5℃에 불과하다.[4] 게다가 세 개의 냉장 혹은 냉동실마다 독립적인 냉각기를 사용함으로써, 공간마다 온도와 습도를 따로 조절해주기 때문에 공간별로 최적의 식품 보관이 가능하다. 또한 살균력이 99.9%에 달하는 이온 살균 청정기를 내장하고 있어서 안심하고 깔끔하게 냉장고를 사용할 수 있다. 이외에도 다양한 첨단 기능을 탑재하고 있으며, 미러 소재를 적용한 고급스러운 엣지 미러 핸들 디자인을 적용하고 있다. 놀라운 기능이 많지만 삼성전자는 이런 특성들을 크게 강조하지 않는다. 이런 내용들은 패밀리허브 냉장고를 소개하는 인터넷 페이지를 방문해야만 알 수 있는 사실들이다. 패밀리허브 냉장고와 관련된 TV 광고나 선전물들을 보면 음식을 신선하게 보관할 수 있다는 것보다는 패밀리허브가 새롭게 제공하는 스마트한 기능들에 주로 초점이 맞춰져 있다.

대표적인 것이 냉장고 문에 부착된 대형 화면이다. 패밀리허브의 한쪽 도어에는 21.5인치 풀HD 터치스크린이 장착되어 있다. 사용자는 이 스크린을 통해 냉장고 문을 열지 않고도 냉장고에 보관 중인 식자재의 유효기간을 확인할 수 있다. 또, 냉장고에 있는 식자재를 이용해서 만들 수 있는 요리들을 추천해주기도 한다. 세계 최정상급 셰프들과 함께 개발한 '클럽드셰프Club des Chefs'와 '만개의 레시피' 같은 애플리케이션(이하 앱)을 함께 제공하기 때문이다. 선택된 레시피는 스크린에도 표시되며 단계별로 음성 가이드가 단계별로 안내해준다.

만약, 어떤 요리를 하는 데 필요한 식자재가 있다면 냉장고를 이용해서 주문할 수도 있다. 온라인 쇼핑몰 앱을 이용해 마트에 가지 않고도 식자재를 주문하는 것이 가능하다. 이뿐만이 아니다. 요리를 하면서 음악을 듣거나 동영상을 시청할 수도 있고, 냉장고 앞에 서면 자동으로 날씨나 뉴스, 교통정보 같은 생활 정보를 제공해주기도 한다.

2017년에 새롭게 출시된 패밀리허브 2.0은 슈퍼 프리미엄 제품으로 포지셔닝되었다. 기존 제품에서 제공되던 푸드 매니지먼트, 패밀리 커뮤니케이션, 엔터테인먼트 기능을 더욱 강화했으며 가족 구성원별 개인 계정 설정 및 사용자 인터페이스 개선 등 사용 편리성도 대폭 강화했다.[5] 특히 2017년 8월에는 삼성전자의 음성인식 서비스인 '빅스비Bixby'를 탑재하기도 했다. 따라서, 말을 통해 앱을 실행하거나 스마트홈 제품들의 상태를 확인하거나 동작을 제어하는 것도 가능하다. 말 그대로 냉장고만 있으면 다양한 스마트 서비스들을 이용할 수 있는 것이다. 물론 이 모든 기능은 집 밖에서 스마트폰 앱을 통해서도 이용할 수 있다. 패밀리허브가 인터넷에 연결되는 사물인터넷 냉장고이기 때문이다.

이후 삼성전자는 패밀리허브의 후속 모델을 지속적으로 출시하고 있다. 독일 베를린에서 열렸던 IFA 2016에서는 패밀리허브의 유럽형 모델을 출시한 바 있으며, 2018년에는 패밀리허브 3.0을 출시하기도 했다. 2017년 국내에서 출시된 패밀리허브 적용 냉장고 라인업은 셰프컬렉션 2종, 4문형 T9000 3종, 그리고 양문형 F9000 1종 등 총 6종에 달한다.[6]

유럽형 패밀리허브는 상냉장 하냉동의 2도어 타입으로 기존의 독립 냉각 시스템 및 미세정온기술을 그대로 적용하고 있으며, 영국의 유명 레시피 서비스인 '위스크Whisk', 27만 개의 레시피를 제공하는 독일의 '셰프콕Chefkoch', 이탈리아의 식품 배송 서비스인 '수페르마르카토24Supermercato24' 등 유럽 각 지역에 특화된 앱과 서비스를 다수 탑재하고 있다.[7]

패밀리허브 기획자의 말에 따르면 "패밀리허브는 냉장고 본연의 기능에 사물인터넷과 엔터테인먼트 관련 요소를 더해 주방을 '생활 중심 공간'으로 만드는 것이 목표"라고 한다.[8] 제품의 이름이 패밀리허브인 것도 냉장고가 가족의 중심, 생활의 중심이 되기를 바라는 희망을 그대로 담은 것인 듯싶다. 그러나 패밀리허브 2.0의 희망소비자가격이 최대 1,470만 원이나 한다는 점을 고려하면 이 제품이 가족이나 생활의 중심은커녕 제대로 보급이나 될 수 있을지 의문이다.

어쨌든 삼성전자가 패밀리허브를 공개한 이후 글로벌 주요 가전 제조사들도 슈퍼 프리미엄급 사물인터넷 냉장고를 잇달아 출시하고 있다. LG전자도 2017년 초에 웹OS 기반의 사물인터넷 냉장고를 공개한 바 있으며, IFA 2017에서는 보쉬BOSCH, 지멘스Siemens, 밀레Millet 같은 유럽의 대표 가전 회사들뿐만 아니라 하이얼Haier, 하이센스Hisense 같은 중국 대표 가전기업들도 스마트 냉장고를 선보였다.9)

이들도 대부분 냉장고 도어에 대형 스크린을 추가하고 있으며 스마트폰 앱과 냉장고를 연동시키고 있다. 또한, 자사의 냉장고에 아마존Amazon의 인공지능 비서인 알렉사Alexa나 구글Google의 구글 어시스턴트Google Assistant를 기본 탑재함으로써 냉장고의 이용 편의성을 높이고 있다. 패밀리허브처럼 음성으로 냉장고의 주요 기능을 실행하거나 다른 가전제품들을 제어하고 생활 정보를 확인하거나 쇼핑하는 것이 가능하다.

일본의 파나소닉Panasonic은 IFA 2017에서 음성인식뿐만 아니라 자율주행 기능까지 탑재하고 있는 냉장고를 공개하기도 했다.10) 이 냉장고는 멀리서도 사용자의 음성 명령을 인식할 수 있어서, 평상시에는 빌트인 방식으로 제작된 부엌에 위치하고 있다가 주인이 부르면 냉장고가 스스로 조리대나 식탁 옆으로 다가온다. 자율주행 기능뿐만 아니라 이미지 인식 기능도 포함되어 있어서 때때로 바뀌는 집안 구조를 실시간으로 반영하는 맵핑 기술도 탑재되어 있다. 또한, 내장된 라이더LiDAR 센서와 심도 센서를 통해 주행 중 움직이는 사람이나 반려동물이 발견되면 멈췄다가 다시 이동하기도 한다.

이렇게 다양한 기능들이 포함되어 있는 냉장고가 신기하게 느껴지는 사람들도 있겠지만, 주요 가전제조사들은 이미 20년 전부터 냉장고에 다양한 아이디어를 접목한 스마트 냉장고를 만들어 왔다. 일례로, LG전자는 2000년에 세계 최초로 인터넷에 연결되는 스마트 냉장고를 출시하기도 했다. 감압식이기는 하지만 이 냉장고에도 터치스크린이 포함되어 있었으며 컴퓨터 비전 기술을 이용한 영수증 인식 기능도 포함되어 있었다.11) 그러나 다수 기업의 이러한 노력에도 불구하고 아직까지 주목할 만한 반응을 이끌어 낸 스마트 냉장고는 없었다. 기존에는 경험할 수 없었던 다양한 첨단 기능들을 제공하기는 했지만, 냉장고가 여전히 단독형으로 사용되었으며 기존 냉장고와 차별화된 고객가치는 제공하지 못했기 때문이다.

반면, 최근 출시되고 있거나 향후 출시될 냉장고들은 조금 다를 것으로 기대된다. 기존의 냉장고들과는 달리 최근 출시되고 있는 스마트 냉장고들은 인터넷을 통해 집 안에 있는 다양한 가전제품들뿐만 아니라 일상생활과 관련된 다양한 서비스들과 연결되고 있기 때문이다. 이를 통해 그동안 단독형 제품들이 제공할 수 없었던 새로운 서비스와 고객 가치를 제공해줄 것으로 기대된다.

공짜로 주면
더 큰 이익으로 돌아온다

앞에서 잠깐 언급했듯이, 2015년 9월 1일, 서울 삼성동에 있는 인터콘티넨탈 호텔에서는 세계적인 시장조사업체인 가트너의 '로컬 브리핑' 행사가 개최됐다. 로컬 브리핑 행사는 가트너가 전 세계를 돌면서 개최하는 반나절짜리 행사로 가트너의 전문가들이 고객들을 대상으로 IT 산업에서 가장 주목할 만한 이슈와 전망에 대해 소개하는 자리다. 2015년 9월에 서울에서 열렸던 로컬 브리핑 행사의 주제는 당시 가장 뜨거웠던 주제인 사물인터넷이었다. (행사 주제의 정확한 명칭은 '가트너 로컬 브리핑: 가트너 테크놀로지-IoT'였다.)

이 행사에는 가트너의 짐 툴리 부사장과 로저 셍Roger Sheng 연구이사, 그리고 미셸 라이츠Michele Reitz 수석 애널리스트가 참석해 '사물인터넷 시대의 떠오르는 비즈니스 기회Emerging business opportunities in the Internet of Things' 및 '하드웨어의 공급과 IoT 솔루션을 연결하는 디지털 비즈니스The Digital Business Bridge

From Your Hardware offering To An IoT Solution'라는 주제에 대해 자신들의 생각을 발표했다. 발표의 내용은 어떤 분야에서 사물인터넷 기반의 비즈니스 기회가 나타나고 있고 사물인터넷 솔루션 벤더들은 어떤 산업 분야 및 활용 분야를 목표로 해야 하는지에 대한 내용이었다. 또한, 사물인터넷 시장에서 어떻게 포지셔닝을 해야 하며 사물인터넷을 기존의 디지털 기반의 비즈니스와 어떻게 통합하고 그에 따라 비즈니스 모델은 어떻게 만들어 나가야 할 것인가 등에 관한 내용이었다.

이날 행사에서는 고작 세 개의 주제 발표만 있었지만, 모두 비즈니스 관점에서 매우 통찰력이 있는 내용이었다. 그중에서도 특히 주목할 만한 것은 사물인터넷 시대의 비즈니스 방식에 대한 짐 툴리의 발표였는데 "사물인터넷 시대에 하드웨어 업체들이 살아남기 위해서는 냉장고를 공짜로 팔아야 한다"는 것이었다.

수백만 원을 넘어 1,000만 원을 호가하는 냉장고를 공짜로 주는 것이 말이 되느냐는 생각을 할 수도 있겠지만, 그 대가로 냉장고 사용 정보에 대한 권한을 확보한 후 이를 다른 생활 서비스의 마케팅 등에 활용하면 손해를 보지 않는다는 것이다. 냉장고뿐만 아니라 냉장고와 관련된 정보를 함께 판매할 경우 단순히 냉장고 하드웨어만 판매하는 것보다 오히려 5배 이상의 이익을 거둘 수도 있다는 것이 그의 주장이다.

짐 툴리는 "앞으로는 사물인터넷 분야의 이익이 100% 소프트웨어나 서비스 분야에서 창출될 것이다"라며 자신의 주장을 조금 더 일반화시키기도 했다. 지금까지는 새로운 제품들의 성능이 기존 제품보다 뛰어나 더 많은 일을 할 수 있었기 때문에 주기적으로 새 제품을 구매해야 하는 것이 일반적이었으나, 사물인터넷 기기들은 사용자 데이터를 수집해 전송하는 것이 가장 중요한 기능이며 이러한 기능들은 시간이 지나도 제품의 성능에 크게 영향을 받지 않는다는 것이다. 그러나 짐 툴리의 주장을 잘 이해하지 못했던 행사 참석자들은 그의 말을 쉽사리 받아들일 수 없었다. 그의 주장은 성능과 품질을 중심으로 경쟁하고 있는 우리의 현실과는 전혀 다른 이야기였으며, 설령 시대가 바뀌더라도 그의 말처럼 될지는 알 수 없는 일이었다. 특히 음식을 신선하게 저장만 하면 됐던 냉장고가 도대체 어떤 데이터를 만들어내고 그런 데이터가 과연 수익화로 이어질지에 대해서는 너무나 막연하게 느껴졌다.

그로부터 4년이 지났지만, 우리 기업들은 사물인터넷을 어떻게 활용하고 그로부터 어떤 가치를 뽑아낼 것인가에 대해서 여전히 감을 잡지 못하고 있는 것 같다. 그뿐만 아니라, 사물인터넷이 기업이나 전체 산업의 변화를 이끌 수 있을 것인지에 대해서도 여전히 의심스러워하는 눈치다. 그러나 시장은 시나브로 짐 툴리가 말했던 대로 변해 가고 있다. 그리고 이러한 변화를 선도하는 아마존이나 도미노피자Domino's Pizza 같은 기업들은 시가총액이 1조 달러를 돌파하기도 하고 업계 1위로 부상하며 시장의 판도를 뒤바꾸고 있다.[12]

변화에 빠르게 적응하는 자가
살아남는다

냉장고를 판매하는 대신 냉장고에서 생성된 데이터를 바탕으로 간접적인 수익을 올린다는 주장이 어느 정도는 그럴싸해 보이지만, 과연 현실성이 있는 것인지에 대해서는 여전히 의심이 가시지 않는다. 더군다나 간접적인 수익만으로 냉장고 판매보다도 5배나 많은 이익을 얻을 수 있을지에 대해서는 더더욱 확신이 서지 않는다.

뒤에서 자세히 소개하겠지만 이런 식으로 비즈니스를 전개하고 있는 기업들이 이미 다수 존재하고 있다. 제너럴일렉트릭General Electric, GE이나 캐터필러Caterpillar와 같은 글로벌 기업뿐만 아니라 펠로톤Peloton이나 오스카 건강보험Oscar Health Insurance 같은 신생 기업들이 대표적이다. 그리고 최근에는 중국의 샤오미Xiaomi가 10~30만원대의 저렴한 냉장고들을 다수 출시하기도 했다. 지금 이런 시도가 정말로 현실성이 있는 것인지, 언제부터 가능하냐를 논의

하는 것은 사실 무의미하다고 생각한다.

　그보다는 사물인터넷과 관련된 새로운 비즈니스 모델을 도입하기 위해 어떤 준비를 해나가야 하는지 제품과 수익 모델에서부터 사업 전략에 이르기까지 구체적이고 체계적으로 고민하는 것이 더 중요할 것이다. 이에 대해서는 섹션 3에서부터 하나씩 소개할 것이다. 그에 앞서, 여기서는 왜 지금 우리가 이런 논의를 해야 하는지를 잠깐 짚어보기로 한다. 우리는 지금 이 시점에 왜 이런 문제를 고민해야 하는 것일까? 기존처럼 상품의 원가를 최소화하기 위해 열심히 기술을 개발하고, 더 정밀하고 성능이 뛰어나며 더 미려한 디자인의 제품을 만들어서 고객가치를 높이면 되는데 말이다. 또, 제품을 더 잘 팔기 위해 시장을 조사하고 타깃 고객을 선정하고 전략적으로 상품 가격을 책정, TV나 인터넷을 통해 마케팅을 함으로써 경쟁사들을 압도하면 되는데 말이다.

　사실, 당분간은 기존의 방식으로 사업을 전개해도 커다란 문제는 없을 것이다. 대부분의 경쟁자도 비슷한 생각을 하고 있고 비슷한 방식으로 일을 할 것이기 때문이다. 그들도 세상이 어떻게 바뀔지 알지 못하며, 설령 안다고 하더라도 어떻게 대처해야 할지 몰라 경쟁자들이 움직일 때까지 눈치만 보고 기다리고 있을 것이다. 현재의 우리를 만든 패스트 팔로워Fast Follower의 구습이 몸에 배어 있기 때문이다.

　그러나 머지않아 상황은 급격히 바뀔 것이라고 생각한다. 그동안 세상을 지배하던 비즈니스 패러다임을 파괴하는 시장 파괴자들이 등장하고 있다는 점이 이 생각을 뒷받침해준다. 그들은 첨단기술로 무장하고 있지만, 기존의 보편화된 기술과 첨단기술을 조화롭게 이용할 줄 안다. 그들은 기존의 비즈니스 모델에 새로운 비즈니스 모델을 결합해서 이용할 줄 알며 고객들이 진정으로 원하는 가치에 대한 인사이트를 가지고 있다. 고객이 진정으로 원하는 기능과 불필요하게 제품의 가격만 올리는 기능들을 구분할 줄 안다.

이러한 변화는 최근 우리가 사물인터넷이라고 부르는 연결성connectivity에서 시작한다. 연결성은 그동안 단독으로 사용되었던 제품들을 사용자뿐만 아니라 다른 제품이나 서비스들과 연결하고 있다. 이것은 사업자들로 하여금 제품이나 그 제품을 이용하는 사용자의 상태나 제품 이용 패턴에 대해 알려주며, 이렇게 얻어진 사용자 정보는 기존의 제품이나 서비스가 제공할 수 없었던 새로운 고객가치를 제공한다. 또한 연결성은 새로운 가치를 만들 뿐만 아니라 이렇게 만들어진 가치를 고객에게 전달하는 방식도 바꾸고 있으며 이를 통해 수익을 창출하는 방식마저 바꾼다. 비즈니스 방식을 통째로 바꾸고 있는 것이다. 이러한 변화는 단순히 인터넷을 통해 서비스 제공자와 서비스 이용자를 연결함으로써 플랫폼 기반의 비즈니스를 전개하던 단계를 넘어선다. 다양한 디바이스에서 생성되는 데이터는 여러 가지 서비스들과 연결되며 플랫폼 생태계를 확장시키고 결과적으로 기업이 일하는 방식은 물론 우리의 생활 방식을 완전히 뒤바꿀 것이기 때문이다.

이들은 스마트홈이나 스마트팩토리처럼 개별적인 서비스 형태로 발전해 나가겠지만, 진화 과정에서 한데 뭉쳐 하나의 도시가 동작하고 국가가 운영되는 방식마저 바꿀 것이다. 그리고 결과적으로는 우리의 문화와 사회, 심지어는 사고방식마저도 바꿀 것으로 기대된다. 이처럼 연결성을 기반으로 산업 및 사회 전반의 동작 방식을 바꾸는 것이 바로 4차 산업혁명The 4th Industrial Revolution이고 디지털 트랜스포메이션인 것이다.

찰스 다윈이 《종의 기원The Origin of Species》에서 '가장 강하거나 똑똑한 종種이 살아남는 것이 아니라 변화에 가장 잘 적응한 종이 살아남는다It is not the strongest of the species that survives, nor the most intelligent; it is the one most adaptable to change'고 주장한 것은 잘 알려진 사실이다. 이러한 주장은 앞으로도 유효할 것으로 생각한다. 하지만 앞으로는 이 말을 조금 바꾸어야 할 것 같다. 변화에 잘 적응하는 것도 중요하지만, '경쟁자보다 빠르게' 변화에 적응하는 것이 더 중요하기 때문이다.

이를 웅변이라도 하듯 세계경제포럼World Economic Forum, WEF의 클라우스 슈밥Klaus Schwab 회장은 "4차 산업혁명 시대에는 큰 물고기가 작은 물고기를 잡아먹는 시대가 아니라, 빠른 물고기가 느린 물고기를 잡아먹는 시대다The fast fish eats the slow fish"라고 했다. 앞으로 펼쳐질 사회에서는 세상의 변화에 빨리 적응하는 기업만이 살아남을 것이다. 어쩌면 빨리 적응하는 것만으로는 부족할지도 모른다. 고객이 원하는 것을 제시하지 못한다면 고객들로부터 외면을 당할 것이기 때문이다. 이 책과 함께 새로운 시대에 살아남을 방법을 함께 고민해보기 바란다. 그리고 경쟁자를 압도할 수 있기를 바란다.

사물 인터넷이 비즈니스 패러다임을 바꾼다

그동안 세련되고 튼튼하며 성능이 좋은 제품을 만들어서 잘 팔아오던 냉장고를 공짜로 줘야 한다는 주장이 맞을지 아니면 기존처럼 훌륭한 제품을 만들어 판매하는 것이 맞을지는 시간을 두고 지켜봐야 알 일이다. 하지만 맞고 틀리고의 여부를 떠나 왜 지금 이런 주장이 등장하게 되었는지 그 배경을 이해하는 것은 반드시 필요하다고 본다. 어떤 비즈니스에 종사하든 변화하는 비즈니스 패러다임을 이해하는 것은 앞으로 사업을 추진해 나가는 데 있어서 필수적인 소양이 될 것이기 때문이다.

사물들이 연결되기 시작하다

글로벌 소비재 기업인 P&G에서 마케팅 업무를 담당하던 캐빈 애시턴Kevin Ashton은 1998년 어느 날 협력사를 방문하게 된다. 물류의 가시화를 위해 그동안 P&G가 도입해 오던 RFIDRadio Frequency Identification 시스템을 협력사에서도 채택할 것을 부탁하기 위함이었다. 캐빈 애시턴은 언제나처럼 약속 시각보다 일찍 도착해서 회의가 시작되기를 기다리며 창문 밖을 바라보던 중 재밌는 아이디어가 떠올랐다.

P&G에서 판매하는 비누나 샴푸, 면도기뿐만 아니라 세상에 존재하는 모든 사물들(사람, 동식물, 장소, 프로세스를 비롯해 추상적인 개념도 포함)에 RFID를 연결한다면 어떻게 될까 하는 것이었다. 자신들이 제조해서 판매하는 제품들에 RFID를 부착하면 창고나 도소매상의 매장에 재고가 얼마나 남아 있는지를 정확히 알 수 있었다. 그리고 매장별 혹은 지역별로 판매되어 나가는

수치들을 정확하게 파악할 수 있었으며, 이를 바탕으로 신제품을 개발하거나 보다 신속하게 생산 계획을 수정하는 것이 가능했기 때문이다.

P&G에서 RFID를 이용하는 것처럼 세상에 존재하는 모든 사물을 인터넷에 연결하게 된다면, 인터넷을 통해 세상의 동작 방식을 보다 정확하게 이해할 수 있을 것이라는 생각이 들었던 것이다. 그는 이러한 개념을 '사물인터넷Internet of Things'이라고 이름 붙였다.[13] 이후 캐빈 애시턴은 오늘날 미디어랩Media Lab으로 잘 알려진 MIT의 '오토 아이디 센터Auto-ID Center'에서 관련 연구를 해나가게 된다.

본격화되어 가는 사물인터넷

비록 RFID나 인터넷을 사용하지는 않더라도 어떤 사물이 서로 연결된다는 개념은 사실 전혀 새로운 것은 아니다. 이미 오래전부터 우리의 머릿속에는 연결에 대한 갈망이 있었다. 편지를 전하기 위해 비둘기를 훈련시키고 적의 침략을 알리기 위해 봉화대에 불을 피우기도 했다. 하지만, 이런 것들은 연결에 대한 갈망을 충분히 채워주지 못했다. 비록 현실로 만들 수는 없었지만, 우리 조상들은 이런 갈망을 이야기로 표현했다.

백설공주Snow White에 나오는 마법의 거울이 대표적이다. 백설공주 이야기에서는 계모가 마법의 거울을 향해 자신이 궁금한 것들을 물어보기도 하고 이런저런 명령도 내리는데, 이것이 오늘날의 스마트홈에 속속 도입되고 있는 스마트 미러와 비슷하다. 스마트 미러를 통해서도 오늘의 날씨나 일정을 물어보거나 집 안의 가전제품을 제어하도록 명령할 수 있기 때문이다.

이런 상상이 현실이 되기 시작한 것은 반도체 기술 및 인터넷 기술이 급격히 발달하기 시작한 1990년대 중반 이후부터다. 인터넷의 상용화와 함께 개인용 컴퓨터의 보급이 본격적으로 이루어졌던 1995년부터 20년 사이에 반도체 집적도는 1만 배나 증가했으며 메모리 1MB의 가격은 10만분의 1 수준으로 하락했다. 또한, 전력 소모량도 비슷한 수준으로 줄어들었다.[14, 15]

실제로 최근 스마트 디바이스 개발에 많이 사용되는 아트멜Atmel의 ATmega328P나 텐실리카Tensilica의 L106과 같은 8비트 혹은 32비트 마이크로 컨트롤러MCU의 가격은 1달러가 채 되지 않으며, 이들의 가격은 향후 5년 사이에 10분의 1 수준으로 떨어질 것으로 예상된다.[16] 또한 그 크기는 소금 알갱이 수준으로 작아질 것이며 전력 소모량도 지금보다 두 배 이상 줄어들 것으로 기대되고 있다.[17]

사물인터넷에 의해 바뀌는 특성

그동안 사물은 특정한 목적을 위해 만들어졌으며 독립된 상태에서 이용됐다. 음식을 신선하게 보관하기 위해 개발된 냉장고만 하더라도 부엌 한 귀퉁이를 차지하고 있지만, 냉장고 문을 열어보기 전까지는 냉장고 안에 어떤 식자재가 있는지 알 수 없었다. 그리고 어두운 곳을 밝히기 위해 설치된 형광등도 벽에 있는 스위치를 누르기 전까지는 동작하지 않았다. 하지만 이 사물들이 인터넷에 연결되면서 그 특성이 달라지기 시작했다. 굳이 냉장고 문을 열어보지 않더라도 냉장고 안에 어떤 식자재가 들어 있는지 알 수 있게 됐으며, 냉장고 내부의 온도나 식자재의 유효기간을 확인하는 것도 가능해졌다. 또한, 형광등 스위치나 거실의 월패드wall-pad를 터치하지 않더라도 형광등을 켤 수 있게 되었다. 이런 일들은 집 안에서뿐만 아니라 집 밖에서도 가능하며 말 그대로 시간과 장소를 가리지 않고 가능해졌다. 이처럼 원격에서 사물의 상태를 확인하는 것을 모니터링monitoring 혹은 센싱sensing이라고 하며 사물의 상태를 바꾸는 것은 컨트롤control 혹은 액츄에이팅actuating이라고 한다.

이것으로 끝이 아니다. 모니터링 기능과 컨트롤 기능은 개별적으로 사용될 수도 있지만 서로 결합해 사용할 수도 있다. 즉, 모니터링 결과를 바탕으로 어떤 동작을 제어할 수도 있다는 이야기다. 이를 최적화나 자율화라는 말로 표현하는데, 두 가지 모두 모니터링 결과를 바탕으로 컨트롤하는 과정을 반복함으로써 최적의 상태를 유지하도록 하는 것을 말한다. 차이가 있다면, 최적화는 단일한 사물에서 센싱한 결과를 바탕으로 해당 사물의 동작을 제어하는 것을 말하는 반면, 자율화는 주로 어떤 사물에서 모니터링한 결과를 바탕으로 다른 장치의 동작을 제어하는 것을 가르킨다. 즉, 사람의 관여가 없더라도 사물들이 스스로 동작하게 되는 것이다.

사물인터넷 응용 서비스

인터넷에 연결된 장치, 즉 사물인터넷 디바이스 혹은 스마트 커넥티드 디바이스smart connected device는 개별적으로 이용될 수도 있지만 특정한 목적에 맞는 여러 장치들을 한곳에 모아 놓고 이용할 수도 있다. 스마트홈Smart Home 이나 스마트오피스Smart Office, 스마트팜Smart Farm, 스마트팩토리Smart Factory, 스마트스트리트Smart Street 등과 같은 서비스들이 이에 해당하는데, 이들을 한데 모아 스마트시티Smart City를 만들 수도 있다.

이들 중 스마트홈에 대해 간단히 살펴보자. 스마트홈은 집과 관련된 다양한 사물인터넷 장치들로 구성된 집을 말하며 가정생활과 관련된 다양한 기능과 서비스를 제공하게 된다. 예를 들면, 스마트폰 앱이나 음성인식 기능이 있는 스마트스피커를 이용해서 형광등을 켜거나 보일러의 온도를 조절할 수 있다. 원격에서 로봇청소기를 돌리거나 냉장고에 있는 식자재를 확인할 수도 있다.

이런 것들은 거실에 있는 월패드를 통해 할 수 있던 것들을 스마트폰이나 스마트스피커에서도 할 수 있게 만든 것에 불과하다. 따라서 기존의 유비쿼터스 아파트와 크게 다르지 않다고 이야기하기도 한다. 하지만 좀 더 깊이 살펴보면 꼭 그렇지만은 않다는 걸 알 수 있다. 단순히 모니터링과 컨트롤 기능만 비교하면 과거의 유비쿼터스 아파트와 비슷할지 모르지만, 사물인터넷 아파트는 그 이상의 기능과 서비스를 제공하기 때문이다.

사물인터넷 아파트에서는 가족이 모두 외출하면 자동으로 가스 밸브를 잠그고 현관문을 잠글 수도 있으며 실내의 공기 상태가 나빠지면 공기청정기가 자동으로 가동되기도 한다. 사물인터넷 기술이 최적화 및 자율화와 관련된 기능들을 제공할 수 있기 때문이다. 아직은 일반적이지 않지만, 스마트홈 장치들을 기반으로 배달음식을 주문하거나 쇼핑을 하기도 하고 택시 호출이나 집 안 청소와 같은 생활 서비스를 요청할 수도 있다.

이러한 개념은 스마트오피스나 스마트팜, 스마트팩토리 등에도 그대로 적용될 수 있다. 이런 응용 분야에서도 일부 장치는 가정에서 사용되는 것들이 그대로 이용되겠지만, 스마트프로젝터나 스마트사무용복합기, 스마트환풍기 등 적용 분야와 관련된 스마트 장치들이 추가적으로 이용될 수 있다. 그리고 이런 스마트 서비스들을 한데 모아 스마트한 도시 인프라를 함께 구축하면 그것이 바로 스마트시티가 된다.

사물인터넷의 동작 원리

사물인터넷이라는 말이 처음 등장한 지 어느덧 20년이 지났고 본격적으로 관련 사업들이 추진된 지도 어느덧 5년이 지나가고 있지만, 아직까지 사물인터넷이 제공하는 새롭고 차별적인 가치를 제대로 이해하고 활용하는 기업들이 많지 않다. 사물인터넷이 제공하는 비즈니스 가치가 모니터링이나 컨트롤, 최적화, 자율화와 같은 단편적인 기능들이라고 생각하고 스마트 디바이스만 만들고 있기 때문이다. 그러나 이는 굉장히 초보적인 생각이다. 사물인터넷은 단순히 어떤 디바이스를 인터넷에 연결하는 기술이 아니라, 사물과 사물, 사물과 사람, 사물과 비즈니스, 그리고 사람과 비즈니스를 연결하자는 생각이며, 이를 통해 새로운 고객가치를 만들어 내고 이를 수익화하는 비즈니스 활동과 관련된 것이다. 따라서 기업들은 이제부터라도 새로운 관점에서 사물인터넷을 이해하기 위해 노력해야 한다.

사물인터넷에 대한 기존의 이해를 넘어서기 위해서는 사물인터넷이라는

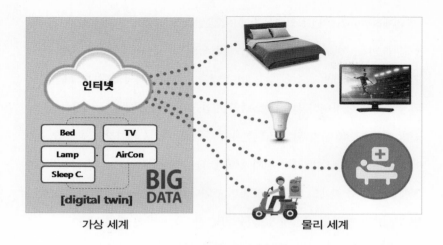

가상 세계   물리 세계

〈사물인터넷과 디지털 트윈〉

개념이 현실 세계Physical World뿐만 아니라 가상공간Cyber World에서 어떻게 동작하는지를 이해할 필요가 있다. 이를 위해서는 다소 기술적인 개념일 수도 있지만 가상물리 시스템Cyber-Physical System, CPS과 디지털 트윈Digital Twin의 개념에 대해 먼저 알아야 한다. 먼저 가상물리 시스템에 대해 설명하면, 가상물리 시스템은 인터넷을 통해 서로 연결된 가상세계와 현실 세계가 마치 하나의 세계인 것처럼 동작한다는 개념이다. 즉, 현실 세계에 존재하는 사물에 어떤 변화가 발생하면 이 변화는 거의 실시간으로 가상세계에 반영되며, 마찬가지로 가상세계에 어떤 변화가 발생하는 경우에도 즉시 현실 세계에 반영되는 것을 말한다.

이를 가능하게 하는 것이 바로 디지털 트윈이다. 가상세계에 존재하는 디지털 트윈은 현실 세계에 존재하는 사물의 상태나 동작과 관련된 다양한 변수와 파라미터로 구성되는 소프트웨어 덩어리라고 이해하면 된다. 현실 세계에 존재하는 사물의 상태나 동작에 어떤 변화가 발생하면 이 변화가 디지털 트윈에 그대로 반영된다. 만약 현실 세계에 있는 사물의 상태나 동작을 바꾸고자 한다면 디지털 트윈에 있는 해당 변수나 파라미터의 값을 바꾸면 된다. 디지털 트윈과 사이버 물리 시스템의 개념 및 사물인터넷의 동작을 보다 확실히 이해하도록 하기 위해 간단한 예를 들어보자. 앞 페이지 그림의 오른쪽에는 현실 세계에 존재하는 침대나 텔레비전, 형광등처럼 인터넷에 연결되기 전에는 아무런 관계도 없는 사물들이 보인다. 굳이 이들 사이의 관계를 찾자면 침실이라는 같은 공간에 있을 수 있는 사물들이라는 것 정도다.

그러나 이들이 인터넷에 연결되면 상황이 달라진다. 예를 들면 침대에서 텔레비전을 보다가 잠에 들면 침대가 이를 알고 텔레비전을 꺼준다. 물론, 형광등도 꺼주고 가스 밸브도 잠가줄 수 있을 것이다. 사용자의 수면 관련 정보에 변화가 생기면 침대가 이를 'Bed'라는 디지털 트윈에게 전달하게 되고 Bed는 그 상황에 맞는 서비스를 찾아서 수행하게 된다. 즉, Bed가 텔레비전의 디지털 트윈인 'TV'와 형광등의 디지털 트윈인 'Lamp'에게 전원을 끄라는 명령을 전달하면, TV와 Lamp가 현실 세계에 있는 텔레비전과 형광등에게 전원을 끄라는 제어 신호를 전송하게 되는 것이다.

새로운 가치의 발견

침대가 인터넷에 연결되어 텔레비전과 전등을 끈 것을 두고 단순히 다른 사물의 상태나 동작을 바꿨다고 이해할 수도 있지만, 침대가 제공하는 고객가치의 관점에서 바라보면, 침대가 인터넷에 연결되면서 텔레비전이나 전등의 전원을 끄도록 하거나 그렇게 함으로써 전기도 아끼고 숙면을 취할 수 있도록 하는 추가적인 가치를 제공함을 알 수 있다. 침대가 인터넷에 연결되면서 새로운 고객가치가 만들어진 것이다.

이러한 고객가치는 침대가 또 다른 사물과 연결될 때마다 새롭게 만들어질 수 있다. 예를 들어, 사용자가 잠을 잘 때 코골이가 심하다거나 무호흡증이 있다는 것을 발견하고 수면센터에서 진료를 받도록 할 수도 있으며, 취침 시간이나 기상 시간 정보를 바탕으로 야식이나 아침 샐러드 배송 서비스를 이용하도록 할 수도 있다. 즉, 사물인터넷 시대에는 기존에 아무런 관련도 없던 사물들 사이에 새로운 관계를 맺어줄 수 있다는 것이다.

그렇다고 해서 모든 연결이 비즈니스적으로 의미 있는 고객가치를 제공하는 것은 아니다. 잠에 들면 텔레비전이나 형광등을 꺼주는 자율화 기능이 어떤 사람들에게는 매우 유용한 기능이 될 수도 있지만, 어떤 사람들에게는 별다른 의미가 없을 수도 있다. 스마트리모컨 같은 기능 때문에 기존의 침대나 텔레비전보다 훨씬 비싼 값을 주고 구매해야 한다면 상황은 달라질 수도 있다. 따라서 단순히 모든 사물 사이의 관계를 찾기보다는 고객가치와 비즈니스적으로 가치가 큰 관계를 찾는 것이 중요하다. 이처럼 융합적인 사고를 하는 것이 '창의적인 능력'이며, 4차 산업혁명이라고 불리는 새로운 시대에 필요한 능력이라고 할 수 있다.

비즈니스 패러다임의 변화

사물인터넷이 그동안 개별적으로 이용되던 사물들 사이에 새로운 관계를 만들어줄 수 있음을 알았다. 그동안 잠을 잘 때만 이용하던 침대가 텔레비전이나 형광등을 끄기도 하고 수면 질환을 고치는 데 이용되기도 하며 야식이나 아침 샐러드를 배달하는 데도 이용될 수 있음을, 그리고 그 결과 연결을 통해 사물의 가치가 다양해질 수 있음을 알 수 있었다.

연결이 제공하는 가치가 다양해진다는 것은 전체적으로 사물이 제공하는 가치가 더 커진다고 이해할 수 있다. 물론 그렇다고 해서 그 사물을 기존보다 더 비싸게 판매하는 것은 바람직하지 않다. 어떤 사물이 제공하는 새로운 가치는 표면적으로는 그 사물을 구매해서 이용하는 사람이 혜택을 누리는 것처럼 보이지만 실제로는 그렇지 않은 경우가 많기 때문이다. 침대를 예로 들면, 침대 구매자보다는 침대를 이용해서 더 많은 서비스를 제공하고 수익을 올리는 수면센터나 야식배달업체가 더 큰 혜택을 누리기 때문이다.

야식배달업체는 침대가 제공한 정보를 바탕으로 야식을 주문할 가능성이 높은 사람들에게만 집중적으로 광고를 함으로써 광고비용도 줄이고 주문량을 늘릴 수 있다. 마찬가지로 수면센터도 효과도 검증되지 않는 버스나 할인마트에 광고하는 대신 수면 질환이 있는 사람들만을 대상으로 수면 질환에 대한 상담 및 치료 서비스를 제공하는 것이 가능하다. 결국, 사물인터넷이 제공하는 연결 특성은 비즈니스의 전개 방식을 과거와 크게 바꾸게 된다.

이를 가능하게 하는 것이 바로 침대에서 생성되는 수면 관련 데이터다. 디바이스에서 생성되는 데이터를 이용할 수 있어야만 비즈니스 수행 방식을 바꿀 수 있기 때문이다. 문제는 침대에서 생성되는 데이터는 침대를 구매해서 이용하는 침대 구매자의 것이라는 것이다. 따라서 데이터의 수집 및 이용은 물론 개인정보의 보호와 관련된 문제가 새롭게 나타난다. 사물인터넷 기반의 비즈니스를 하고자 하는 기업들은 어떻게 충분한 데이터를 수집하고 이용할 것이며 이를 어떻게 안전하게 보호하고 관리할 것인지에 대해 충분히 이해하고 있어야만 한다.

4차 산업혁명과
디지털 트랜스포메이션

사물인터넷은 단순히 인터넷에 연결되는 스마트디바이스를 만드는 것이 아니다. 앞에서 살펴본 것처럼 사물에서 생성된 데이터를 기반으로 사물들 사이에 새로운 관계를 만들면서 기존에 존재하지 않았던 새로운 고객가치와 새로운 비즈니스를 만드는 것이다. 이처럼 초연결성과 초지능성을 기반으로 산업과 사회와 경제의 패러다임이 바뀌는 것을 두고 4차 산업혁명이라고 한다. 즉, 4차 산업혁명 시대에는 우리들이 일하고 생활하는 방식이 바뀌게 된다.

인터넷의 상용화가 4차 산업혁명을 촉발한다

세계경제포럼의 클라우스 슈밥 회장은 2016년 1월 스위스의 다보스Davos

에서 열린 WEF 2016에서 '4차 산업혁명'을 천명했다. 그리고 《클라우스 슈밥의 제4차 산업혁명Fourth Industrial Revolution》이라는 책을 통해 그 내용을 조금 더 구체화했다.[18] 2016년에 처음으로 4차 산업혁명이 천명되고 관련 책자들이 출간되었기 때문인지 대부분의 사람은 2016년부터 4차 산업혁명이 시작된 것으로 알고 있으나, 이는 잘못 알고 있는 것이다. 4차 산업혁명은 인터넷이 공식적으로 상용화된 1995년부터 시작되었다. 실제로 슈밥 회장도 자신의 책에서 4차 산업혁명은 2000년을 전후로 시작됐다고 언급했다. 잘 아는 것처럼 인터넷의 상용화는 그동안 군이나 연구소, 대학에서만 이용할 수 있었던 인터넷을 누구나 다 이용할 수 있게 만들었다. 그리고 이러한 변화는 사람뿐만 아니라 다양한 사물들이 인터넷에 연결될 수 있는 길을 열어주었다.

인터넷의 상용화는 기존 비즈니스 패러다임에 커다란 변화를 가져왔다. 그동안 오프라인에서만 이용할 수 있던 서비스들을 온라인에서 이용할 수 있게 된 것이다. 실제로 1994년에는 전자상거래 기업인 아마존Amazon이 설립되었고, 이후 이베이ebay나 인터파크Interpark 같은 기업들이 등장하기 시작했다. 이즈음부터 인터넷에 연결된 컴퓨터만 있으면 돈을 이체하기 위해 은행을 방문하지 않아도 됐으며 책을 사기 위해 서점에 갈 필요도 없게 된 것이다.

이후 인터넷을 기반으로 하는 온라인 비즈니스는 빠른 속도로 성장하고 있다. 글로벌 시장조사기관인 스태티스타Statista의 자료에 따르면 전 세계 소매 판매액에서 온라인 쇼핑이 차지하는 비중은 2017년에 이미 10%를 돌파했으며 2020년에는 15.5%에 달할 것으로 전망된다.[19] 금액으로 치자면 2.3조 달러 규모가 4.1조 달러 규모로 커지는 셈이다. 한편, 인터넷 보급률이 가장 높은 국내의 경우는 2017년 말에 이미 온라인쇼핑 비중이 20%를 돌파한 것으로 알려지고 있다. 이와 같은 변화는 2000년대 후반 스마트폰이 본격적으로 보급되면서 더욱 가속화하기 시작했다. 스마트폰의 등장은 그동안 오프라인과 온라인으로만 제공되던 서비스들이 모바일을 통해서도 제공될 수 있게 만들었다. 통계청의 발표 자료에 따르면, 2018년 5월 국내 온라인쇼핑 거래액은 9조 544억 원이며 이 중 모바일쇼핑의 비중은 62.2%에 해당하는 5조 6,285억 원이었다.[20] 전년 동월 대비 온라인쇼핑 거래액 증가율은 22.7%, 모바일쇼핑 거래액 증가율은 33.8%로 모바일이 전체 온라인 쇼핑 거래액의 증가를 이끌고 있다고 할 수 있다.

스마트폰의 등장은 사람과 기존 비즈니스의 연결을 보다 가속화시킨 것뿐만 아니라 다양한 사물들이 인터넷에 연결될 수 있는 기술적인 방법을 제공하기 시작했다. 스마트폰이 2G나 3G와 같은 이동통신 모뎀뿐만 아니라 와이파이Wi-Fi나 블루투스Bluetooth 혹은 NFCNear Field Communication 같은 근거리 무선통신기술을 지원했기 때문이다. 이런 기술들은 스마트폰을 통해 다양한 사물들이 인터넷에 연결될 수 있도록 만들었다.

물론, 이렇게 등장하기 시작한 스마트디바이스들은 가정이나 사무실에 있는 와이파이나 LoRalong Range, 로라얼라이언스사에서 만든 비면서 통신 기술 NB-IoTNarrow Band-Internet of Things, 협대역 사물인터넷와 같은 사물인터넷 전용 통신망을 통해서 직접 인터넷에 연결되고도 있다. 문제는 아직까지는 앞에서 소개한 것처럼 새로운 비즈니스 가치를 만들어 내지 못하고 있다는 것이다. 아직까지는 기존과 같은 방식으로 산업시설들을 인터넷에 연결함으로써 생산 효율성을 높이거나 비용을 줄여주는 것이 일반적인 상황이다.

산업 패러다임의 변화: 생산에서 이용으로

지금까지의 1~3차 산업혁명과 달리 4차 산업혁명은 사물인터넷이나 빅데이터, 인공지능과 같은 디지털 기술들을 바탕으로 모든 산업이 혁명적으로 바뀔 것으로 전망된다. 하지만 슈밥 회장이 말하는 4차 산업혁명은 주로 제조업 분야의 혁신을 강조하고 있다. 4차 산업혁명이 디지털 기술을 바탕으로 제조업을 혁신하는 독일의 'Industry 4.0'을 기반으로 하고 있기 때문이다.

물론 슈밥 회장은 그의 책에서 제조업 외에도 우버Uber나 에어비앤비Air B&B와 같은 공유경제 서비스도 소개하고 있다. 스마트홈이나 스마트시티, 스마트정부와 관련된 이야기도 하고 있고 일자리 문제 등 사회 경제적 이슈들에 관해서도 소개하고 있다. 그러나 연결이 가져오는 산업의 전체적인 패러다임의 변화에 대해서는 별다른 인사이트를 제시하지 못한 것이 사실이다.

4차 산업혁명에 대한 제대로 된 인사이트를 갖기 위해서는 제조업이 아니라 서비스업 관점에서 산업을 바라봐야 한다. 이 말은 제조업 자체도 서비스업이 되어야 하며 제조업에서 만든 제품들 역시 서비스처럼 활용된다는 것을 의미한다. 그리고 한 걸음 더 나아가 제품과 서비스가 결합되기도 한다. 결과적으로 연결성을 통해 기존의 사물(제품과 서비스)이 제공하는 가치가 더 다양해지며 이용되는 방식이 더 다양해진다는 것을 의미한다.

이처럼 비즈니스 패러다임이 제조업 중심에서 서비스업 중심으로 바뀐다는 것은 제품의 생산보다는 그렇게 생산된 제품을 잘 이용하는 것이 중요하다는 것을 의미한다. 또한 결과적으로 시장의 주도권이 생산자나 공급자에서 소비자나 이용자에게로 넘어간다는 것을 의미한다. 그동안은 생산자가 제품이나 서비스의 기능과 품질을 결정했고, 심지어는 가격이나 유행까지 결정했지만, 앞으로는 비즈니스와 관련된 모든 결정이 생산자가 아닌 소비자에 의해 이루어진다는 것을 의미한다. 아니, 그렇게 해야만 한다.

사회의 변화: 팽창에서 수축으로

4차 산업혁명 시대의 비즈니스 패러다임이 생산이 아니라 이용에 초점을 두어야 하는 이유는 우리가 살고 있는 세상이 팽창 사회에서 수축 사회로 바뀌어 가고 있기 때문이다.[21] 그동안 세상은 인구의 증가와 기술의 발전에 따른 생산성의 증대를 바탕으로 꾸준히 성장해 올 수 있었지만, 2008년의 전환형 복합위기 이후 본격적으로 인구가 감소하고 있기 때문이다. 이런 변화에 대해《수축사회》의 저자인 홍성국 혜안리서치 대표는 창의성을 바탕으로 남다른 무기를 개발하라고 주장한다. 그리고 성장 신화를 버려야 미래가 보인다고 이야기한다. 이제는 성장도 중요하지만 생존이 더 중요하다는 말이다. 일반적으로는 맞는 말이지만 현실에 적용하기는 어렵다고 생각한다. 생존을 고민하는 상황에서도 성장을 바라는 것이 기업인들이기 때문이다.

그런 이유로 나는 생산이 아닌 이용을 '수축사회'에 대한 대안으로 제시한다. 인구가 줄어들어 판매할 수 있는 제품이 줄어들지라도 판매한 제품을 더 많이 이용하도록 하면 기존보다 더 큰 수익을 창출할 수 있기 때문이다. 그게 어떻게 가능하냐고 반문하는 사람들이 있을지도 모르겠다. 그러나 앞에서 살펴본 것처럼 4차 산업혁명에서 강조하는 초연결성과 초지능성을 이용하면 가능하다. 우리가 아직 이런 방법에 익숙하지 않을 뿐이다.

4차 산업혁명이 아닌 디지털 트랜스포메이션

사실 4차 산업혁명이라는 말은 매우 추상적이다. 그저 네 번째 등장한 산업혁명이라는 것을 말해줄 뿐, 생산이 중요한지 이용이 중요한지도 말해주지 않으며 겁만 잔뜩 안겨준다. 4차 산업혁명이 클라우스 슈밥 회장의 비즈니스를 위해 만든 용어이기 때문이다. 이런 이유로 나는 4차 산업혁명이라는 말보다는 '디지털 트랜스포메이션'이라는 용어를 더 선호하는 편이다.

우리말로 디지털 전환 혹은 디지털 변환이라고 해석되는 디지털 트랜스포메이션은 말 그대로 다양한 디지털 기술을 이용해서 기존의 비즈니스 방식을 바꾸는 것을 말한다. 이는 알렉산더 오스터왈더Alexander Osterwalder, 예스 피그누어Yves Pigneur, 팀 클락Tim Clark이 2010년에 함께 쓴 《비즈니스 모델의 탄생Business Model Generation》에서 언급한 것처럼 가치의 제안Value Propositioning에서부터 고객과 협력사에 이르기까지 비즈니스와 관련된 모든 요소를 디지털 기술을 이용해서 새롭게 한다는 것을 의미한다.

현재 디지털 트랜스포메이션과 관련해서 다양한 성공 사례와 방법론들이 소개되고 있지만, 디지털 트랜스포메이션의 추진 방법은 이를 활용하려는 기업들에 상황이나 도입 목적에 따라 다를 것으로 생각한다. 중요한 것은 다양한 디지털 기술을 활용해서 기업의 비즈니스 프로세스 전반을 바꾸는 것이다. 이런 측면에서 디지털 트랜스포메이션은 4차 산업혁명의 방법론적인 성격을 제시한다고 할 수 있다. 사실, 사물인터넷이나 4차 산업혁명이 그랬던 것처럼 기업들은 디지털 트랜스포메이션도 마치 하나의 유행인 것처럼 인식하고 있다. 그러다 보니 디지털 트랜스포메이션을 추진하는 대부분의 기업들은 분명한 목적이나 방향성도 없이 개별적인 디지털 기술들만 도입하고 있는 실정이다. 예를 들면, 스마트팩토리를 만들어서 제조 공정만을 자동화한다거나 로보틱 처리 자동화Robotic Process Automation, RPA를 이용해서 업무 프로세스의 일부만을 자동화하는 상황이다.

이런 노력만으로도 기업의 생산성이나 업무의 효율성은 개선될 수 있다. 하지만 그뿐이다. 비용을 절감시키는 데는 어느 정도 효과를 볼 수 있겠지만, 그 이상도 이하도 아니다. 사물인터넷이 됐든 4차 산업혁명이나 디지털 트랜스포메이션 됐든, 중요한 것은 비용도 줄이면서 매출도 늘려야 한다는 것이다. 결과적으로 기업의 수익성을 개선하는 방향으로 활용될 때에만 의미가 있다.

비즈니스 패러다임의 변화

　사물인터넷이 제공하는 초연결성과 연결이 만들어 내는 데이터를 기반으로 하는 초지능성은 기존의 비즈니스 패러다임을 새롭게 바꿀 것으로 기대된다. 그러나 그 변화의 형태와 모습은 아직 구체적이거나 명확하지 않다. 디지털 기술이 제조업뿐만 아니라 모든 산업 분야에 동시에 도입되어 활용되다 보니 전체 산업에서 나타나는 변화의 양상을 단순명료하게 정의하는 것이 쉽지 않기 때문일 것이다. 지금까지 보고된 여러 연구 결과 및 논의를 종합하면 4차 산업혁명 시대 혹은 디지털 트랜스포메이션 시대에 등장할 비즈니스 패러다임의 변화는 몇 가지 유형으로 구분될 수 있다.

　첫째, 제품이 서비스화된다.
　둘째, 제품과 서비스가 결합된다.

셋째, 제품과 서비스를 개인 맞춤형으로 제공한다.

넷째, 가치전달 채널이 다양해진다.

이 네 가지 특징들에 대해 하나씩 살펴보기로 하자.

제품의 서비스화

그동안 제품을 서비스 형태로 제공하지 못하고 일시금이나 할부 형태로만 판매를 해야 했던 이유는 제품을 이용한 것에 대해 비용을 청구할 수 없었기 때문이다. 즉, 제품의 사용량에 따라 과금할 수 있는 방법이 없었기 때문이다. 과금을 하기 위해서는 제품을 얼마나 이용했는지를 알 수 있어야 하는데, 이용량을 측정하는 것 자체가 쉽지 않을뿐더러 설령 측정을 할 수 있다하더라도 이를 간단히 확인할 수 있는 방법도 없었으며 그에 따른 비용을 받아낼 수 있는 방법도 없었다.

사물인터넷과 최근에 등장한 디지털 기술들은 이를 가능하게 한다. 어떤 사물이 인터넷에 연결되면 그 사물이 어떻게 이용되는지 실시간으로 확인할 수 있고, 누가 언제 이용하며 어떤 기능을 얼마의 시간 동안 얼마만큼 이용하는지도 알 수 있게 된다. 이 정보를 인터넷을 통해 서비스 사업자에게 제공하고 서비스 사업자는 간편결제와 같은 방식을 통해 비용을 청구하면 된다. 예를 들면, 자동차를 구매하는 대신 필요할 때마다 승차 공유 혹은 차량 공유 서비스를 이용할 수도 있으며, 최근에 유행하는 전기자전거나 킥보드와 같은 마이크로 모빌리티 서비스를 이용할 수도 있다. 이런 변화를 '제품의 서비스화'라고 하는데, 이는 고객들로 하여금 어떤 제품에 대한 이용 부담을 줄여주며 동시에 고객들이 제품을 이용했던 데이터를 바탕으로 해당 제품을 더 많이 이용하도록 유도하기도 한다.

물론, 여전히 제품을 구매해서 소유하고자 하는 사람들도 있을 것이고 그런 제품들도 존재하겠지만, 섹션 3에서 섹션5까지의 글이 소개하는 것처럼 더욱 다양한 제품들이 서비스화될 것으로 전망된다. 제품의 이용량에 따라 과금을 하는 것뿐만 아니라 제품의 상태를 바탕으로 관리하거나 서비스를 제공하는 것도 가능해진다. 최근 유행하고 있는 구독 서비스는 제품의 구매와 서비스의 특성을 모두 제공하기도 한다.

이런 변화는 디지털 플랫폼을 바탕으로 공유경제Sharing Economy나 온디맨드 경제On-Demand Economy를 탄생시키고 있다. 또한, 자신들의 필요에 따라 온디맨드 서비스에 대한 노동력을 제공하고 수익을 창출하는 긱 이코노미Gig Economy는 물론 성과에 따라 비용을 지급하는 성과 경제Outcome Economy 등과 같은 새로운 비즈니스 패러다임을 등장시키고 있다.

제품과 서비스의 결합

어떤 제품은 사용량이나 사용 방식에 따라 서비스 형태로 제공할 수도 있으며 이와 별개로 제품의 상태를 바탕으로 관리 서비스를 제공할 수도 있다. 즉, 제품 자체가 서비스의 기반으로 활용된다. 반면, 어떤 제품들은 기존에 존재하던 서비스들과 결합하여 기존 서비스들을 더욱 활성화시키는 수단이나 서비스 전달 채널로 이용되기도 한다. 스마트 스피커를 이용해서 음악 스트리밍 서비스를 이용할 수 있게 한다거나 스마트TV와 동영상 스트리밍 서비스를 결합하여 TV에서 넷플릭스나 유튜브와 같은 서비스를 이용하도록 할 수도 있다. 그뿐만 아니라, 스핀 바이크나 러닝머신과 같은 운동기구를 레슨 서비스와 연결해서 이용하도록 할 수도 있으며 스마트오븐과 가정간편식Home Meal Replacement, HMR 서비스와 결합해서 이용하도록 할 수도 있다.

이처럼 제품Product과 서비스Service가 결합되는 것을 두고 제품서비스 시스템Product-Service System, PSS이라고 하기도 하고 프로비스Provice라고 하기도 한다.22) 제품과 서비스가 결합하는 방식은 크게 세 가지로 나눠서 생각할 수 있는데, 제품과 온라인 콘텐츠의 결합, 제품과 상품의 결합, 제품과 오프라인 생활 서비스의 결합이다. 이에 대해서는 섹션 6~8에서 하나씩 살펴보도록 하겠다.

개인 맞춤형 제품과 서비스

사물인터넷은 제품이나 서비스만 연결하는 것이 아니라 사람과 공장을 연결하기도 하고 사람과 제품이나 서비스를 연결시키기도 한다. 이는 공장에서 제품을 생산하는 방식과 그렇게 생산된 제품이 이용되는 방식, 그리고 오프라인 매장에서 서비스를 제공하는 방식을 바꾼다. 연결을 통해 사람이 어떤 사물의 상태나 동작을 알 수 있는 것과 반대로, 공장과 제품과 서비스 사업자도 고객이 원하는 것을 정확하게 알 수 있기 때문이다. 즉, 개별 고객에 맞추어진 제품과 기능과 서비스를 제공하는 것이 가능하게 된다.

독일의 스포츠용품 전문기업인 아디다스Adidas가 스피드팩토리SpeedFactory에서 개인 맞춤형 운동화인 퓨처크래프트를 생산한다거나 베를린의 한 매장에서 개인 맞춤형 니트를 만들어서 판매하는 '니트 포 유Knit for You' 서비스를 제공했던 것은 잘 알려진 사실이다. 이처럼 사람과 공장을 연결하는 시도는 아디다스만 하는 것이 아니다. 나이키Nike도 그렇고 버버리Burberry도 시도하고 있다.

반면, 2014년 구글에 인수된 네스트Nest Labs는 학습형 온도조절기Learning Thermostat라는 고객 맞춤형 제품을 판매하기도 한다. 이 제품은 기존처럼 공장에서 대량으로 생산된 제품이지만, 고객이 이 제품을 이용하는 패턴을 학습하여 고객마다 다르게 동작한다. 즉, 고객이 온도조절기를 이용하는 시점과 온도는 물론 제품이 이용되는 지역의 기상 정보까지 활용해서 고객에 따라 다르게 동작한다.

스타벅스Starbucks나 유니클로Uniqlo처럼 서비스를 제공하는 기업들도 고객과의 관계를 바탕으로 고객 맞춤형 서비스를 제공하기도 한다. 스타벅스 리저브 매장에 있는 클로버라는 스마트 커피 머신은 고객의 취향을 반영한 커피를 제조해주며 유니클로는 고객의 심리적인 상태를 분석해서 고객에게 필요할 것으로 추정되는 티셔츠를 추천해주기도 한다.

아직까지는 사용자가 직접 입력하는 정보나 단편적인 데이터를 바탕으로 개인 맞춤형 제품을 생산하거나 서비스를 제공하는 것이 일반적이지만, 앞으로는 네스트의 학습형 온도조절기처럼 해당 디바이스에서뿐만 아니라 다양한 디바이스 및 서비스를 통해서 사용자와 관련된 다양한 정보를 수집하여 더욱 개인화된 제품이나 서비스 제공이 일반화될 것으로 예상된다.

가치 전달 채널의 다양화

앞에서도 언급했듯이 인터넷의 등장과 스마트폰의 등장은 기존의 비즈니스 패러다임을 바꾸었다. 오프라인에서만 존재하던 비즈니스들을 온라인과 모바일 환경에서 이용할 수 있도록 만들었다. 바로 앞에서 설명한 것처럼 사물인터넷 기술을 이용하는 스마트 디바이스는 제품을 서비스화하거나 기존 서비스를 활성화하는 수단으로 이용될 수 있었다. 또한 사람과 공장, 사람과 제품, 사람과 서비스의 연결은 새롭게 비즈니스 패러다임을 바꾸고 있다.

즉, 서비스를 이용할 수 있는 채널이 다양화되면서 비즈니스 패러다임이 새롭게 변하고 있다. 이를 두고 멀티채널화라고 하는데, 이는 단순히 서비스 개시 및 서비스 제공 채널이 다양화된다는 것뿐만 아니라 이용량의 증대까지도 의미한다. 지금까지 오직 한 대의 컴퓨터와 스마트폰을 이용했던 것과 달리, 사물인터넷 시대에는 여러 대의 스마트 디바이스를 이용해서 다양한 서비스들을 이용하게 될 것이기 때문이다.

시스코 시스템즈Cisco systems가 발표한 비주얼 네트워킹 인덱스Visual Net-working Index 자료에 따르면, 2022년에 우리나라 사람들은 평균 11.8대의 스마트디바이스를 이용할 것으로 전망된다.[23] 이는 3인 가족을 기준으로 하면 한 가정에서 35대가 넘는 스마트디바이스가 한 가족과 관련된 정보를 생성

54

한다는 이야기다. 이는 사물인터넷 디바이스가 단순히 서비스 개시 및 전달 채널의 역할만 하는 것이 아니라 기존 서비스를 더욱 효과적으로 전달하고 새로운 서비스를 생성할 수 있는 기반이 됨을 의미한다.

디지털 트랜스포메이션의 기반이 되는 사물인터넷 기술은 기존의 오프라인마저도 디지털화시킨다. 아마존의 아마존 고Amazon Go가 그러하며 포스타 4-Star가 대표적이다. 앞으로는 오프라인부터 온라인, 모바일, 디바이스가 모두 디지털화되는 것이다. 많은 사람이 오프라인 채널의 디지털화를 무인매장과 같은 비용 절감 차원에서 생각하는데, 이는 아주 잘못된 생각이다. 물론 고객과의 비접촉이 중요한 곳에서는 무인매장이 의미가 있겠지만, 일반적으로는 오프라인 매장도 기존 서비스를 더욱 효과적으로 전달하고 새로운 서비스를 제공하기 위한 관점에서 바라봐야 한다.[24]

이와 같이 다양한 채널이 존재하는 멀티채널 환경에서 중요한 것은 서비스 채널의 유형과 상관없이 고객들에게 일관된 서비스 경험을 제공하는 것이다. 이러한 일련의 노력들을 옴니채널이라고 하는데, 단순히 제품이나 서비스의 구매 이력을 관리하는 것을 넘어서 고객의 신체적인 특징이나 고객의 취향을 파악하거나 선제적으로 제품이나 서비스를 제공한다는 관점에서 접근해야 한다.

수익 모델의 변화

　지금까지의 비즈니스 모델은 단일한 가격이 책정된 상품을 일시금으로 판매하는 수익 모델에 기반을 두고 있다. 여기서 상품의 가격은 그 상품이 제공하는 모든 고객가치의 합을 의미했다. 그러나 어떤 상품이 제공하는 추상적인 모든 고객가치를 정량적으로 측정하는 것은 현실적으로 불가능했기에 일반적으로는 상품을 개발하고 생산하고 유통하는 과정에서 필요한 모든 비용보다 약간 높은 가격에 상품을 판매했다. 그리고 이것이 마치 합리적인 가격인 양 권장소비자가격 혹은 희망소비자가격이라고 불렀다.

　어떤 고객도 상품 공급자가 정해 놓은 가격을 희망한 적이 없었지만 상품 공급자가 가격을 정하는 것은 사실상의 불문율이 되었다. 사실 상품 공급자나 고객들 모두 이런 방식이 불합리하다는 것을 잘 알고 있었지만 다른 대안을 찾을 수 없었다. 누가 어떻게 이용하느냐에 따라 상대적일 수밖에 없는 상품의 고객가치를 절대적이고 단일한 것으로 만들어야만 했기 때문이다. 그러나 상품(사물)들이 인터넷에 연결되면서 상황이 달라지고 있다. 어떤 상품이 인터넷을 통해 다른 상품과 함께 이용되면서 그 상품이 제공하던 고객가치가 다양화되고 구체화되고 있기 때문이다. 이런 변화는 개별적인 고객가치를 정량화하는 것을 가능하게 만들고 있다.

고객가치의 다양화 및 상대적인 고객가치

침대의 고객가치는 편안한 잠자리를 제공하는 것이며 냉장고의 고객가치는 음식을 오랫동안 신선하게 보관하는 것이다. 이처럼 모든 제품은 제품 고유의 가치, 즉 본질적인 가치를 가지고 있다. 물론 맥가이버 칼처럼 여러 가지 목적으로 이용하기 위한 제품들도 존재하지만, 대부분은 그 제품 고유의 본질적 가치를 제공하기 위해 만들어진다. 그런데 이런 제품들이 인터넷에 연결되면서 상황이 달라지고 있다. 제품이 제공하는 가치가 다양해지는 것이다. 앞에서 소개한 스마트침대의 사례에서처럼 침대가 인터넷에 연결되면 침대는 편안한 잠자리라는 본질적인 가치뿐만 아니라 텔레비전이나 형광등을 끄거나 가스 밸브를 잠그는 등의 추가적인 가치를 제공하게 된다. 또한 야식이나 아침 샐러드가 필요한 고객들에게는 이를 쉽게 이용할 수 있도록 하며 수면 질환이 있는 고객들에게는 수면 질환을 치료할 수 있도록 한다.

이러한 구조는 침대가 더 많은 사물과 연결되면 될수록 침대가 제공하는 추가적인 고객가치가 무한히 늘어날 수 있음을 의미한다. 그러나 이렇게 해서 새롭게 나타나는 고객가치가 침대 이용자에게 실제로 가치가 있는 것인지는 알 수 없다. 단순히 새로운 기능이 추가되었으니 새로운 가치가 있다고 할 수 있겠지만, 고객들이 그런 기능들을 유의미한 고객가치로 받아들일지는 모르는 일이다. 이런 추가적인 고객가치 중 일부는 야식 배달업체나 아침 샐러드 배달업체 혹은 수면센터와 같은 서비스 사업자들에게는 유의미한 고객가치로 받아들여질 가능성이 크다. 침대가 제공해준 정보를 바탕으로 타기팅된 고객들에게 적은 비용을 들여 더 많은 서비스를 제공할 수 있기 때문이다. 더 많은 서비스를 제공함으로써 매출이 늘어날 것이며 광고비용을 줄임으로써 수익성을 개선할 수 있기 때문이다.

여기서 우리는 침대 이용자 관점에서 다소 의미도 없고 정량화하기도 어려웠던 추가적인 고객가치가 서비스 사업자 입장에서는 매출과 수익성을 늘리는 데 매우 유용하게 이용될 수 있다는 사실과 서비스 사업자의 매출과 수익성이라는 관점에서 침대가 제공하는 추가적인 가치를 구체화하고 정량화하는 것이 가능하다는 점에 주목해야 한다. 즉, 연결이 제공하는 추가적인 가치는 누가 이용하느냐에 따라 그 가치의 유용성이 달라진다고 할 수 있다. 이는 사물인터넷이 제공하는 추가적인 고객가치가 상대적임을 말해준다. 그리고 이런 사실은 사물인터넷 제품을 어떤 서비스 또는 어떤 서비스 제공자와 연결해주어야 하는지에 대한 해답을 제시한다. 사물인터넷 제품이 제공하는 추가적인 가치를 가장 잘 활용할 수 있는 주체와 사물을 연결하라.

만약 어떤 사물인터넷 제품이 제공하는 새로운 고객가치들을 잘 활용하는 주체가 많다면 금상첨화일 것이다. 섹션 9에서 논의하겠지만, 이런 제품들은 서비스 플랫폼 디바이스로 활용할 수 있기 때문이다.

교차보조금 모델의 일반화

제품이 서비스처럼 이용되거나 다른 서비스를 활성화하기 위한 수단으로 이용될 수 있다는 것은 교차보조금Cross-Subsidy 모델이 이용될 수 있다는 것을 의미한다. 즉, 제품과 관련된 서비스를 제공하기 위해 제품을 공짜 혹은 저렴한 가격에 제공할 수 있는 것이다. 이처럼 다른 서비스를 위해 사용되는 제품을 미끼상품이라고 한다. 물론 서비스를 이용하기 위한 제품을 고객이 직접 구매할 수도 있다. 중요한 것은 서비스를 위해 제품이 이용된다는 것이다. 서비스를 위한 제품, 미끼상품을 누가 제공하느냐에 따라 교차보조금 모델은 직접 교차보조금Direct Cross-Subsidy 모델과 간접 교차보조금Indirect Cross-Subsidy 모델로 구분된다. 만약 서비스를 활성화함으로써 수익을 올리고자 하는 사업자가 직접 고객에게 디바이스를 무료 혹은 저렴하게 제공하면 직접 교차보조금 모델이라고 한다. 반면, 서비스 사업자가 디바이스 판매자에게 보조금을 지급함으로써 고객들의 디바이스 구매 부담을 줄여주는 경우에는 간접 교차보조금이라고 부른다.

사물인터넷 시대 혹은 4차 산업혁명 시대에는 제품 자체가 서비스화하거나 제품이 기존의 서비스를 활성화하는 수단으로 이용될 가능성이 크므로 이런 교차보조금 모델은 일반화될 것으로 예상된다. 그러나 한계비용marginal cost이 사실상 제로여서 무료로 메일 서비스나 검색 서비스를 제공하던 인터넷 시대와는 그 양상이 사뭇 다를 것으로 생각한다.

현실적으로 사물인터넷 디바이스를 공짜로 제공하는 것이 쉽지도 않고 바람직하지도 않은 만큼, 신규 고객을 확보하는 데 들어가는 비용(획득비)이

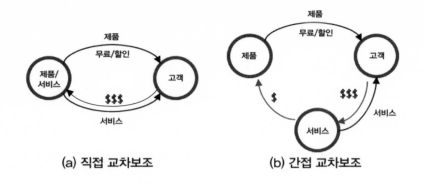

(a) 직접 교차보조　　**(b) 간접 교차보조**

〈교차보조금의 모델의 유형〉

만만치 않을 것이기 때문이다. 그러나 사물인터넷 시대에 가장 중요한 데이터를 확보하기 위해서는 전략적으로 디바이스의 가격을 낮춤으로써 사용자 기반을 확대할 필요가 있다. 따라서 교차보조금 모델은 매우 중요하게 활용될 것으로 예상된다.

수익의 파편화

어떤 사물이 인터넷에 연결되면서 멀리 떨어진 곳에서도 그 사물의 상태를 알 수 있게 된다는 것은 그 사물을 일시금으로 판매하는 대신 서비스 형태로 제공할 수 있다는 것을 의미한다. 특히 연결이 제공하는 새로운 고객가치 중에는 객관적이고 구체적인 방식으로 정량화할 수 있는 것들이 존재하는데, 이들은 제품을 서비스화하는 것을 용이하게 한다.

제품을 서비스화한다는 것은 제품을 일시금으로 판매하는 대신 제품이 제공하는 가치를 이용할 때마다 비용을 청구한다는 것을 의미한다. 비용 청구의 대상이 본질적인 고객가치이냐 추가적인 고객가치이냐는 그리 중요하지 않다. 중요한 것은 이런 다양한 고객가치들을 누가 이용하고 얼마나 이용하느냐이다. 그것이 제품 소유자가 됐든 제품을 이용해서 서비스를 제공하는 서비스 사업자가 됐든 실질적인 혜택을 누리는 주체에게 과금을 하면 된다. 그리고 이에 대해 합리적인 과금 기준을 마련하는 것이다.

이렇게 해서 개별적인 고객가치에 대해 과금 기준과 서비스가 만들어졌다고 하면, 고객가치를 이용하는 양이나 이용하는 시간을 바탕으로 과금을 할 수 있다. 물론, 제품 이용자 혹은 서비스 제공자에게 과금하는 방식이나 과금 기준은 굉장히 다양할 수 있다. 하지만, 이곳에서는 이해를 돕기 위해 사용량이나 사용 기간을 중심으로 과금하는 경우로 단순화시켜서 생각해 보기로 한다. 더불어 여기에 제품의 구매 비용을 따로 청구하는 경우와 그렇지 않은 경우로 나누어서 생각해 본다.

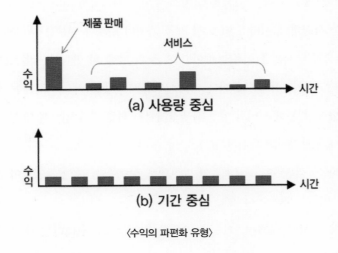

〈수익의 파편화 유형〉

앞의 그림에서 (a)는 사용량을 중심으로 과금을 하는 경우인데, 제품을 무료로 제공할 수도 있지만 서비스 제공 초기에 제품 가격의 일부를 미리 받는 경우를 보여준다. (b)는 정해진 기간마다 일정한 사용료를 청구하는 방식인데, 제품 가격의 일부를 미리 받을 수도 있지만 무료로 제공하는 경우에 해당한다. 이동통신 서비스의 약정 할부처럼 24개월이나 36개월 동안 서비스 이용료와 함께 제품의 할부금을 청구하는 경우가 이에 해당한다.

과금 기준과 과금 방식은 어떤 제품이 제공하는 고객가치의 유형이나 그 고객가치가 이용되는 방식에 따라 달라질 수 있다. 침대의 경우 잠을 자기 위해서 침대를 이용한 시간을 기준으로 비용을 청구할 수도 있겠지만, 이보다는 서비스 사업자들이 침대에서 생성된 정보를 이용해서 추가적인 수익을 발생시킬 때마다 수익의 규모에 따라 과금하는 것이 더욱 합리적일 것이다. 이에 대해서는 뒤에서 소개되는 개별적인 사례들을 참고하면서 자신들의 제품이나 서비스에 적합한 것을 찾아보기 바란다.

여기서 중요한 점은 제품을 서비스 형태로 제공하게 되면 수익이 파편화된다는 사실이다. 서비스 이용 시 제품 가격의 일부나 전부를 낼 수도 있지만, 고객들은 제품을 이용할 때마다 혹은 한 달에 한 번씩만 서비스 이용료를 내려고 할 것이기 때문이다. 따라서 사물인터넷 서비스 기획자는 정해진 기간 안에 충분한 서비스 매출을 발생시키기 위한 과금 정책에 약정 조건과 같은 대책을 마련해 두어야 한다.

수익 발생의 지연으로 금융의 역할이 중요

제품을 서비스 형태로 제공할 때 또 하나 주목해야 할 것은 수익이 파편화되면서 수익 발생이 지연된다는 것이다. 제품을 일시금 혹은 할부로 판매하는 경우에는 제품을 판매하는 순간 그 제품과 관련된 모든 수익이 발생하지만, 서비스 형태로 제공하는 경우 한참이 지나서야 제품과 관련된 모든 수익이 발생하게 된다. 경우에 따라서는 기대한 만큼의 수익이 발생하지 않을 수도 있으며, 사용자에 따라 충분한 수익이 발생하는 시점이 모두 다를 수 있다.

이런 문제를 해결하기 위해서 저렴한 가격일지라도 일단은 제품을 구매한 후에 서비스를 이용하도록 할 수도 있으며, 서비스를 일정한 기간 동안 의무적으로 이용하도록 약정을 할 수 있다. 후자의 경우에는 서비스 이용료에 제품의 가격을 녹여 넣을 수도 있으며, 약정을 위반하는 경우 위약금을 내게 만들 수도 있다. 즉, 소비자가 서비스를 많이 이용하지 않더라도 손해를 최소화할 수 있는 수단을 마련해 놔야 한다는 것이다.

이를 위해 서비스 사업자들은 할부금융이나 보증보험 등과 같은 다양한 형태의 금융 서비스를 이용할 수도 있다. 실제로 이동통신 서비스 사업자들이나 장기 렌트 서비스 사업자들은 만일의 사고를 대비하여 고객들로 하여금 의무적으로 보증보험에 가입하도록 하고, 24개월 할부로 아이폰과 애플케어 서비스를 함께 제공하고 있는 애플은 시티즌스 뱅크Citizens Bank의 할부금융 서비스를 이용함으로써 서비스 제공 시점에 전체 매출이 발생하도록 한다.

이제는 '구매'가 아니라
'구독'이다

국내 가전제조사 중에서 가장 높은 영업이익률을 올리고 있는 회사를 꼽으라면 아마 대부분의 사람이 삼성전자를 꼽을 것이다. 실제로 삼성전자의 영업이익률은 2017년 22.39%, 2018년 24.16%로 매우 높았다. 하지만 2016년 이전의 영업이익률은 대부분 10% 내외였으며 2019년에도 이와 비슷한 수준이 될 것으로 예상된다. 만약 소비자 가전 부문만 따로 떼어놓고 본다면, 영업이익률은 2017년 4.03%, 2018년 4.79%로 생각만큼 높지 않다.[25] 오히려 2016년 이전에는 6% 이상을 기록하기도 했는데, 이는 삼성전자의 전체 매출에서 소비자 가전 부문이 차지하는 비중이 약 10% 정도밖에 되지 않기 때문이다. 삼성전자 매출의 90%를 차지하는 반도체나 스마트폰 시장의 상황에 따라서 실적이 크게 달라진다는 이야기다.

반면, 정수기나 공기청정기와 같은 생활가전을 중심으로 장기 렌털 비즈니스를 하고 있는 웅진코웨이의 영업이익률은 2017년 18.78%, 2018년 19.20%이었으며 2019년에도 18%대를 유지할 것으로 예상된다. 이는 삼성전자의 소비자 가전 부문뿐만 아니라 다른 중견 가전제조사의 영업이익률에 비하면 적게는 4배에서 많게는 10배 이상 높은 수치다. 웅진코웨이의 영업이익률이 이렇게 높은 것은 최근 2~3년의 일이 아니다. 2007년 이후 줄곧 13%대 이상의 영업이익률을 달성하고 있으며 그 수치는 꾸준히 높아지는 추세다. 웅진코웨이가 이렇게 오랫동안 높은 영업이익률을 달성할 수 있었던 데에는 분명 여러 가지 이유가 있을 것이다. 하지만 그중에서 가장 큰 이유는 장기 렌털이라는 비즈니스 모델이 아닐까 한다.

실제로 웅진코웨이와 같이 생활가전을 만드는 기업들은 2010년대 이후 대부분 비즈니스 모델을 장기 렌털으로 전환하고 있으며, 최근에는 LG전자나 삼성전자처럼 네임 밸류가 있고 전국적인 유통망을 가지고 있는 대기업들도 예외는 아니다. 더불어 안마의자, 침대 매트리스, 자동차 타이어 같은 제품들도 일시불 대신 장기 렌털로 판매되기 시작했다.

장기 렌털이라는 비즈니스 모델은 일종의 장기 할부 프로그램이다. 어떤 고가의 제품을 일시불로 구입하는 대신 일정 기간 동안에 제품의 가격을 나눠서 내도록 한다. 제품 가격에 보증보험료나 할부 수수료 등이 추가되기 때문에 일시불로 구매할 때보다 다소 큰 비용을 지불해야 하지만, 지불해야 하는 비용을 장기간에 걸쳐 분산시킴으로써 초기 구매 부담을 극적으로 낮춰준다. 따라서 더 많은 고객이 장기 렌털을 통해 제품을 이용하게 된다.

장기 렌털 서비스를 통해 어떤 제품을 이용하면 약정 기간 동안 매달 일정한 비용을 지불해야 한다. 약정 기간이 끝난 이후에는 상품에 따라 더 이상 돈을 내지 않아도 되는 상품도 있고, 기존보다는 적지만 관리 서비스 명목으로 약간의 돈을 내도록 하는 상품들도 있다. 대부분의 경우 후자를 형태를 취하는데, 제품 판매 이후에 추가적인 매출을 일으킨다는 점에서 좋은 비즈니스 모델로 이야기되고 있다. 하지만 장기 렌털 모델의 정수는 제품 판매와 별도로 발생하는 서비스 매출이 아니다. 장기 렌털 모델의 핵심은 보통 70개월 이상 되는 가전제품의 교체 주기를 36개월로 단축시키는 것이다. 실제로 약정이 끝날 즈음에 제품의 청소 및 관리 서비스를 제공하는 분들은 멀쩡한 제품을 신제품으로 교체하도록 유도한다. 그렇게 함으로써 자신들은 판매 수수료를 챙기고, 회사는 신제품을 판매하고 약정 기간을 72개월, 108개월로 늘리게 된다.

결국 장기 렌털 서비스를 제공하는 기업들은 오랫동안 고객들을 묶어두며 새로운 제품을 계속해서 판매할 수 있다. 그런데도 고객들은 새로운 제품을 구매하는 것이 아니라 매달 서비스를 이용하고 그에 따른 이용료를 내는 것이라고 착각하게 된다. 마치 신문이나 우유배달과 같은 구독subscription 서비스를 이용하는 것처럼 말이다. 1997년 IMF 외환위기 이후 본격적으로 등장하기 시작한 가전제품의 구독 서비스 모델이 최근에는 사물인터넷 기술과 결합하면서 다양한 형태로 진화하고 있다. 장기 렌털 사업자들처럼 고객들을 묶어두고 지속적으로 제품을 판매하기 위해 구독 모델을 도입하는 기업들도 있고, 제품과 함께 콘텐츠나 생활 서비스 등을 제공하기 위해 구독 모델을 도입하는 기업들도 등장하고 있다.

제품의 교체 주기를
줄이기 위한 구독 서비스

내가 이동통신사인 LG유플러스를 퇴사하기 전이었던 2013년 이동통신 단말기의 평균 교체 주기는 18개월이었다. 전체 고객들 중에 매년 신형 모델로 교체하는 사람들이 절반 정도였고, 나머지 절반은 24개월 약정이 끝나면 교체했기 때문이었다. 그로부터 5년이 지난 2018년 우리나라의 이동통신 단말기 평균 교체 주기는 약 31개월이다. 그리고 미국은 33개월 정도이다.[26] 이동통신 단말기의 교체 주기가 길어진다는 것은 삼성전자나 LG전자, 애플과 같이 스마트폰을 제조하는 기업들에게는 달갑지 않은 소식이다. 1년 반마다 한 대씩 팔리던 스마트폰이 2년 반마다 한 대씩 팔린다는 것은 판매량의 감소와 매출의 감소를 의미하기 때문이다. 이에 스마트폰 제조사들도 몇 년 전부터 일시불 대신 장기 렌털 서비스와 비슷한 프로그램을 하나둘 도입하고 있다. 단말기의 교체 주기를 줄임으로써 판매량을 늘려야 늘리려는 것이다.

스마트폰의 교체 주기를 줄이기 위한 프로그램들

교체 주기를 줄이기 위한 프로그램을 가장 먼저 도입한 것은 미국의 애플이다. 애플은 2015년 9월 '아이폰 업그레이드 프로그램iPhone Upgrade Program'을 출시했는데, 기존에 사용하던 아이폰을 반납하면 24개월 약정 할부를 조건으로 새로운 아이폰으로 업그레이드를 해주는 것이다. 그리고 12개월이 지나면 별도의 위약금 없이 또다시 새로운 아이폰으로 교체를 받을 수 있게 된다.

새로운 아이폰을 이용한 지 12개월이 지났다고 가정하면 나머지 12개월 동안 내야 하는 돈을 지불하는 것이 정상이겠지만, 기존에 사용하던 아이폰을 반납하기 때문에 위약금이 발생하지 않는다. 애플은 반납받은 아이폰을 깔끔하게 손본 후 중고로 판매하게 되는데, 아이폰의 경우 일반적으로 신규 제품의 절반 수준에 해당하는 비용을 회수할 수 있다고 한다. 고객이 반납한 아이폰의 상태가 나쁜 경우에는 문제가 될 수도 있기 때문에 아이폰 업그레이드 프로그램에는 단말기 가격 외에 단말기 보험 상품인 '애플케어플러스AppleCare+'가 포함되어 있다. 즉, 고객들로 하여금 단말기의 상태를 최상으로 유지하도록 하는 비용(99달러 이상)을 지불하도록 하면서 중고폰의 가격을 높이는 것이다.

만약 이런 식으로 계속해서 핸드폰 업그레이드 프로그램을 유지하면 고객들은 추가적인 비용 없이 12개월마다 새로운 핸드폰을 이용할 수 있게 된다. 물론, 새롭게 출시된 핸드폰의 가격이 기존에 이용하던 핸드폰의 가격에 비해 많이 비싸지는 경우 매달 납부해야 하는 비용이 약간 올라갈 수도 있지만 고객들은 매달 거의 일정한 비용을 지불하며 스마트폰을 마치 서비스처럼 이용할 수 있게 된다. 결국 애플은 아이폰 업그레이드 프로그램 가입자들의 단말기 교체 주기를 12개월로 줄이게 된 것이다. 이는 계속해서 고객들을 묶어두며 안정적으로 새로운 단말기를 판매할 수 있게 됐음을 의미한다.

이처럼 장기 렌털이나 할부 형태로 서비스를 제공하는 경우 한 가지 문제가 발생한다. 아이폰 업그레이드 프로그램을 통해 단말기를 판매하는 경우 단말기 판매 시점에 전체 매출이 잡히지 않는다는 것이다. 고객들이 24개월에 걸쳐 단말기 가격을 납부하기 때문에 일종의 수익 지연 현상이 발생하게 된다. 이런 문제를 해결하기 위해 애플은 '시티즌스 원Citizens One'이라는 시티즌스 은행의 할부금융 서비스를 이용한다. 고객이 아이폰 업그레이드 서비스에 가입하고 신규 단말기를 구매하는 순간, 시티즌스 은행이 단말기 가격을 일시에 애플에 제공하는 금융 서비스다. 이로써 애플은 매출 채권을 발생시키지 않게 된다. 대신 단말기 구매 고객들은 애플이 아니라 시티즌스 은행에 매달 할부금을 지불하게 된다.

삼성전자도 애플보다 6개월 정도 늦은 2016년 3월에 '갤럭시 클럽Galaxy Club'이라는 단말기 업그레이드 프로그램을 출시했다. LG전자는 이보다 한참 후인 2018년 5월 고객 안심 보상 프로그램을 실시했다. 물론 이동통신사들도 2014년 10월부터 자체적으로 비슷한 프로그램을 진행했지만, 아이폰처럼 중고폰 시세가 높게 형성되지 않아 실효성이 적었다. 당시 이통사가 제공한 프로그램은 중고폰에 대한 보상금을 선불로 지급하고 18개월 후에 휴대폰을 반납받는 프로모션이었다. LG유플러스가 '제로클럽'이라는 이름으로 아이폰 6의 국내 출시에 맞춰 가장 먼저 실시했고, SK텔레콤은 '프리클럽',

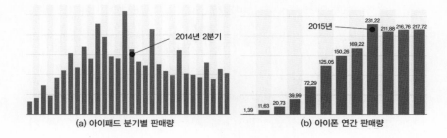

(a) 아이패드 분기별 판매량　　(b) 아이폰 연간 판매량

〈아이폰 업그레이드 프로그램의 도입 효과〉(출처: www.stastista.com 자료 재구성)

KT는 '스폰지 제로 플랜'이라는 이름으로 중고폰 보상 프로그램을 제공했다.

애플이 다른 스마트폰 제조사들보다 일찌감치 단말기 업그레이드 프로그램을 실시간 것은 2014년 2분기부터 아이패드의 판매량이 감소하는 현상이 나타났기 때문이었다. 아이패드 판매량의 감소는 아이폰 판매량의 감소로 이어질 것이 뻔했기 때문이다. 애플에서 가장 큰 매출 비중을 차지하는 아이폰의 판매량이 감소한다는 것은 애플에게는 매우 위험한 상황이었기에 애플은 선제적으로 아이폰 업그레이드 프로그램을 도입했으며, 만족스러운 결과를 얻었다.

노트북 구독 서비스의 등장

애플의 아이폰 업그레이드 프로그램의 도입 효과는 다른 디바이스 제조사에게도 시사하는 바가 컸다. 판매 방식을 일시불에서 구독 서비스로 바꾸고 단말기의 교체 주기를 의도적으로 단축시키면 조금이나마 디바이스 판매량을 늘릴 수 있었기 때문이다. 따라서 스마트폰 제조사뿐만 아니라 다양한 기업들이 스마트폰 업그레이드 프로그램과 비슷한 프로그램을 속속 출시했다.

가장 발 빠르게 움직인 것은 노트북 업계였다. 노트북의 성능이 좋아짐에 따라 2010년대 초반부터 노트북의 출하량이 지속적으로 감소하고 있었기 때문이다. 노트북 제조사 중에서 가장 빠르게 움직인 것은 HP였다. HP는 2016년 6월 말에 DaaSDevice as a Service라는 구독 서비스를 출시했는데, 이는 2010년 이전부터 기업용 솔루션에 대해 제한적으로 이용하던 서비스였다. 이 서비스는 노트북 등 사무용 기기를 일시불로 구입하는 대신 매달 일정한 금액을 내고 이 기기들을 서비스처럼 이용하도록 하는 것이다. 대신 과거처럼 노트북만 제공하는 것이 아니라 주기적인 노트북 관리, 고장 수리, 보안 및 위협 분석 등과 같은 서비스를 함께 제공한다. 이게 가능한 것은 과거와 달리 대부분의 업무용 디바이스들이 인터넷에 연결되어 있기 때문이다.

서비스 대상은 기업용 노트북, 크롬북, 태블릿, 데스크톱, 워크스테이션, 그리고 모니터와 주변기기는 물론 운영체계까지 포함한다. 개별 제품만을 서비스로 이용할 수도 있으며 몇 가지 장치를 조합해서 서비스 형태로 이용할 수도 있다. 필요에 따라서는 하드웨어 업그레이드 및 소프트웨어 배포 서비스도 함께 제공한다. 스마트폰 업그레이드 프로그램이 스마트폰 이용자들에게 커다란 부담 없이 주기적으로 신형 제품을 이용할 수 있는 혜택을 제공했다면, HP의 DaaS는 구매 부담의 완화는 물론 기업의 IT 자산과 리소스 관리 비용을 덜어줄 수 있었다. DaaS 프로그램을 이용하는 것만으로도 HP의 서비스 전문가들이 관리 업무를 대신 수행하며 HP TechPulse 같은 솔루션을 통해 다중 OS 장치의 보호 및 관리는 물론 발생 가능한 문제를 미리 분석하고 대응함으로써 비즈니스의 유연성과 안정성을 높여주기 때문이다.

마이크로소프트도 2018년 10월 HP와 비슷하게 노트북과 프로그램을 구독 서비스로 이용할 수 있는 '서피스 올 액세스Surface All Access' 프로그램을 출시했다. 서피스 올 액세스 프로그램은 서피스 노트북과 '오피스 365'를 일시불로 구매하는 대신 매달 비용을 지불하는 방식으로 이용할 수 있도록 한다. HP와 차이가 있다면 기업뿐만 아니라 개인을 주된 서비스 대상으로 한다는 것이다.

서피스 올 액세스 프로그램은 24개월을 기본으로 제공되며, 매달 납부해야 하는 비용은 이용하고자 하는 디바이스나 액세서리, 소프트웨어에 따라 달라지는데 최소 24.99달러부터 시작한다. 일반적으로 구독 서비스를 이용하게 되면 일시불보다 더 큰 비용을 내게 되는 것이 일반적이다. 하지만 마이크로소프트의 서피스 올 액세스 프로그램은 그렇지 않다. 서피스 노트북과 오피스 프로그램을 따로 구매하는 것보다 저렴한 가격에 제공한다. 마이크로소프트가 소프트웨어 전문 기업인만큼 노트북보다는 더 많은 오피스 프로그램을 판매하는 것이 목적이기 때문이다.

사실 마이크로소프트는 서피스 올 액세스 프로그램을 출시하기 이전인 2018년 8월에 '엑스박스 올 액세스Xbox All Access' 프로그램을 출시하기도 했다. 미국에서만 한시적으로 진행된 이 프로그램은 엑스박스 원 콘솔과 엑스박스 라이브 골드, 엑스박스 게임 패스를 구독 형태로 이용하는 서비스다. 이 역시 서피스 올 액세스처럼 디바이스와 함께 게임 소프트웨어를 더 많이 판매하려는 의도였다.

자동차 판매도 구독형으로

일시불 판매 대신 구독형 서비스를 제공하는 움직임은 가전 제조사나 노트북 및 컴퓨터 제조사뿐만 아니라 자동차 업계에서도 나타나고 있다. 스마트폰이나 노트북과 달리 자동차의 생산량은 여전히 견고한 증가세를 유지하고 있지만, 승차 공유를 포함한 다양한 모빌리티 서비스들이 빠른 속도로 등장하고 확산되면서 완성차 시장을 위협하고 있기 때문이다.

그러나 자동차 제조사들이 사용하는 구독 서비스 구조는 스마트폰 제조사나 노트북 제조사의 형태와는 다소 다르다. 스마트폰이나 노트북 제조사들은 단말기의 교체 주기를 줄이기 위해 12개월 혹은 24개월 단위로 신형 단말기를 제공하는 방식을 취하고 있지만, 자동차 제조사들은 여러 종류의 자동차를 바꿔가며 탈 수 있는 서비스를 제공하고 있다. 이런 식으로 자신들이 생산하는 여러 자동차 모델의 이용을 늘림으로써 자동차의 교체 주기를 줄이고자 하는 것이다. 아직까지는 대부분 고급 브랜드를 중심으로 차량 구독 서비스가 제공되고 있는데 대표적인 것이 포르쉐Porsche의 '포르쉐 패스포트Porsche Passport'다. 포르쉐 패스포트는 '전략 2025Strategy 2025'라는 포르쉐의 비전을 구현하기 위한 노력의 일환으로 2017년 10월부터 시작되었으며 최대 22종의 스포츠카나 SUV를 마음대로 바꿔 탈 수 있도록 하는 월 단위 구독 프로그램이다.27)

포르쉐 패스포트는 '론치 서브스크립션Launch Subscription'과 '엑셀러레이트 서브스크립션Accelerate Subscription'이라는 두 가지 멤버십으로 운영된다. 월 2,000달러를 내야 하는 론치 멤버는 카이엔, 718 박스터, 718 카이맨 S 등

8개 차종을 한 달간 자유롭게 이용할 수 있다. 반면, 월 3,000달러를 내야 하는 엑셀러레이트 멤버는 포르쉐 911 카레라 S, 마칸 GTS 등을 포함하여 포르쉐가 판매 중인 22개의 풀 라인업을 자유롭게 이용할 수 있다. 이외에도 볼보는 2017년 9월 '케어 바이 볼보Care by Volvo'라는 이름의 차량 구독 서비스를 발표한 바 있으며, 2018년 6월부터 시작된 벤츠의 '벤츠 컬렉션Benz Collection', 캐딜락의 '북 바이 캐딜락Book by Cadillac' 같은 서비스가 있다.[28] BMW도 2018년 7월 말부터 미국 내슈빌 지역을 시작으로 '액세스 바이 BMWAccess by BMW'라는 프로그램을 실시하고 있다.

국내 기업 중에서는 현대자동차가 비슷한 프로그램을 한시적으로 운영하고 있다. 2018년 12월에는 제네시스의 3개 모델을 이용할 수 있는 '제네시스 스펙트럼'이라는 구독 서비스를 출시했으며, 2019년 1월에는 보급형 차량을 대상으로 하는 '현대 셀렉션'을 출시하기도 했다. 현대 셀렉션의 경우 한 달에 72만 원만 내면 쏘나타, 투싼, 벨로스터를 주행 거리 제한 없이 자유롭게 바꿔 탈 수 있다. 각종 세금과 보험료, 기본 정비료가 포함되어 있어 편하게 차량만 이용하려는 고객들에게 유용할 것으로 생각된다.

두 프로그램 모두 현대자동차뿐만 아니라 현대캐피탈의 카쉐어링 플랫폼인 '딜카DealCar'와 중소 렌터카 회사가 3자 제휴 형식으로 제공한다. 중소 렌터카 회사가 소비자에게 차를 임대하고 딜카는 서비스 운영을 맡으며 현재 자동차는 전체 프로그램을 기획하고 관리하는 일을 맡게 되는 것이다. 외산 완성차 제조사들도 현대자동차와 비슷한 구조로 차량 구독 서비스를 제공하고 있다.

2017년부터 자동차 공유 서비스를 제공했던 기아차도 2019년 6월 '기아 플렉스 프리미엄KIA Flex Premium'이라는 자동차 구독 서비스를 출시했다. 월 129만 원의 이용료로 K9, 스팅어, 카니발 하이리무진을 대상으로 매월 1회씩 교체해 이용할 수 있다. 추가로 니로 EV를 월 1회 72시간 대여할 수 있으며 아직까지는 서울 지역에 한해 서비스를 실시한다.

디바이스도 팔고, 서비스도 팔고

전통적으로 구독 서비스는 특정한 상품을 서비스 형태로 제공하면서 고객들에게 해당 상품을 반복적으로 판매하는 것을 목적으로 한다. 하지만 시대가 바뀌면서 구독 서비스의 대상이 되는 제품뿐만 아니라 그 제품과 관련된 서비스도 함께 판매하고 있다. 대표적인 것이 정수기와 같은 생활가전 제품들인데, 매달 지불하는 구독 서비스 이용료에는 단말기 할부금뿐만 아니라 디바이스의 청소나 필터 교체와 같은 관리 서비스 이용료도 포함하고 있다.

앞에서 살펴본 HP나 마이크로소프트의 경우도 예외는 아니었다. HP의 DaaS 서비스도 디바이스뿐만 아니라 디바이스 관리 및 유지보수 서비스를 함께 제공했다. 마이크로소프트의 서피스 올 액세스 프로그램과 엑스박스 올 액세스 프로그램은 노트북이나 게임 콘솔과 같은 하드웨어뿐만 아니라 이들과 함께 이용하는 오피스 365나 엑스박스 게임 패스 등과 같은 소프트웨어를 함께 판매하고 있다. 이처럼 개별 제품의 판매를 활성화하는 대신 제품과 서비스를 함께 묶어 서비스 형태로 제공하는 이유는 기업들이 사내 비즈니스 사일로를 무너뜨리기 시작했기 때문이다. 즉, 그동안은 개별적인 제품이나 서비스 단위로 판매량과 매출을 관리했지만, 이제는 회사 차원에서 전체 매출 및 수익을 관리하기 시작한 것이다. 따라서 관련성이 있는 제품과 서비스는 함께 판매하며 연결성을 기반으로 하는 새로운 상품들을 출시하기 시작한 것이다.

네스트의 클라우드 서비스 어웨어

앞에서도 잠시 소개한 네스트는 2014년 1월에 구글에 인수된 이후 구글의 스마트홈 전략을 담당하는 중책을 맡게 된다. 2019년 5월에 개최된 구글 I/O 2019에서 구글은 '네스트 허브 맥스Nest Hub Max'를 공개하는데, 여기에서 네스트의 위상을 읽을 수 있다. 네스트 허브 맥스는 구글의 스마트 스피커인 '구글 홈허브Google HomeHub'가 진화한 제품으로 구글의 스마트홈 허브 역할을 하기 때문이다. 이외에도 네스트는 다양한 스마트홈 장치를 속속 출시하고 있다. 구글에 인수될 당시 학습형 온도조절기와 연기 감지기밖에 없었던 제품 라인업은 가정용 보안 카메라인 '네스트 캠Nest Cam', 스마트 초인종인 '헬로Hello', 스마트 도어락인 '네스트 X 예일 락Nest X Yale Lock'으로 늘어났다. 또, 가정용 스마트 보안 시스템인 '네스트 가드Nest Guard'와 창문 열림 센서인 '네스트 디텍트Nest Detect' 등도 출시하고 있다.

그리고 또 하나 주목해야 할 것이 있다. 바로 '네스트 어웨어Nest Aware'라는 클라우드 서비스다. 네스트 캠이나 헬로 혹은 네스트 허브 맥스처럼 카메라가 내장된 장치와 함께 이용할 수 있는 이 서비스는 사용자가 구독하는 서비스에 따라 온종일 혹은 이벤트 발생 시마다 동영상을 촬영하여 클라우드에 저장해주는 서비스다. 네스트 어웨어는 서비스 출시 초기에 '10일 플랜'과 '30일 플랜'의 두 가지 요금제만 제공했다. 그러나 현재는 '5일 플랜'이 추가되어 세 가지 요금제로 제공된다. 네스트가 제품과 서비스를 함께 판매하는 전략을 취하고 있기는 있지만, 아직까지는 어웨어라는 서비스보다 이 서비스와 함께 이용할 수 있는 디바이스 판매를 더 중시하기 때문이다. 같은 이유로 추가적인 디바이스를 이용하는 경우 디바이스 가격을 할인하는 대신 어웨어 서비스 요금을 50% 할인해주기도 한다.

아마존의 무선랜 공유기 이에로 플러스

네스트의 어웨어가 네스트 캠이나 헬로, 네스트 허브 맥스와 같은 보안 기능을 제공하는 장치들과 함께 사용될 수 있는 독자적인 서비스인 것과는 달리 디바이스에서 제공하는 기능들을 별도의 서비스 형태로 판매하는 것도 가능하다. 대표적인 것이 아마존의 무선랜 공유기인 이에로 플러스다.

아마존에 의해 2019년 2월에 피인수된 이에로eero는 가정용 네트워크 기기 전문 제조사다. 2014년에 설립된 이에로는 미국 현지에서는 가정용 메시

와이파이 장치 공급사로 유명하다. 메시 와이파이는 와이파이 신호를 중개함으로써 신호 도달 범위를 넓히는 기술인데, 우리보다 주거 공간이 2.5배나 넓은 미국의 가정에서 매우 유용하다. 메시 와이파이를 이용하기 위해서는 최소 2개 이상의 기기가 필요하다. 우리가 거실에 설치해서 이용하는 와이파이 공유기와 같은 역할을 하는 라우터와 이 라우터에 연결되어 와이파이의 서비스 영역을 넓혀주는 비콘Beacon 장치가 그것이다. 사용자들은 자신들의 집 크기나 와이파이를 이용할 공간의 크기에 따라 라우터만 한 대 사서 이용하거나, 추가로 한 대 이상의 비콘을 사서 함께 이용하면 된다.

라우터의 가격은 199달러고 비콘 1대의 가격은 149달러다. 그러나 라우터와 비콘을 1대씩 함께 구매하는 경우에는 가격이 299달러가 되어 49달러 저렴한 가격에 구입할 수 있다. 라우터 1대와 비콘 2대는 399달러에 구매할 수 있으며, 개별적으로 구매하는 경우보다 98달러나 저렴하다. 개별적으로 구입하기보다는 결합 형태로 구입하도록 상품의 가격을 책정해 놓고 있다. 그뿐만 아니라 3개월에서 24개월 할부로 구매할 수도 있는데, 이 경우 할부 수수료가 10~30%로 매우 높은 수준이다. 여기까지는 일반 와이파이 공유기를 판매하는 다른 기업들과 마찬가지다. 차이가 있다면 이에로는 디바이스 판매와 별개로 '이에로 플러스 서브스크립션eero Plus Subscription'이라는 구독 서비스를 함께 판매한다. 이 서비스는 모두 인터넷 보안과 관련된 것으로, 4가지의 추가 서비스로 구성되어 있다. 이들 모두를 이용해도 되지만 자신이 필요한 서비스만 선택적으로 이용해도 된다.

특이한 점은 구독 서비스의 기간 단위가 월이 아니라 연이라는 것이다. 통상적으로 구독 서비스의 단위 기간이 길면 한꺼번에 지불해야 하는 금액이 커지기 때문에 신규 고객을 유치할 때 허들로 작용할 수 있다. 그러나, 미국처럼 주거 범죄율이 높은 곳에서는 예외일 수 있다. 반면, 기업은 1년 치 서비스 이용료를 선불로 받게 되므로 재무적인 측면에서는 바람직하다.

네스트의 어웨어가 개별적인 스마트 디바이스와는 별개로 존재하는 서비스였던 것과는 달리 이에로 플러스는 와이파이 공유기가 제공하는 부가 기능을 서비스 형태로 제공한다는 점에서 다르다. 이러한 기능들은 디바이스에 기본적으로 포함되어 있는 것들이지만, 디바이스를 판매할 때에는 이에 대한 비용을 청구하지 않는다. 대신 해당 기능이 필요한 사람들에게만 추가적인 비용을 받고 서비스를 제공한다.

일단은 제품을 저렴하게 판매함으로써 더 많은 이용자 기반을 확보하고 이들을 대상으로 추가적인 서비스를 판매하는 것이다. 이를 용이하게 하기 위해 부가 서비스를 한 달 정도 무료로 이용하게 한 후 자동으로 유료 전환이 되도록 하기도 한다. 이런 방법이 가능한 것은 소프트웨어적인 기능의 한계비용이 제로에 가깝고, 제품들이 항상 인터넷에 연결되어 있기 때문이다. 인터넷을 통해 소프트웨어 업데이트나 설정 변경을 용이하게 할 수 있으며 원하는 기능들을 일정한 기간에만 동작하도록 할 수 있다. 실제로 이런 어프로치는 테슬라의 자동차에서도 똑같이 발견된다. 테슬라 모델 3는 3만 5,000달러에 구매할 수 있지만, 오토파일럿이나 자율주행 기능을 이용하기 위해서는 해당 옵션을 별도로 구매해야 한다.

서비스 이용을
활성화시켜라

　앞에서 소개한 사례들은 디바이스와 함께 서비스를 제공하는 것들이었다. 차이가 있다면, 디바이스에 독립적인 서비스를 함께 제공하느냐 아니면 디바이스를 기반으로 하는 서비스를 제공하느냐 정도의 차이였다. 중요한 것은 디바이스에서 기본적으로 제공하는 기능들만 이용해도 필요한 기능을 충분히 이용할 수 있기 때문에 이런 서비스를 이용하지 않아도 상관없다는 것이다. 반면에 앞으로 소개할 사례들은 디바이스를 판매하는 것보다는 서비스를 활성화하는 쪽에 포커싱을 맞추고 있다. 이를 위해 기업들은 디바이스를 매우 저렴한 가격에 판매한다. 디바이스를 저렴하게 판매함으로써 디바이스 판매도 활성화될 수는 있지만, 이를 기반으로 서비스 이용을 활성화시키는 것이다. 경쟁이 치열한 디바이스 시장에서 수익성을 포기하는 대신 수익성이 높은 서비스 이용자를 많이 확보하겠다는 이대도강李代桃僵의 전략인 것이다.

아마존의 클라우드 캠 서비스

2017년 11월, 아마존은 '아마존 클라우드 캠Amazon Cloud Cam'이라는 가정용 보안카메라를 출시했다. 아마존의 인공지능 서비스인 알렉사와 연동되는 아마존 클라우드 캠은 풀HD(1,080p)의 생생한 화질로 녹화할 수 있으며 모션 감지 기능도 제공한다. 양방향 오디오 전송도 가능하며 어두워지면 자동으로 나이트 비전 기능이 활성화되기 때문에 24시간 동작해야 하는 보안 카메라의 모든 조건을 충족하는 제품이다. 아마존 클라우드 캠도 앞에서 소개한 네스트의 헬로처럼 인텔리전트 알람 기능을 제공한다. 차이가 있다면 네스트의 헬로우는 사용자가 지정한 구역에서 움직임이 발생한 경우에만 이벤트를 발생시키지만, 아마존의 클라우드 캠은 지정된 구역에서 움직임이 발생하는 경우에는 알람을 발생시키지 않는다. 원치 않는 움직임으로 인한 불필요한 알람을 최소화하겠다는 의도이다.

아마존 클라우드 캠은 실시간으로 원격지의 모습을 확인하는 것뿐만 아니라 카메라로 촬영한 영상을 클라우드에 저장할 수도 있다. 119.99달러를 주고 카메라를 구입하면 기본적으로 카메라 3대의 영상을 24시간 동안 보관할 수 있는 옵션이 기본으로 제공된다. 그러나 4대 이상의 카메라를 이용하거나 더 오래전에 촬영된 영상을 확인하고자 하는 경우에는 별도의 서비스 플랜에 가입해야 한다. 예를 들면, 한 대의 카메라를 이용하되 지난 일주일 동안 촬영된 영상을 확인하고 싶은 경우 베이직 플랜에 가입하면 된다. 만약 10대의 카메라를 이용해야 하고 촬영된 영상을 한 달 동안 저장해야 하는 기업이나 사업장이라면 프로 플랜에 가입하면 된다. 카메라만 구입하더라도 기본적인 기능은 이용할 수 있지만, 아마존 클라우드 캠이 제공하는 더 많은 기능을 경험해 볼 수 있도록 30일 무료 체험 기회를 제공한다. 또한, 연 단위로 서비스에 가입하는 경우 17% 정도의 할인 혜택을 받을 수 있다.

아마존 클라우드 캠 서비스와 관련해서 우리가 주목해야 할 것은 아마존 은 카메라 판매보다는 클라우드 캠 서비스의 판매에 집중한다는 사실이다. 네스트 보안 카메라Nest Cam Indoor나 넷기어의 아를로Arlo 같은 다른 가정용 보 안 카메라와 비교하면 아마존의 클라우드 카메라 가격이 유달리 저렴한 이 유가 여기에 있다. 사실 이런 어프로치는 아마존이 2007년 전자책 리더인 킨들을 출시할 때부터 고수해 오던 전략으로, 디바이스를 저렴하게 판매함으 로써 사용자 기반을 확대하기 위한 것이다. 대신, 디바이스 판매로부터 얻어 내지 못한 수익을 이익률이 높은 서비스에서 벌충하는 것이다. 아마존의 경 우 디바이스 판매에 따른 수익률은 사실상 0% 수준이다. 반면, 서비스 수익 률이 적게는 30%에서 많게는 60%에 달하는 것으로 알려져 있다.

사용자 기반을 확대하려는 의도는 여러 곳에서 확인되는데, 아마존 클라 우드 캠을 2대 혹은 3대 구매하는 경우 17%에서 20%가량 할인된 가격에 제공한다. 더 많은 잠재 고객이 클라우드 캠 서비스를 이용하게 하려고 더 저렴한 가격에 디바이스를 판매하는 것이다. 또한, 클라우드 캠을 디스플레 이가 탑재된 스마트 스피커인 에코 쇼Echo Show와 함께 이용하도록 에코 쇼와 아마존 클라우드 캠을 번들로도 판매하고 있다.

아마존은 아마존 클라우드 캠을 스마트 도어락과 함께 판매하기도 한다. 이 또한 추가로 할인된 가격에 판매하고 있는데, 클라우드 서비스뿐만 아니 라 댁내 배송 서비스인 '아마존 키Amazon Key'를 제공하기 위함이다. 즉, 커넥티드 카메라를 저렴하게 보급함으로써 클라우드 서비스뿐만 아니라 아마존 비즈니스의 본질인 온라인 쇼핑 서비스도 활성화시키고자 하는 것이다.

휴머노이드 로봇이 온다

2014년 6월, 일본의 소프트뱅크는 '페퍼Pepper'라는 서비스 로봇을 출시했다. 페퍼는 키 1m 21cm, 몸무게 29kg으로 초등학교 2~3학년 정도의 몸집을 가지고 있는 휴머노이드 형태의 로봇이다. 페퍼는 이마와 입에 달린 카메라와 머리에 있는 마이크를 이용하여 사람의 말은 물론 얼굴이나 동작, 표정까지 인식할 수 있다. 또한, 사람들의 질문이나 요구에 적합한 대응을 할 수도 있으며 사람의 표정이나 음색을 읽고 대화를 할 수도 있다.

이외에도 인터넷상의 뉴스와 날씨를 분석하고 '기쁘다', '슬프다' 같은 감정도 표현하며 감정에 따라 목소리 톤이 올라가거나 한숨을 쉬기도 한다.[29] 이러한 일들이 가능한 것은 페퍼가 인터넷을 통해 IBM의 인공지능 서비스인 왓슨Watson에 연결되어 있기 때문이다. 사실, 페퍼가 처음으로 출시되었을 때 놀라웠던 것은 기능보다는 그 가격에 있었다. 기업용으로 출시된 페퍼의 가격이 약 100만 엔 정도였으나 일반 소비자용은 5분의 1 수준인 19만 8,000엔에 불과했기 때문이다. 인공지능 로봇에 대한 기대감과 부담 없는 가격 덕분에 2015년 6월부터 1천 대씩 한정으로 판매되는 페퍼는 매달 판매 개시 1분 만에 품절이 될 정도로 반응이 좋았다.

사실 200만 원이라는 금액이 개인에게는 결코 적은 금액이 아니지만, 페퍼 같은 로봇이 200만 원이라면 한 번 사볼까 하는 고민을 하게 만드는 가격이다. 괜찮은 노트북보다 저렴한 가격이기 때문이다. 그렇다면 소프트뱅크가 1,000만 원 정도에 판매되는 로봇을 200만 원 정도에 판매한 이유는 무엇일까? 여러 이유가 있겠지만 약간의 손해를 보더라도 서비스 로봇에 대한 구매 장벽을 낮춤으로써 페퍼를 빠르게 확산시켜 서비스 로봇 생태계를 주도해 나가고자 하는 이유가 가장 클 것이다.

다만, 페퍼의 고급 기능을 이용하기 위해서는 별도로 서비스에 가입해야만 한다. 페퍼를 유용하게 이용하기 위해서는 적어도 '기본 플랜'에는 가입해야 하는데, 이 서비스의 이용료는 월 1만 4,800엔이며 36개월 약정으로 가입해야 한다. 그리고 월 9,800엔짜리 '보험 팩'도 함께 가입하도록 유도하고 있다. 이러한 약정에 가입하면 페퍼를 일시금으로 구매하는 것보다 8% 정도 비싼 금액이 나오게 되는데, 이는 36개월 장기할부로 페퍼를 구매한 것과 마찬가지다.

소프트뱅크가 일본의 3대 통신사인 만큼 페퍼를 기반으로 하는 서비스는 아직까지는 스마트폰 기반의 통신 서비스와 비슷한 수준으로, 홈서비스 로봇을 통해 추가적인 서비스를 제공하는 데는 한계를 보이고 있다. 하지만 2017년부터 기업용 서비스 플랫폼을 구축하는 등 차근차근 서비스 생태계를 만들어 나가고 있으며, 장기적으로는 디바이스 판매보다 서비스 판매가 수익률에 더 큰 기여를 할 것으로 기대된다.

소프트뱅크의 페퍼가 사람의 형태를 한 휴머노이드 로봇이라면, 대만의 에이수스ASUS가 2016년 5월에 처음 공개한 젠보Zenbo는 디스플레이가 탑재된 스마트 스피커에 바퀴만 달아놓은 형태다. 페퍼와 같은 다관절 팔이 없기 때문에 599달러라는 저렴한 가격에 판매되고 있다. 이미지 인식 기능을 바탕으로 집 안의 구조와 배치된 사물들의 위치나 상태를 이해할 수 있다. 이 외에도 다양한 서비스 로봇이 출시되고 있으며, 조만간 스마트홈 서비스의 허브 역할을 할 것으로 예상된다.

온디맨드형 구독 서비스

일반적으로 스마트 디바이스 기반의 구독 서비스는 한 달이나 1년처럼 정해진 기간을 단위로 비용을 지불하며 서비스를 이용하는 것을 가리킨다. 신문이나 우유 배달과 달리 장기 렌털형 구독 서비스의 경우 할부 판매의 성격이 강하기 때문이다. 그러나 디바이스에 따라서는 마치 온디맨드On-Demand 서비스를 이용하는 것처럼 필요할 때에만 서비스를 이용할 수 있도록 하고 있다. 이러한 구독 서비스는 대부분 디바이스의 관리 서비스나 디바이스와 관련된 소모품을 제공하는 형태를 띠고 있는데, 디바이스의 이용량이나 이용 빈도가 사용자가 시기에 따라 달라지는 제품에 적합하다. 이는 뒤에서 소개할 사용량 기반 모델과 유사한데, 정기적으로 서비스 이용료를 내는 것보다 합리적으로 여겨진다.

아마존의 '대시 보충 서비스Dash Replenishment Service, DRS'는 대표적인 온디맨드형 구독 서비스에 해당한다. 세탁기에 남아 있는 세제나 프린터의 토너가 일정 수준 이하로 떨어지면 자동으로 세제나 프린터 토너를 주문하는 식이다. 정수기의 필터도 마찬가지인데, 계절이나 사용자 수 등에 따라 필터의 교체 및 관리 서비스 제공 시점이 달라질 수 있기 때문이다.

아마존의 대시 보충 서비스를 이용하는 아마존의 전자레인지도 비슷한 기능을 제공한다. 10개 들어 있는 팝콘을 구매한 후 아마존의 전자레인지를 이용해서 8개를 튀겨 먹으면 전자레인지가 자동으로 팝콘을 주문하도록 설정할 수 있다. 뒤에서 소개할 토발라Tovala의 스마트 스팀오븐도 필요한 때에만 주 단위로 가정간편식을 주문해서 이용하도록 하고 있다. 즉, 구독형 서비스 모델을 적용하기 어려운 디바이스인 경우에도 온디맨드형 서비스 모델을 결합하는 식으로 디바이스와 관련된 서비스를 판매할 수 있는 것이다. 만약 과거의 서비스 이용 패턴 정보를 함께 이용할 수 있다면 고객들이 서비스를 주문하기 전에 선제적으로 서비스를 제공하는 것도 가능해진다.

빠르게 성장해 가는
구독 서비스 모델

누차 이야기하지만 구독 서비스는 그 역사가 매우 깊다. 신문이나 잡지를 구독하거나 전기, 수도, 가스, 통신과 같은 유틸리티 서비스를 구독 형태로 이용하는 것은 너무나 자연스러운 일이다. 인터넷이 상용화된 1995년 이후 부터는 음악이나 동영상은 물론 전자책이나 게임까지도 구독 서비스 형태로 이용하고 있다. 나의 경우에는 데이터 저장 공간이나 PC용 애플리케이션과 같은 클라우드 서비스도 구독형으로 이용하고 있다. 최근에는 양말이나 와이셔츠, 면도기 등도 구독 서비스 형태로 제공되고 있고 아이들 책이나 주기적으로 교체해야 하는 타이어나 프라이팬도 구독 서비스로 제공된다. 일본의 경우에는 라멘집이나 커피숍, 술집 등에서도 월 단위로 라멘이나 커피, 술을 무제한 이용할 수 있는 구독 서비스들도 등장하고 있다. 그리고 이런 트렌드는 사물인터넷이 더욱 확산할수록 일반적인 모습이 될 것이라고 생각한다. 따라서 이곳에서는 구독 서비스 모델의 다양한 유형 및 전망에 대해 살펴보도록 하자.

구독 서비스 모델의 유형

지금까지 구독 서비스는 장기 할부처럼 주기적으로 일정한 비용을 내며 제품을 구매하는 렌털 서비스 혹은 이동통신 서비스처럼 단말기와 서비스가 결합되어 종량제나 정액제 형태로 비용을 지급하는 것들로만 소개했다. 하지만 구독 서비스 모델은 사용하는 기간이나 서비스 제공 방식 등에 따라 보다 다양하게 구분될 수 있다. 전략적 시장조사 서비스를 제공하는 유로모니터Euromonitor International는 구독 모델을 크게 네 가지 유형으로 구분하고 있다. 이 네 가지 구독 모델은 장기 대여, 단기 이용, 정기 공급, 그리고 깜짝 상자 모델이다.[30]

장기 대여 모델은 전통적인 장기 렌털 서비스 등에 오랫동안 사용되어 온 모델이다. 이 모델에서는 기업이 제품 소유권을 보유하되 소비자가 무기한 혹은 일정 계약 기간 동안 요금을 내고 제품을 사용한다. 우리나라의 장기 렌털 모델처럼 약정 기간이 지나면 제품의 소유권이 소비자에게 넘어가는 형태도 있다. 이 모델은 자동차처럼 오래 사용하는 제품들이나 초기 구매 부담이 큰 제품, 시간이 지날수록 그 가치가 떨어지는 경우에 적합한 모델이다.

단기 이용 모델은 장기 대여 모델과 달리 필요한 기간에만 짧게 제품을 빌려서 이용하는 온디맨드형 서비스다. 장기 대여 모델의 대상이 되는 제품들을 아주 짧은 기간만 이용한다거나, 제품을 구매하거나 장기로 대여하기 전에 시험적으로 이용해 볼 때 적합하다. 혹은 다양한 제품을 이용해 보고 싶은 고객들에게 유용하다. 예를 들면, 주말 동안만 명품 드레스나 핸드백을 대여하거나 전시 기간만 노트북과 대형 디스플레이를 대여하는 것이 이에 해당한다. 1개월 단위로 이용할 수 있는 자동차 구독 서비스도 이러한 유형에 포함된다. 하지만 짧은 이용 기간으로 인해 장기 대여 모델에 비해 이용료가 비싼 편이다.

정기 공급 모델은 소비자가 선택한 특정 제품만 정기적으로 배송하는 구독 모델이다. 정기 공급 모델은 개인화가 특징으로 계속해서 이용하는 제품이나 쇼핑을 위해 돌아다닐 필요가 없는 제품에 적합한 모델이다. 해당 서비스를 통해 소비자는 쇼핑에 시간을 투자하지 않아도 되며, 해당 브랜드 충성도를 쌓을 수도 있다. 전통적인 구독 서비스와 인터넷 시대의 콘텐츠 구독 서비스가 이에 해당한다. 또한 최근에 주목받고 있는 면도기 구독, 양말 구독 등의 서비스도 여기에 해당한다. 소비자들은 그들이 필요로 하는 것 이상을 지불하려 하지 않기 때문에, 이 모델은 유연해야 하며 신뢰를 쌓아야 하고 비용에 대한 확실한 가치를 제공해야 한다.

깜짝 상자 모델은 정기 공급 모델에 '서프라이즈' 요소가 추가된 것이다. 소비자가 관심을 표시한 소비재군의 상품을 전문가가 직접 선택해서 배송해준다. 소비자의 성향이나 최신 트렌드를 반영한 제품들을 소비자들이 쇼핑에 시간을 투자하지 않고도 받아볼 수 있게끔 한다. 뷰티나 의류 분야에서 시작한 깜짝 상자 모델은 다양한 소비자 섹터에서 보편적인 모델이 되고 있다. 대표적인 예가 아마존의 뷰티박스Beauty Box, 스티치픽스Stitch Fix나 아마존의 프라임 워드로브Prime Wardrobe와 같은 의류 및 패션 용품 구독 서비스, 아마존의 프라임 북박스Amazon Prime Book Box for Kids 같은 도서 구독 서비스가 해당된다.

유로모니터의 이러한 분류법은 내가 앞에서 소개한 구독 서비스의 유형과는 다소 거리감이 있어 보인다. 유로모니터는 서비스 구조 관점에서 구독 서비스의 유형을 설명하고 있는 반면에, 나는 도입 목적 관점에서 구독 서비스를 설명했기 때문이다. 이유야 어떻든 간에 디바이스의 특성이나 각자의 필요에 따라 적합한 구독 서비스 모델을 개발해 보면 좋을 것 같다.

구독 모델의 도입 방법

그렇다면 구독 기반의 비즈니스 모델을 도입하기 위해서는 어떻게 해야 할까? 첫 번째로는 차별화된 서비스가 필요하다. 구독 경제는 재화가 아닌 경험을 소비하는 것이 핵심이기 때문에 소비자가 가치를 느끼는 부분이 명확해야 한다. 일시금으로 제품을 구매해서 이용하는 것보다 비용을 절감할 수 있거나 매번 동일한 제품을 구입하는 번거로움을 덜어주어야 한다. 예를 들면, 나이트스코프Knightscope의 순찰로봇처럼 경비 인력을 채용하는 비용을 50% 수준으로 절감시켜준다거나 네이버 웹툰의 '미리보기'나 '완결보기'처럼 남들보다 먼저 누릴 수 있는 차별화된 혜택이 있어야 한다.

두 번째는 적절한 수준의 요금이 책정되어야 한다. 아마존에서 제공하는 구독형 전자책 서비스인 '킨들 언리미티드Kindle Unlimited'는 월 10달러로 100

만 권 이상의 전자책과 수천 권의 오디오북을 무제한으로 이용할 수 있다. 이용 가능한 디바이스에도 제한이 없다. 아마존닷컴에서 판매되는 전자책들의 가격이 일반 소설의 경우 9.99달러인 점을 감안하면 1년에 12권 이상의 책을 읽는 소비자들에게 적합한 수준이다. 놀랍게도 퓨리서치센터Pew Research Center의 조사에 따르면 미국인들은 연평균 12권의 책을 읽고 있으며 이러한 수치는 지난 2012년 이후 거의 변하지 않고 있다고 한다.[31]

월 1만 원 내외로 이용할 수 있는 넷플릭스NetFlix나 푹pooq과 같은 동영상 스트리밍 서비스의 경우, 다시보기로 한 편의 TV 프로그램을 이용하는 가격이 500원인 점을 감안하면 20편 이상 시청하는 사용자들에게는 매우 저렴하게 느껴질 수 있다. 수원 지역에서 제공되는 공유 자전거 서비스인 반디클은 월 4,000원에 한 달 동안 자전거를 무제한으로 이용할 수 있다.

세 번째는 비즈니스 모델의 지속적 확장이다. 비즈니스 모델이 경쟁력을 상실하기 전에 새로운 비즈니스 모델로 전환해야 지속적인 성장을 이룰 수 있기 때문이다. 대표적인 사례는 아마존의 음악 서비스다. 아마존은 네 가지 유형의 음악 서비스를 제공하고 있는데, 프라임 뮤직Prime Music과 세 가지 유형의 '아마존 뮤직 언리미티드Amazon Music Unlimited'가 그것이다.[32] 프라임 뮤직이 프라임 회원들을 대상으로 200만 곡 정도의 음악 서비스를 무료로 제공하는 것이었다면, 매월 9.99달러(프라임 회원은 7.99달러)를 내야 하는 아마존 뮤직 언리미티드 개인 플랜은 수천만 곡의 음악 서비스를 제공한다. 반면, 14.99달러에 제공되는 가족 플랜은 수천만 곡에 대해 동시에 6개의 계정을 지원한다. 또한, 오직 한 대의 에코 디바이스에서 아마존 뮤직 서비스를 이용할 수 있도록 하는 에코 플랜의 경우 월 3.99달러에 제공되고 있다. 사용자들이 자신의 상황에 따라 그에 적합한 서비스를 이용할 수 있도록 다양한 선택권을 제공하는 것이다.

구독 서비스의 전망

최근 구독 서비스나 멤버십 서비스에 대한 책들이 다수 출간되고 있다.[33, 34] 그러나 이런 책들은 일반적인 제품이나 서비스에 적용되는 기존의 구독 서비스 방식에 대해서만 다루고 있다. 일부 사례에서는 스마트 디바이스 기반의 구독 서비스가 발견되기도 하지만, 스마트 디바이스 기반의 구독 서비스가 주제인 서적은 없다. 그러나 앞에서 소개한 것처럼 앞으로 구독 서비스 모델은 다양한 산업에서 다양한 형태로 등장할 것이 분명하다.

이런 생각을 입증해주는 것이 구독경제지수Subscription Economy Index, SEI다. 구독경제지수는 구독 관리 소프트웨어를 제공하는 주오라Zuora라는 기업이 개발한 것으로 구독 모델 기반의 비즈니스가 얼마나 활발하게 이루어지고 있는지를 보여주는 지수다. 이 지수에 따르면, 2012년 1월부터 2018년 6월까지 구독경제지수는 S&P 500 판매지수와 미국 전체 소매 판매지수에 비해 각각 8.8배와 6.5배 빠른 속도로 성장하고 있다.[35]

구독 모델은 뒤에서 소개할 사용량 기반 모델이나 관리 서비스 모델과 혼용해서 사용할 수 있다. 이들의 과금 정책이 종량제 형태의 구독 서비스에 해당하기 때문이다. 2018년 6월 기준으로 구독 모델을 사용하는 기업 중에서 사용량 기반의 과금 정책을 혼용하는 기업들은 아직 10%가 채 되지 않는다. 반면, 이 기업들은 다른 기업에 비해 두 배 더 빠르게 성장하고 있다. 특히, 구독 모델을 사용하는 유럽의 기업들은 영국의 FTSE, 프랑스의 CAC, 그리고 독일의 DAX 대표기업들보다도 6배나 빠르게 성장하고 있다.

또 하나 주목해야 할 것은 다양한 산업 분야 중 사물인터넷 분야의 연간 성장률이 28%로 다른 산업 분야에 비해 가장 빠르다는 것이다. 이는 최근 주목받고 있는 SaaSSoftware as a Service나 전통적인 통신산업의 매출 증가율보다 훨씬 높은 수치다. 다양한 가전제조사나 자동차 제조사뿐만 아니라 아마존과 같은 유통사업자 및 레스토랑 가맹점까지도 구독 서비스에 관심을 기울이는 이유이다.

Section
4

사용량 기반의
비즈니스 모델

제품을 일시불로 판매하는 대신 매달 일정한 비용을 지불하며 마치 자기 것처럼 이용하도록 하는 구독 서비스가 새로운 패러다임으로 자리를 잡아가고 있다. 이미 오래전부터 렌털 형태로 이용되던 생활가전제품은 물론 스마트폰이나 노트북 같은 고가의 IT 제품을 넘어 이제는 자동차까지 구매 대신 구독 형태로 이용하기 시작했다. 이러한 패러다임은 면도기나 양말은 물론 프라이팬 같은 생필품으로 확대 적용되고 있으며, 큐레이션 기능과 접목되어 의류나 패션용품, 그리고 어린이용 도서 등을 정기적으로 제공하기도 한다. 그리고 식당이나 커피숍, 술집과 같은 오프라인 서비스 업종으로도 조금씩 확대되고 있다.

이러한 구독 서비스는 제품의 이용 빈도를 늘리거나 주기적으로 새로운 제품을 이용하도록 만듦으로써 제품의 교체 주기를 짧게 만들며 결과적으로는 기업의 매출과 수익성을 동시에 개선한다. 그러나 더 많은 기업이 구독 모델을 도입하면서 상황이 조금씩 달라지고 있다. 이용량의 증가에 따라 매출은 늘어나지만 경쟁 심화에 따른 서비스 이용료의 인하 및 마케팅 비용의 증가에 따라 수익성이 나빠질 수 있기 때문이다. 사실 이런 모습은 이동통신 산업에서 반복적으로 나타나고 있고, 현재 인기를 끌고 있는 장기 렌털 분야에서도 곧 나타날 것으로 생각된다. 1위 기업이 공격적으로 치고 나오는 후발 주자들을 가만히 놔주지 않을 것이기 때문이다.

다른 한편으로는 구독 서비스의 불합리성을 지적하는 움직임도 나타나고 있다. 정액제 기반의 구독 서비스에서는 사용량이나 사용 빈도와 상관없이 매달 일정한 비용을 지불해야 하기 때문이다. 사용량을 정확히 측정할 수 없었던 과거와 달리, 지금은 사물인터넷 기술의 일반화로 어떤 기능들을 얼마나 이용했는지 정확히 알 수 있는 시대가 되었는데도 말이다. 이에 일부 선도적인 기업들은 과감히 정액제 기반의 구독 서비스를 포기하고 사용량 기반의 구독 서비스로 비즈니스 모델을 바꾸고 있다. 물론 사용량 기반의 구독 서비스 역시 최근에 등장한 비즈니스 모델은 아니다. 이미 오래전부터 전기나 수도 같은 유틸리티 서비스의 사용량을 확인한 후 사용량에 따라 요금을 청구하는 서비스는 존재했었다.

차이가 있다면 기존의 사용량 기반 서비스들은 검침원이 일일이 방문하며 검침 결과를 기록하는 방식이었지만, 최근에 등장하는 서비스들은 사물인터넷 기술을 이용하여 사용량을 자동으로 측정한다는 것이다. 게다가 사용량 이외에도 사용한 기능이나 사용 시간대 등을 기준으로 과금을 할 수 있다는 것이다. 따라서 다양한 분야의 기업들이 다양한 형태의 사용량 기반 서비스를 제공하고 있다. 여기서는 산업, 가정, 개인을 대상으로 하는 사용량 기반 서비스에 대해 살펴볼 것이다. 그리고 마지막으로 사용량 기반의 서비스 요금 전략에 대해서도 살펴보도록 할 것이다.

추진력을 판매하는
롤스로이스

나는 2001년부터 2014년 중반까지 약 13년간 일반 기업에서 직장 생활을 했다. 네트워크 장비를 만드는 벤처기업에서도 잠시 일을 했지만, 대부분 대기업에서 M2M이나 IoT와 같은 ICT 기반의 상품을 기획하는 일을 했었다. 내가 삼성네트웍스에서 근무할 당시 신상품 기획과 관련하여 기존에 판매하던 상품들을 공부했던 적이 있었는데, 가장 인상 깊었던 상품 중의 하나가 바로 '매니즈드 서비스Managed Service'라는 것이었다.

매니즈드 서비스는 우리말로 하자면 '관리 서비스' 정도가 될 텐데, 사실상 이 서비스는 앞에서 설명했던 구독 서비스와 다를 바가 없었다. 즉, 고가의 기업용 ICT 장비를 일시불로 판매하는 대신 관리 서비스와 결합하여 장기 할부 형태로 판매하는 것이었다. 이를 통해 회사는 고객들의 장비 구매 부담을 줄이는 동시에 고객을 묶어둠으로써 안정적인 수익을 확보할 수 있었다. 통상적으로 ICT 장비의 감가상각 내용연수가 짧게는 5년에서 길게는 10년 정도였는데, 매니즈드 서비스는 해당 장비에 대해 기업이 매달 지불해야 하는 비용을 전체 장비 가격의 60분의 1 혹은 120분의 1 수준으로 낮췄다. 물론 여기에 약간의 관리 서비스 비용과 할부 수수료가 추가되기는 하지만 기업 입장에서는 대규모의 일회성 비용이 발생하는 것을 막을 수 있기에 나쁘지 않은 조건이라고 할 수 있다.

물론 고객 중에는 장기 할부로 인해 전체 비용이 부풀려진다고 의심하는 고객도 있고 사용량에 따라 탄력적으로 비용을 내기를 희망하는 고객들도 있다. 하지만 여러 고객이 공유해서 이용하는 지금의 클라우드 서비스와 달리 개별적인 장비를 고객 사업장에 온프레미스on-premise로 설치해주는 상황에서 사용량에 따라 과금을 하는 것은 사실상 불가능했다. 그런데 지금 와서 생각해 보면 반드시 불가능하지만은 않았을 것이라는 생각도 든다. 이미 항공업계에서는 1960년대부터 사용량 기반의 서비스를 제공해 왔고, 산업계의 많은 기업이 비슷한 시도를 하고 있기 때문이다. 중요한 것은 고객의 니즈를 얼마나 적극적으로 수용할 것인지에 대한 의지의 문제라고 생각한다.

엔진 사용량을 판매하는 롤스로이스

비행기 한 대에서 엔진이 차지하는 원가 비중은 얼마나 될까? 정확한 비중은 알 수 없지만 대략 20~30% 사이일 것으로 추정된다. 최고급 사양의 항공기 엔진과 그 엔진을 사용하는 항공기의 가격을 비교하면 이를 간접적으로 확인할 수 있는데, 제너럴일렉트릭의 최신형 엔진인 GE9X는 엔진 하나의 가격이 무려 470억 원에 달하며 이 엔진을 2개 이용하는 보잉Boeing의 777-X 계열 항공기의 가격이 4,200~4,600억 원에 달하기 때문이다.[36]

놀라운 사실은 항공사가 구입하는 비행기 가격에는 엔진 가격이 포함되어 있지 않다는 것이다. 만약 엔진 가격이 포함된다면 항공기의 가격은 20~30% 이상 더 비싸질 것이다. 이는 항공기 판매량이 그만큼 줄어들 수 있음을 의미한다. 항공기 제조사들도 그렇겠지만 엔진 제조사들 역시 비싼 가격으로 인해 비행기가 적게 팔리기를 원하지는 않을 것이다. 그렇다고 해서 엔진 제조사들이 수백억 원에 달하는 항공기 엔진을 무상으로 제공할 수는 없는 노릇이라서 선택한 방법이 엔진이 가동되는 시간만큼 항공사로부터 비용을 받는 것이다. 즉, 항공기 엔진이라는 하드웨어를 판매하는 대신 엔진 본연의 기능인 '추진력을 서비스 형태로 제공'하고 그에 따른 비용을 받는 것이다.

사실 항공기의 운항 시간을 기준으로 엔진에 대한 이용료를 청구하는 구조는 어찌 보면 지극히 당연해 보이기도 한다. 기존처럼 항공기 제조기업에 엔진을 판매하고 항공사가 직접 엔진 정비를 하는 것은 과도한 비용을 유발하기 때문이다. 일반적으로 항공기 엔진에는 많게는 2,000개의 부품이 들어가는데, 이를 항공사에서 관리한다는 것이 현실적으로도 쉽지 않았다. 언제 어떤 고장이 발생할지도 모르는데 모든 예비 부품을 보유하고 있을 수도 없으며, 엔진 제조사처럼 충분한 정비 인력을 유지할 수도 없기 때문이다. 따라서 항공사들은 오래전부터 엔진 제조사들과 별도의 유지보수 계약을 맺고 관리 서비스를 받아 왔다.

엔진 제조사 입장에서 엔진 관리 서비스는 이익이 크지도 않은데 없앨 수는 없는 일이었다. 고장이 많이 나면 서비스 수익이 늘어날 수는 있지만, 장기적으로는 엔진에 대한 항공사들의 인식이 나빠지기 때문이다. 고객들이 항공기 엔진을 더 많이 사용하도록 하기 위해서는 항공기 엔진을 안정적으로 관리할 필요가 있었기 때문에 사용량 기반의 서비스에 관리 서비스를 통합하여 제공하기 시작했다.

이런 비즈니스 모델을 두고 항공업계에서는 '파워 바이 디 아워Power by the Hour'라고 부른다. 원래 이 용어는 바이퍼Viper라는 비즈니스 제트기용 엔진 제작회사가 1962년에 만든 것이었다. 바이퍼는 영국의 항공방위산업체인 브리티시 에어로스페이스British Aerospace의 DH123과 미국의 중소형 비행기 제조업체 호커 비치크래프트Hawker Beechcraft의 HS125라는 비행기에 제트 엔진을 납품하였고 해당 엔진에 대한 지원 서비스를 제공하면서 처음으로 이 개념을 도입했다.[37] 이후 1980년대에 들어서면서 롤스로이스는 이 모델을 본격적으로 활용하게 된다.

이때까지만 하더라도 항공기 엔진 제조사들은 높은 안정성에 고출력·고효율 엔진을 제조하기 위해 경쟁했다. 기업들 사이의 이런 경쟁은 항공기 엔진 산업을 빠르게 발전시켰지만, 동시에 엔진의 제조 원가 또한 그만큼 가파르게 상승시켰다. 그로 인해 항공기 제조에 있어서 엔진이 차지하는 원가 비중이 20~30% 높아지면서 항공기 제조사는 물론 항공사에게도 큰 부담을 가져다주게 되었다. 하지만 사용량에 따라 비용을 지불하면 되는 롤스로이스 엔진이 탑재된 항공기의 가격은 경쟁사보다 훨씬 저렴했다.

경쟁사들보다 먼저 사용량 기반의 수익 모델을 도입한 롤스로이스는 이후 판매 중심이었던 기존의 사업 구조를 '리스와 서비스lease & service' 중심으로 전환하게 된다. 이를 위해 2000년대 중반에는 사업 구조를 항공우주와 육상·해양의 두 사업부 체제로 개편하게 된다. 그리고 총매출의 61%를 차지하고 있는 항공우주사업부를 다시 민간 부문과 방위 부문으로 나누어 민간 및 방위산업용 항공엔진 제작과 애프터서비스를 제공하는 역할을 하게 한다.

항공기 엔진에 대한 관리 서비스를 제공하기 위해서 롤스로이스는 엔진에 다양한 센서를 부착해, 온도, 공기압, 속도, 진동 등 항공기 운항과 관련된 각종 정보를 실시간으로 수집하고 분석했다. 롤스로이스 엔진 하나에 탑재되는 센서는 엔진에 사용되는 전체 부품의 10% 정도에 해당하는데, 한 번 비행하는 동안에 수십 테라바이트에 달하는 데이터가 생성된다.[38] 롤스로이스는 이 데이터를 위성이나 이동통신을 통해 롤스로이스의 엔진 헬스 매니지먼트Engine Health Management, EHM 시스템에 저장한 후 분석한다. EHM 시스템은 빅데이터 분석을 통해 롤스로이스 엔진을 장착한 항공기들이 안전점검이나 수리를 받아야 할 시점을 선제적으로 알려준다. 혹은 연료 절감을 위한 비행경로를 제안하기도 하므로 그에 따른 엔진 제어 서비스를 제공할 수 있다.

결국 엔진에 대한 실시간 관리 및 이를 기반으로 한 통찰력은 롤스로이스에게 새로운 비즈니스 기회를 제공했는데 '토털케어Total Care'라는 서비스가 바로 그것이다. 이러한 변화는 항공기 구매 시 항공사가 지불해야 했던 초기 비용 부담을 획기적으로 낮춤과 동시에 항공기 엔진 정비 및 사전 점검에 지불했던 비용도 크게 절감시켰다. 또한, 예기치 못했던 고장으로 인한 운행 중

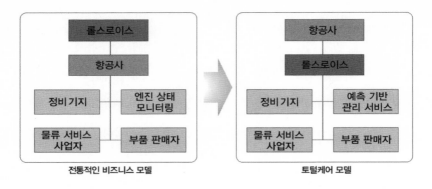

전통적인 비즈니스 모델   토털케어 모델

〈롤스로이스의 비즈니스 모델 전환〉39)

단이나 소비자 보상에 따른 비용도 크게 줄여줬다.

항공사들은 토털케어 서비스를 통해 하루에 약 4,500만 달러에 달하는 잠재적인 손실을 줄이고 있는 것으로 알려졌는데, 이와 같은 명확한 소비자 효용 가치는 더 많은 항공사로 하여금 롤스로이스의 엔진을 찾도록 만들었다.40) 그 덕분에 롤스로이스는 2000년대 초반 20% 안팎이던 항공기 엔진 시장 점유율을 2013년에는 50%대로 끌어올리는 큰 성과를 거두게 되었다.

2013년 6월 기준 롤스로이스는 항공기 엔진 시장 부문에서 54%의 점유율을 차지했으며 롤스로이스 매출의 50% 이상을 토털케어 서비스를 통해 발생시켰다. 이후 롤스로이스와 같은 비즈니스 모델을 이용하기 시작한 GE 항공이나 CFM 인터내셔널이 급부상하면서 최근에는 시장 점유율이 다시 낮아지고 있지만, 롤스로이스의 혁신적인 노력이 항공업계에 미친 긍정적인 영향은 여전히 지속되고 있다.

롤스로이스가 항공업계에 이렇게 혁신적인 변화를 가져올 수 있었던 것은 단지 롤스로이스가 사용량 기반의 비즈니스 모델이나 센서 데이터를 바탕으

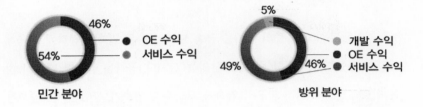

〈2012년 민간 및 방위 분야에서의 롤스로이스의 매출 구성〉[41]

로 하는 관리 서비스 모델을 도입했기 때문만은 아니라고 생각한다. 혁신의 과정에서 롤스로이스는 자신들의 고객인 항공사의 입장에서 시장을 바라보았으며 다시 항공사의 고객인 승객들의 입장에서 시장을 이해하려 노력한 점이 큰 영향을 미쳤다고 본다.

롤스로이스는 엔진의 품질을 높이고 가격을 낮추기 위한 노력을 하면서도 고객들이 진정으로 원하는 것이 무엇인지에 대한 다양한 조사와 분석을 병행했다. 그 결과 승객들은 무엇보다 항공기의 안전에 민감했으며 항공기 고장으로 인한 운행 차질에서 가장 큰 불편을 느낀다는 사실을 알게 되었다. 이와 같은 고객들의 문제를 해결하는 과정에서 토털케어와 같은 서비스가 만들어졌고 과감히 비즈니스 모델을 전환할 수 있었던 것이다. 이것이 바로 새로운 기술이나 새로운 비즈니스 모델을 도입하고자 하는 기업들이 명심해야 하는 부분이다.

공기 압축 서비스를 판매하는 캐져 콤프레소렌

공기압축기는 대기 중의 공기를 금속 탱크와 같은 밀폐된 공간에 압축해 저장해 놓았다가 이용할 수 있도록 하는 장치다. 공기를 압축할 때 사용하는 원료나 용도에 따라 급유식 압축기, 무급유식 압축기, 산업용 가스압축기, 해양용 압축기로 구분된다.[42] 공기압축기는 압축된 공기의 힘을 이용하여 산업용 동력원으로 이용하거나 각종 공정 기기를 제어하는 데 주로 사용된다. 특히 비주기적인 동력이 필요한 경우 전기를 쓰는 것보다 에너지 효율도 크고 순간적으로 큰 동력을 생성할 수 있기 때문에 산업 현장에서 유용하게 이용되고 있다.

공기압축기는 보통 공기압축기 단독으로 사용하는 일은 거의 없고 고압의 공기를 필요로 하는 애드온add-on 장치들과 함께 이용된다. 예를 들면, 건설이나 인테리어 현장에서 흔히 볼 수 있는 1마력짜리 소형 공기압축기의 경우 에어브러쉬airbrush나 네일 건nail gun, 태커tacker, 드릴 등과 같은 에어 공구들과 함께 이용되며, 500마력짜리 산업용 공기압축기의 경우 금속 패널의 커팅이나 프레스, 도장, 각종 부품의 조립 등에 이용된다.

전 세계적으로 공기압축기를 생산하는 기업의 수는 셀 수 없을 정도로 많으며, 산업용 대용량 공기압축기의 경우 아큐다인Accudyne, 아트라스콥코Atlas Copco, 잉거솔랜드Ingersoll-Rand, 고베제강Kobe Steel, 제너럴일렉트릭, 시카고뉴매틱Chicago Pneumatic, 바우어Bauer 등 20여 개의 주요 제조사가 대략 300억 달러 규모의 시장을 놓고 경쟁하고 있다. 공기압축기 시장은 다른 산업용 기계 시장과는 달리 공기압축기의 유형이나 그에 따른 활용 분야, 그리고 아시아,

유럽, 북미 등 지역에 따라 주요 사업자가 다를 정도로 경쟁이 심한 분야다. 따라서 관련 기업들은 경쟁력을 확보하기 위한 다양한 노력을 하고 있다.

그중에 독일의 캐져 콤프레소렌Kaeser Kompressoren이라는 회사(1919년 설립) 는 경쟁 기업들과는 다른 방식으로 시장 경쟁력을 강화하고 있다. 바로 시그마 에어 유틸리티Sigma Air Utility라는 것이 타 기업과의 차별점으로, 공기압축기에 사물인터넷 개념과 사용량 기반의 비즈니스 모델을 도입한 것이다.[43] 이것은 공기압축기에 센서를 달아 공기압축기의 사용량을 측정한 후 이를 바탕으로 실제로 공기를 압축한 양만큼만 비용을 청구하는 서비스다.

캐져가 이런 시도를 하게 된 것은 세계적인 경기 침체와 계속해서 심화되는 경쟁이 근본 원인이었다. 그러나, 근본적으로는 공기압축기를 이용하는 고객들의 90%가 공기 $1m^3$를 압축하는 데 얼마를 지불해야 하는지 모른다는 사실에서 시작되었다. 비용 관리를 철저하게 하는 산업계에서는 소비 전력은 kWh 단위로, 사용한 물은 입방미터 단위로, 제품이나 재료는 이동한 거리 (km) 단위로 얼마의 비용을 지불해야 하는지 정확히 알고 있지만, 공기에 대해서는 아는 사람들이 거의 없다는 것이다. 그도 그럴 것이, 자체 생산된 압축 공기의 가격은 장비의 운용 환경에 따라 매우 다를 수 있으며, 공기를 압축하는 데 들어가는 총비용은 고정비 및 운용비뿐만 아니라 공기압축 시스템에 부분적으로 혹은 필요할 때만 관여하는 인건비 및 그들에 대한 교육비도 반영된다.

캐져는 이런 문제를 해결하기 위해, 공기압축기를 판매하거나 대여하지 않고 자신들이 직접 소유하고 관리하는 형태로 운용하면서 고객들에게는 압축된 공기만을 팔고 있다. 즉, 공기를 압축하는 디바이스의 기능을 정량화해서 판매하고 있는 것이다. 캐져는 이런 비즈니스 형태를 '서비스로써의 공기 Air-as-a-Service'라고 부르는데, 말 그대로 공기를 서비스로 제공하는 것이다. 물론 기존 고객들에게는 압축기를 판매하거나 대여해주기도 한다.[44) 그러나 앞으로는 압축기의 판매보다는 압축에 사용된 공기에 대해 비용을 청구하는 전략을 중심으로 사업을 지속해 나갈 예정이다.

캐져는 전 세계에 흩어져 있는 고객사 사이트에 설치되어 운영되는 장비를 관리하는 데에도 사물인터넷의 개념을 도입하고 있다. 즉, 장치의 상태를 실시간 모니터링 함으로써 고장을 미연에 방지하고 고객들이 작업에 차질이 발생하지 않도록 하는 예지 관리 서비스도 함께 제공하고 있다. 캐져는 이를 통해 고객의 장비 중단 시간을 60%나 단축시켰다고 한다.[45) 그리고 이런 사실은 더 많은 고객으로 하여금 캐져를 선택하도록 만들고 있다. 이런 비즈니스 모델은 다음 장에서 다룰 관리형 서비스 모델에 해당하는데, 시장이나 고객 상황에 따라 다양한 비즈니스 모델을 도입하려는 기업들은 섹션 4와 섹션 5의 내용에 집중하기 바란다.

조명 서비스를 제공하는 필립스

네덜란드의 대표 기업이자 휴Hue라는 스마트 램프 제조사로 잘 알려진 필립스Philips는 글로벌 조명 시장의 최대 기업이다. 세계 조명 시장의 20%를 점유하고 있는 필립스는 매출 기준으로 2위 기업의 160%, 3위 기업의 420%에 해당하는 매출을 올리고 있다.[46) 그뿐만 아니라, 다수의 R&D 기업들과의 제휴를 통해 최첨단 조명기구를 개발하고 있으며 새로운 조명시장 생태계를 구축하는 데 적극적으로 나서고 있다.

대표적인 것이 시설물 관리 전문업체인 코프리Cofely와 공동으로 암스테르담의 스키폴국제공항Amsterdam Schiphol airport에서 제공하고 있는 '서비스로써의 조명Light-as-a-Service'이다.47) 이를 위해 필립스는 스키폴 공항에 무상으로 조명기기를 설치하고 운영한다. 대신 스키폴 공항 측은 조명기기를 이용하는 만큼의 비용을 필립스에 지불한다.

필립스는 스키폴 공항을 위해 특별히 에너지 효율적인 LED 램프를 개발해 사용하고 있는데, 이 LED 램프는 아이엠테크Imtech와 렘니스 라이팅Lemnis Lighting과 함께 설립한 이노루미니스Innoluminis를 통해 개발한 것이다. 공항에 설치된 모든 LED 전등에 대한 소유권은 필립스가 보유하며 이에 따른 설치 및 유지보수의 책임을 진다.

서비스로써의 조명을 이용하면 고객들은 초기 자본 투자 없이 일반 조명에서 LED 조명으로 전환할 수 있게 된다. 이를 통해 기존 조명 시스템에 비해 전력 소비를 50%나 줄일 수 있으며 전등의 수명을 75% 이상 증대시킬 수 있다. 신규 비용도 발생하지 않고 전력 소비까지 줄일 수 있으니 고객 입장에서는 도입하지 않을 이유가 없는 것이다.

또한, 여러 개의 램프로 구성된 조명의 경우 고장이 난 램프만 개별적으로 교체함으로써 수리비를 절약하고 폐기물을 줄일 수 있도록 하고 있다. 필립스에 의해 수거된 전등은 별도의 처리 과정을 거쳐 원자재로 재사용됨에 따라 필립스의 생산 비용을 절감하는 효과를 제공하기도 한다.48) 이러한 과정에서 필립스는 디바이스나 솔루션을 제공하는 것 이상의 수익을 올리게 된다. 필립스는 턴투Truntoo와 함께 서비스로써의 조명 모델을 일반화하여 'Pay-per-Lux' 모델로 발전시키고 있다. 그리고 스키폴국제공항뿐만 아니라 워싱턴 DC의 메트로 시스템 같은 공용시설은 물론, 공장형 농장, 네덜란드의 라우 건축RAU Architects 등에 관련 서비스를 제공하고 있다.

GE의 업무용 LED 조명 부문과 태양광 발전 부문, 에너지 스토리지 부문, 전기자동차용 충전기 부문을 통합하여 2015년 10월에 출범한 커런트Current by GE도 필립스와 비슷한 서비스를 제공한다. 즉, LED 조명 설비를 판매하기보다는 형광등이나 백열등에서 LED 조명으로 전환하는 데 따른 에너지 절약 효과를 서비스로 제공하고 있다. 커런트는 필립스와는 다른 과금 방식을 채택하고 있다. 하나는 조명이나 전력 사용량에 상관없이 연 단위의 정액 구독형 서비스로 제공하는 것이며, 다른 하나는 절약한 전기요금에 따라 이용요금을 받는 성과보수형 모델로 서비스를 제공하고 있다. 성과보수형 모델에 대해서는 섹션 5 마지막 부분에서 자세히 살펴보도록 하겠다.

구간별 요금제를 사용하는 사무용 복합기

최근 들어 자료를 검토할 때면 컴퓨터 모니터를 이용하기보다는 종이에 인쇄된 자료를 보는 일들이 많아졌다. 나이가 들면서 시력이 나빠져서 그런지 폰트를 조금 키워서 종이에 인쇄한 것이 그나마 눈에 편하다는 느낌이 들기 때문이다. 이런 습관의 변화는 생각지도 않은 비용을 수반하기 시작했다. 사무용 복합기의 이용료가 만만치 않게 나오기 시작한 것이다. 많은 사람이 회사나 학교에서 구매한 복합기를 이용하기 때문에 토너와 용지 비용만 발생하는 것이 아니냐고 생각하는데, 일반적으로는 그렇지 않다. 사무용 복합기를 일시금으로 구매해서 이용하는 기업들도 있겠지만, 대부분의 회사는 사무용품 렌털 회사에서 복합기를 렌털하고 사용량에 따라 매월 비용을 납부한다. 마치 정수기나 생활 가전을 렌털해서 이용하는 것처럼 말이다.

그러나 장기 렌털 제품들과 차이가 있다. 매달 납부해야 하는 금액이 일정하지 않다는 것이다. 인쇄하는 양에 따라 비용이 달라지며 그것이 컬러냐 흑백이냐에 따라서도 가격이 달라지기 때문이다. 예를 들어, 한 달에 2,000매 이내로 인쇄를 하는 경우에는 3만 9,000원의 월 임대료(기본료)를 내면 되지만, 2,000매에서 4,000매 사이의 경우에는 기본료에 추가로 15,000원을 더 내야 하며, 4,000매에서 5,000매 사이의 경우에는 추가로 30,000원을 더 내는 식이다. 기본료와 사용량 기반 요금을 결합한 일종의 복합 요금제 형태다. 그렇다고 해서 앞에서 소개한 사용량 기반의 수익 모델과도 완전히 동일한 것도 아니다. 사용량에 비례해서 요금이 책정되는 것이 아니라 사용 구간에 따라 요금이 결정되기 때문이다. 사용량의 측정은 복합기에 설치된 계수 장치가 한다. 과거에는 기계적인 장치가 부착되어 복사나 인쇄한 양을 알려주기도 했지만, 최근에는 디지털 방식으로 카운트되어 자동으로 렌털 회사에 알려주게 된다. 이번 달에는 흑백으로 몇 장, 컬러로 몇 장을 인쇄했다고 알려주며, 그에 따른 비용을 청구하게 된다.

종이 한 장 단위로 사용량을 측정하는 것이 가능하므로 한 장 단위로 과금을 하는 것도 가능하다. 하지만 대부분의 경우 구간제를 선호하는데, 이 동통신 서비스의 요금제처럼 낙전 수입을 기대할 수 있기 때문이다. 예를 들어, 1,999매를 인쇄한 달에는 기본료를 내면 되지만, 이보다 두 장 더 많은 2,001장을 인쇄한 달에는 추가로 1만 5,000원을 더 내야 한다. 실제로 종이 두 장의 인쇄 단가는 30~40원에 불과한데도 말이다. 또 다른 이유는 한 장 단위의 과금은 소비자들에게 절약해야 한다는 생각을 불러일으킨다. 반면, 구간제 요금은 어차피 구간 안에서만 이용하면 동일한 요금을 낸다고 생각하게 만든다. 따라서 부담 없이 인쇄나 복사를 하게 만듦으로써 전체적인 사용량을 늘리도록 유도한다. 그리고 결과적으로는 다음 구간에 해당하는 비용을 납부하게 만든다.

이러한 노력이 별거 아닌 것처럼 보일 수도 있지만, 사물인터넷 시대의 비즈니스 모델에서는 매우 시사하는 바가 크다. 고객들이 더 많은 서비스를 더 자주 이용하도록 하는 것이 중요하기 때문이다. 기존보다 더 나은 기능이나 고객가치를 제공하는 제품을 개발함으로써 서비스를 더 많이 이용하도록 할 수도 있겠지만, 요금제를 통해서도 동일한 목적을 달성할 수 있다는 사실에 주목해야 한다. 사무용 복합기를 구매해서 이용하면 될 텐데 굳이 렌털을 하는 이유가 궁금한 사람들도 있을 것이다. 아무리 봐도 직접 복합기를 구매하고 종이나 토너를 구매해서 이용하는 것이 더 싸게 느껴질 수도 있다. 사실, 복합기 관리 비용을 반영하지 않으면 그럴 수도 있다. 그러면 복합기 관리 비용이 대수냐 라고 반문하는 사람들도 있을 텐데, 관리 비용도 비용이지만 복합기가 고장이 났을 때 업무가 중단되거나 지연되는 등 업무에 미치는 영향을 생각하면 충분히 수긍이 될 것이다.

Link
2

태양광 시스템과 가전제품도
사용한 만큼만 돈을 낸다

사용량 기반의 서비스 모델은 비용에 민감한 산업 분야뿐만 아니라 일반 가정이나 개인들을 대상으로도 적용될 수 있다. 제한적인 수입을 바탕으로 안정적이면서도 풍요로운 가정생활을 영위하기 위해서는 합리적인 소비가 필수적이기 때문이다. 그도 그럴 것이 일반 가정이나 개인의 경우 경제 상황에 따라 매출이 늘어날 수 있는 일반 산업과는 달리 갑작스럽게 수입이 늘어날 가능성이 거의 없는 것이 현실이다. 이런 상황에서 비용을 예측하고 통제할 수 있다는 것은 고객 입장에서 매우 바람직한 특성이라 할 수 있다. 따라서 여기서는 식기세척기와 같은 가전제품은 물론 태양광 발전 시스템처럼 일반 가정을 대상으로 적용할 수 있는 사용량 기반의 서비스 모델에 대해 살펴보고자 한다. 이곳에서는 따로 다루지는 않겠지만, 가정을 대상으로 하는 사용량 기반의 서비스 모델은 우리나라와 같이 공동주택이 많은 나라에서는 스마트홈의 서비스 모델로도 참고할 만하다. 아파트 단지의 커뮤니티 시설은 물론, 차량 공유, 방범 등 적용할 대상들이 많기 때문이다.

샤인허브의 태양광 발전 시스템

최근 태양광 발전에 대한 관심이 높다. KTX를 타고 지방을 가다 보면 낮은 언덕이나 들판에는 반짝이는 태양광 발전판이 열을 지어 설치된 모습을 쉽게 발견할 수 있다. 이러한 모습은 단독주택이나 아파트는 물론 중소형 건물의 옥상이나 주차장에서도 흔히 발견된다. 태양광 발전이 전기요금을 줄여주는 것뿐만 아니라 새로운 소득원이 될 수도 있기 때문이다. 게다가 정부의 재생에너지 발전 정책 및 그에 따른 보조금 혜택도 누려볼 수 있다. 그러나 일반 가정에 태양광 발전 시스템을 도입하는 것은 생각만큼 쉬운 일이 아니다. 태양광 발전 패널을 설치할 공간도 필요하며 초기 투자비도 만만치 않기 때문이다. 일반적으로 가정에 설치되는 3kW급 태양광 설비의 경우 설비의 구매 및 설치에 약 400~450만 원 정도의 비용이 소요된다.[49]

2010년대 초반의 1,200~1,300만 원에 비하면 1/3 수준으로 낮아지기는 했지만, 일반인들에게는 여전히 부담스러운 금액이다. 이러한 이유로 태양광 발전 시스템은 전력 사용량이 많은 일부 가정을 중심으로 제한적으로 도입되고 있다. 이에 산업통상자원부는 한국에너지공단을 통해 2013년 말부터 태양광 대여사업을 실시하고 있다. 월간 전력 사용량이 일정량을 초과하는 가구를 대상으로 주택용 태양광 설비를 무상으로 설치해주는 사업이다. 도입 초기에는 월간 전력사용량 기준이 550kWh였지만, 태양광 발전의 보급을 확산하기 위해 그 기준을 300kWh로 낮추었으며 이를 다시 200kWh로 낮추었다.

소비자들은 초기 부담금 없이 태양광 시스템을 구축하는 대신 7년간 매달 4만 원씩 납부하면 된다. 약정 기간 동안 무료로 유지보수 서비스까지 제공되며, 7년이 지난 후부터는 대여료를 내지 않아도 되기 때문에 이익은 더욱 커지게 된다. 일종의 장기 렌털 형태의 구독 서비스를 이용하는 셈이다. 따라서 월평균 전력 사용량이 많은 가정뿐만 아니라 여름이나 겨울에 한시적으로 많은 전력을 사용함으로써 누진제의 피해를 보는 가정들이 적극적으로 참여하고 있다. 문제는 전력 사용량이 많지 않은 달에도 매달 4만 원의 이용료를 납부해야 한다는 것이다. 게다가 발전 용량 이상으로 전력을 사용하는 경우에는 추가 전기료를 지불하거나 별도로 에너지저장장치ESS를 설치해서 이용해야만 한다. 월정액 구독제의 문제가 나타나는 것이다.

월정액 구독 모델의 이러한 문제를 해결하기 위해 최근에는 몇몇 기업들이 사용량 기반의 요금제를 출시하고 있다. 대표적인 기업이 호주의 태양광 발전 설비 공급업체인 샤인허브ShineHub다. 한국에너지공단이 국내에서 실시하고 있는 태양광 대여사업과는 달리, 샤인허브는 설비 임대료 없이 발전 시스템 이용료만 받는다. 엄밀히 말하자면 설비 임대료가 발전 시스템 이용료에 포함되어 있는 것이다. 발전 시스템 이용료는 사용량에 상관없이 kWh당 0.18호주달러로 고정되어 있다. 지역에 따라 다르기는 하지만, 이는 각 지역의 전력회사가 제공하는 전기를 이용하는 것보다 사용량에 따라 최저 14%에서 최고 50% 정도 저렴한 가격이다. 즉, 고객들은 저렴한 가격에 샤인허브의 태양광 발전 시스템이 발전한 전기를 이용할 수 있는 것이다.[50] 만약 발전 시스템이 발전한 것보다 더 많은 전기를 사용하는 경우에는 지역 전력회사의 전기를 이용하게 되며 이 부분은 해당 전력회사의 기준에 따라 비용을 납부하면 된다. 혹은 별도로 에너지저장장치를 설치함으로써 해결할 수도 있다. 고객들은 그 외의 어떠한 비용도 내지 않는다. 발전 시스템의 설치나 관리, 수리, 청소 등에 들어가는 비용은 모두 샤인허브가 부담한다.

대신 샤인허브는 10년에 걸쳐 고객들이 지불하는 전기료로부터 태양열 발전 시스템에 대한 투자비를 회수하게 된다. 약정 기간이 10년으로 다소 길기는 하지만, 이는 설비 비용을 받지 않는 데 따르는 어쩔 수 없는 부분이라고 생각된다. 중요한 것은 합리적인 가격으로 태양광 전기를 이용할 수 있도록 함으로써 솔루션 도입에 따른 심리적인 거부감을 없앴다는 것이다.

빈터할터의 식기세척기

사용량 기반으로 수익 모델을 바꾸는 것은 가전제품이나 주방용품도 예외는 아니다. 즉, 가전제품이 제공하는 기능을 얼마나 이용했는지 측정할 수 있다면 사용량 기반의 요금제를 통해 보다 합리적인 방식으로 고객들에게 제품과 서비스를 제공할 수 있다.

대표적인 것이 가정 및 기업용 식기세척기를 만들어 판매하는 독일의 빈터할터Winterhalter다. 빈터할터는 이미 오래전부터 사용량 기반의 비즈니스 모델을 활용하고 있는데, 빈터할터의 'PT 에너지라이트PT EnergyLight'라는 업소용 식기세척기와 Pay-Per-Wash[PPW] 서비스가 그 주인공이다. 빈터할터도 필립스나 샤인허브와 같이 호텔이나 레스토랑을 대상으로 무료로 식기세척기를 설치해주고 사용량만큼 비용을 청구한다. 빈터할터가 청구하는 요금에는 식기세척기 사용량에 대한 것뿐만 아니라 세제 및 정비 서비스까지 포함되어 있다. 이를 통해 식기세척기의 기능만 판매하는 것이 아니라 식기세척기와 함께 이용해야 하는 소모품도 제공하고 사전적인 관리 서비스도 함께 제공함으로써 수익성과 고객 만족을 한꺼번에 보장하고 있다.

고객들은 PC용 웹이나 스마트폰 앱을 이용하여 식기세척기를 일 단위 혹은 월 단위로 얼마나 이용했는지 확인할 수 있다. 또한, 식기의 유형에 따라 달라지는 식기세척기의 동작 방식별로도 이용량을 확인할 수가 있다. 정확하지는 않을 수도 있겠지만 식기세척기의 이용량이 그날의 혹은 그달의 실적과 비례하기 때문에, 매출에 따라 지불해야 하는 비용이 달라지는 것도 고객 입장에서는 바람직한 특성이라 할 것이다. 가전제품에 대해 사용량을 기반으로 과금을 하는 빈터할터의 어프로치는 다양한 가전제품에 그대로 적용될 수 있다. 사용량이나 사용한 기간을 측정하는 것이 가능하면 되고 그에 따른 합리적인 과금만 할 수 있으면 된다. 물론, 사용한 기능의 종류에 따라 차등화된 요금을 부과할 수도 있다.

대표적인 제품이 지금은 장기 렌털, 즉 정액제 기반의 구독 서비스 형태로 제공되는 정수기다. 정수기에는 이미 물 사용량을 측정하는 기능이 포함되어 하루에 얼마나 많은 물을 마셨는지 알려 줄 수 있다. 문제는 집 밖에서 마신 물이나 기타 음료, 식품에 포함되어 있는 수분의 섭취량 등을 제대로 반영할 수 없어서 전혀 유용하지 않다는 것이다. 게다가 1~2인 가구가 늘어남에 따라 정수기 사용량이 줄어들면서 정수기 렌털료가 부담스럽게 느껴지고 있기 때문이다. 반면, 사무실 등 다수의 사용자가 이용하는 정수기의 경우 물 사용량은 많지만 청소나 필터 교체가 제때 이루어지지 않는 것이 현실이다. 따라서 사용량에 따른 과금 및 이에 따른 관리 서비스를 제공하는 방향으로 전략을 바꾸어 나갈 필요가 있어 보인다.

개인의 활동에 집중한
모빌리티 서비스

　인구의 감소는 가정과 개인의 구분을 점점 더 어렵게 만들고 있다. 1인 가구의 경우에는 가정과 개인이 사실상 동일하며, 모든 가족 구성원들이 동일한 서비스 ID를 이용해서 서비스를 이용한다면 다인 가구의 경우에도 가정과 개인은 동일한 것으로 생각할 수 있다. 그런 점에서 개인 대상의 사용량 기반 서비스는 가정 대상의 사용량 기반 서비스와 같은 것으로 생각될 수도 있다. 그러나 여기서는 개인 대상의 사용량 기반 서비스를 가정 대상의 사용량 기반 서비스와 구분하여 소개하고자 한다. 가정 대상의 서비스가 가전제품이나 태양열 발전 시스템처럼 집과 밀접한 것들인 반면, 승차 공유 같은 모빌리티 서비스나 피트니스 서비스 같은 개인 대상 서비스는 개인의 활동과 밀접한 관련이 있는 것들이기 때문이다.

이동 수단 공유의 시대: 모빌리티 서비스

최근 논란의 중심에 있는 것 중의 하나가 모빌리티mobility 서비스다. 모빌리티 서비스라는 것은 자동차나 자전거와 같은 이동 수단을 서비스 형태로 제공하는 것을 말한다. 최근에는 단거리 이동을 목적으로 자전거나 전동킥보드 등을 이용하는 서비스를 마이크로 모빌리티 서비스라고 구분하여 이야기하기도 한다. 자동차를 대상으로 하는 모빌리티 서비스는 차량만 공유하느냐 혹은 차량뿐만 아니라 운전자까지 함께 제공하느냐에 따라서 차량공유Car-Sharing와 차량호출Car-Hailing 서비스로 나뉜다. 이런 서비스들은 법인 소유의 차량을 이용해서 제공될 수도 있고 개인 소유의 차량을 이용해서 제공될 수도 있다.

모빌리티 서비스들은 일반적으로 택시와 비슷하게 시간거리병산제 형태로 이용료를 산정한다. 통상적으로 차량 이용 시간은 10분 혹은 한 시간 단위로 비용이 계산되며, 이동 거리는 km 단위로 계산된다. 물론, 여기에 약간의 보험료와 유료도로 통행료 등이 추가될 수 있는데 이는 사용자가 선택한 조건에 따라 달라진다. 예를 들어, 현대 쏘나타 휘발유 차량을 이용하는 경우 10분 이용료가 650원이며 km당 주행요금은 200원이다. 만약, 한 시간을 이용하기로 예약한 후 38분 동안 20.7km를 주행했다고 가정하면 60분에 대한 이용료(6x650원)와 20.7km 이동에 대한 이용료(21x200원)를 합해서 8,100원을 지불하면 된다. 실제로는 38분을 이용했지만, 60분간 이용하겠다고 예약을 했기 때문에 60분에 대한 비용을 모두 내야 한다는 점에 주의해야 한다.

서비스 이용자 입장에서는 정확하게 사용한 시간만큼만 지불하는 것이 맞다고 생각할 수도 있지만, 서비스 제공자 입장에서는 그만큼 기회비용이 발생하는 것이므로 예약한 시간만큼 요금을 청구하는 것이 타당하다고 생각한다. 또한 경우에 따라서는 예약한 시간을 초과해서 이용할 수도 있는데, 이런 경우에는 단위 시간당 이용요금보다 훨씬 높은 요금이 부과되기도 한다. 차량이나 전동 킥보드와 같은 모빌리티 수단들은 평일이냐 주말이냐에 따라서 혹은 이용 시간대에 따라서 수요가 크게 달라질 수 있다. 예를 들어, 대부분의 직장인들이 퇴근한 저녁 8시 이후에는 이용자가 급감할 수 있으므로 이용료를 낮게 책정할 수도 있다. 직장인들이 출근하지 않는 주말에는 낮에도 할인된 서비스 요금을 제시할 수 있을 것이다. 물론 서비스 제공 지역이 어디냐에 따라 이런 정책은 달라져야 할 것이다.

차량공유 혹은 차량호출 서비스와 관련해서는 이미 전 세계적으로 다양한 사업자들이 서비스를 제공하고 있다. 우버Uber나 중국의 디디추싱滴滴出行은 말할 것도 없고, 싱가포르 계열의 그랩Grab이나 인도네시아 지역에서 오토바이 및 차량공유 서비스를 제공하는 고젝Gojek 등 다양한 기업들이 존재한다. 이들은 모바일 서비스 플랫폼을 기반으로 수천만에서 수억 명을 대상으로 모빌리티 서비스를 제공하고 있다. 이동 서비스에 대한 수요가 시간이나 공간에 따라 다른 특성을 나타내는 것이 일반적이므로, 최근에는 이동 서비스뿐만 아니라 음식이나 택배를 배송하는 운송 서비스를 제공하는 등 서비스 영역을 조금씩 확장해 나가고 있다.

이로 인해 승차 공유 서비스 사업자들의 기업가치는 천정부지로 치솟고 있다. 2019년 9월 말 기준으로 우버의 기업가치는 약 530억 달러 수준이며 리프트Lyft는 약 10억 달러에 달한다. 같은 시기 완성차 제조사인 GM의 시가총액이 약 530억 달러고 포드 자동차Ford Motors의 시가총액이 약 360억 달러였다. 물론, 국내에서는 개인 소유의 차량을 이용해서 운송서비스를 제공하는 것은 여객자동차 운수사업법에 의해 불법이다. 국내의 차량공유 서비스 사업자들은 외국 기업들과는 달리 자체적으로 차량을 구매해서 서비스를 제공하거나 운수사업법의 예외 조항을 이용한 서비스를 제공하고 있다. 그럼에도 불구하고 택시업계의 반발에 부딪혀 고전을 면치 못하고 있는 것이 현실이다.

그렇지만 차량공유나 차량호출 서비스의 이용자는 꾸준히 늘고 있다. 국내의 대표적인 차량공유 서비스 사업자인 쏘카SoCar는 이용자 수가 500만 명을 넘었으며, 차량호출 서비스인 타다Tada는 서울 및 경기도 일부 지역에서만 제한적으로 서비스를 제공함에도 불구하고 서비스 출시 8개월 만에 75만 명의 회원을 확보한 상태다.[51] 국내와 같은 악조건 속에서도 차량공유 및 차량호출 서비스가 빠르게 성장하는 이유는 분명하다. 모빌리티 서비스 기업들이 기술보다는 고객 경험 관점에서 고객들의 불편함을 정확하게 공략했기 때문이다. 서비스 이용료가 다소 비싸지기는 했지만, 고객들은 이동 중 휴식을 취하며 자신만의 시간을 즐길 수 있게 된 것이다. 더 이상 택시 운전사들의 불친절, 난폭운전, 차량의 담배 냄새 때문에 짜증을 내거나 불안해할 필요가 없게 되었다.

사물인터넷, 모바일, 빅데이터와 같은 최첨단 ICT 기술과 디지털 기술이 간편하고 효율적인 방식으로 더 많은 차량과 고객을 연결해주었다는 것은 부인할 수 없는 사실이다. 이를 통해 서비스 제공 비용을 드라마틱하게 줄이고 더 많은 매출을 올릴 수 있게 되었다는 점도 없다. 하지만 이것이 고객 경험을 개선하기 위한 수단에 불과하다는 사실을 명심해야 한다.

정액제 구독 서비스로 진화하는 모빌리티 서비스

사물인터넷 및 디지털 기술이 가장 발달해 있는 미국은 차량공유 및 차량호출 서비스도 일찍부터 발전했다. 앞서 소개한 것처럼 우버나 리프트와 같은 글로벌 서비스 사업자를 보유하고 있으며, 가장 다양한 유형의 모빌리티 서비스를 제공하고 있다. 이들은 자전거나 전동스쿠터에서부터 헬리콥터(Uber Copter)를 이용한 서비스도 제공하고 있으며, 인도와 파키스탄 같은 나라에서는 자동 인력거를 이용한 서비스(Uber Auto)도 제공한다.

모빌리티 수단만 다양한 것이 아니다. 온라인 음식 주문 및 배달 서비스인 '우버 이츠Uber Eats'는 이미 잘 알려진 서비스이며, 노약자나 장애인 승객에게 서비스를 제공하는 '우버 어시스트Uber Assist', 반려동물을 태워서 이동하는 '우버 펫Uber Pet' 같은 서비스도 있다. 2019년 7월부터 시작된 '우버 컴포트Uber Comfort' 서비스의 경우에는 추가 요금을 내면 기사가 말을 걸지 않거나 다리를 편히 뻗을 수 있는 추가 공간을 제공하기도 한다.[52] 그리고 또 하나 주목해야 할 부분이 있는데, 바로 모빌리티 서비스의 구독 서비스화다. 일반적으로 모빌리티 서비스는 매달 일정한 금액을 지불하는 정액제 구독 서비스의 불합리한 점을 해소하기 위해 사용량 기반의 모델을 채택하는 것인데, 다시 정액제 기반의 구독 서비스로 회귀를 한다는 것이 다소 이상하게 들릴

지도 모르겠다. 그러나 디바이스 제조사들이 구독 서비스를 도입한 이유를 생각해보면 분명해진다. 고객들을 붙잡아두고 자신들의 서비스를 더 많이 이용하도록 하기 위해 모빌리티 서비스도 정액제 구독 모델을 도입하는 것이다. 그도 그럴 것이 어느 정도 모빌리티 서비스가 안정 궤도에 오른 미국 같은 나라에서는 점점 더 경쟁이 치열해지며 경쟁자의 고객들을 빼앗아 오기 위한 움직임이 나타나고 있기 때문이다.

대표적인 모빌리티 구독 서비스는 리프트의 '올액세스 플랜All-Access Plan'과 우버의 '라이드 패스Ride Pass' 서비스다. 2018년 10월부터 정식 서비스가 시작된 리프트의 올액세스 플랜은 한 달에 189달러나 299달러의 일정한 금액을 지불하고 한 달에 30번을 무료로 이용할 수 있는 서비스다. 대신 요금제에 따라 1회 탑승 시의 요금 상한이 8달러와 15달러로 책정되어 있으며, 이를 초과해서 이용하는 부분에 대해서는 추가 요금을 지불해야 한다. 예를 들어, 189달러 요금제를 이용하는 사람이 특정한 장소로 이동하는 데 12달러의 요금이 발생했다고 가정하면 무료 이용 횟수가 1회 줄어들며 8달러를 제외한 4달러만 내면 된다. 반면, 8달러 이하의 요금이 발생하는 경우에는 무료 이용 횟수만 1회 줄어든다. 고객들은 자신들의 이용 패턴, 즉 평균 이동 거리를 바탕으로 요금제를 선택하면 된다.

만약 30회 모두를 8달러만큼의 거리를 이동하는 고객이 있다면 이 사람은 240달러의 이용료를 189달러로 이용했으므로 51달러나 아긴 것이 된다. 마찬가지로 30회 모두 15달러만큼의 거리를 이동하는 고객은 한 달에 151 달러나 아끼게 된다. 27% 혹은 50.5%에 해당하는 어마어마한 할인 혜택은 택시나 차량호출 서비스를 자주 이용하는 고객들에게는 분명 매력적인 것이

틀림없다. 이런 혜택은 고객들로 하여금 리프트 서비스를 정기적으로 이용하는 것이 교통비 지출을 키우는 것이 아니라 오히려 교통비를 절약하는 것이라는 생각이 들게 만든다. 사실 여부를 떠나서, 이와 같은 비용 절약이라는 실질적이며 구체적인 고객 혜택을 제시하는 것은 고객들로 하여금 어떤 서비스를 선택하고 이용하는 데 있어서의 심적인 부담을 크게 낮춘다.

고객들이 이런 비용 절감 혜택을 누리기 위해서는 고객들이 요금 상한이 나오는 거리에서 매달 30번씩 탑승해야만 한다. 그리고 탑승당 평균 6.3달러 혹은 10달러 이상 비용이 발생하는 경우에만 비용 절감 효과를 누릴 수 있다. 그러나 이는 사실 불가능한 일이다. 대부분의 고객은 51달러나 151달러의 비용 절감 혜택을 누릴 수 없다. 반면에 리프트는 다양한 방식으로 추가 매출을 올릴 수 있다. 요금 상한 이상의 거리를 이동하는 사람들에게는 추가 요금을 청구할 수 있을 뿐만 아니라, 한 달에 30회 이상 탑승하는 사람들에게도 추가 요금을 받아낼 수 있다. 또한 어느 서비스나 그렇지만 요금 상한에 훨씬 미치지 못하는 거리를 이용한다거나 한 달에 몇 번밖에 이용하지 않는 고객들에게서 짭짤한 낙전수입도 기대할 수 있다.

우버도 2018년 말부터 리프트의 올액세스 플랜과 같은 승차 공유 구독 서비스 '라이드 패스Ride Pass'를 공식 출시했다.[53] 리프트의 올액세스 플랜과 차이가 있다면, 우버의 라이드 패스는 매달 14.99달러의 구독료를 내고 우버 서비스를 이용할 때마다 이용료의 15% 정도를 할인받는 구조다. (로스앤젤레스 지역에서만 예외적으로 24.99달러에 이용할 수 있다.)

얼핏 보면 올액세스 플랜의 할인율이 최대 27%에서 50%에 달하기 때문에 라이드 패스보다는 올액세스 플랜이 고객에게 더 유리한 것처럼 보일 수도 있다. 그러나 한 달 동안의 탑승 횟수나 이동 거리 등 서비스의 이용 패턴에 따라 라이드 패스가 더 유리한 경우도 있다. 게다가 라이드 패스의 경우는 우버뿐만 아니라 '우버 XUber X'나 '우버 풀Uber Pool' 같은 서비스도 동일한 조건으로 이용할 수 있다는 장점이 있다.

우버는 2019년 7월에 라이드 패스를 업그레이드한 '패스Pass'라는 서비스를 새롭게 출시했다. 이 서비스는 월 24.99달러에 이용할 수 있는데, 기존의 라이드 패스가 차량호출 서비스에 국한해서 할인을 받을 수 있던 것과는 달리, 패스 이용자들은 차량호출은 물론 마이크로 모빌리티 서비스를 이용할 수 있는 '점프Jump' 및 음식배달 서비스인 '우버 이츠Uber Eats'도 기본요금으로 이용할 수 있다. 아마존의 프라임 멤버십처럼 고객들에게 더 많은 혜택을 제공하면서 고객들을 우버 생태계 안에 꽁꽁 묶어두겠다는 전략인 것이다.

여기서 우리가 주목해야 할 것은 동일한 승차 공유 서비스를 구독 서비스 형태로 제공하는 방식도 회사에 따라 달라질 수 있다는 것이다. 어떤 곳은 상대적으로 비싼 월 이용료를 내지만 비용 절약 효과를 높일 수 있고, 어떤 곳은 상대적으로 비용 절약 효과는 적지만 서비스 가입 부담을 낮춤으로써 고객 기반을 확대하려고 하고 있기 때문이다. 통상적으로 이런 선택은 시장에서 기업들의 위치나 해당 상품에 대한 전략에 따라 달라진다.

사용량 기반의 자동차 보험

최근에는 자동차 보험사들도 사용량 기반의 자동차 보험 상품을 출시하고 있다. UBI[Usage-Based Insurance]라 불리는 사용량 기반의 자동차 보험은 보험 가입자가 자동차를 이용한 양, 즉 주행 거리를 기반으로 보험료를 달리 내는 서비스다. 그렇다고 해서 승차 공유 서비스나 샤인허브의 발전 시스템 이용료처럼 사용량에 선형적으로 비례하는 비용을 납부하는 형태는 아니다. 사용량 기반의 자동차 보험에 대해서는 사물인터넷 디바이스가 기존의 오프라인 서비스를 활성화하기 위해 사용되는 사례(섹션 8)에서 자세히 살펴보겠지만, 일반적으로 두 가지 특징을 가지고 있다. 하나는 이동통신 서비스처럼 기본료 + 사용료 형태의 요금 구조를 이용하고 있다는 것이고 다른 하나는 일부 사용자에게만 혜택을 제공하는 방식이라는 것이다.

미국의 신생 자동차보험사인 메트로마일[Metromile]은 사용자가 가입한 상품에 따라 매달 일정한 기본료를 청구한다.[54] 그리고 매달 운행한 거리에 따라 사용량 기반의 요금을 내게 된다. 과거 이동통신 서비스에서 기본료+사용료를 납부하던 것과 동일한 구조다. 사용량 기반의 요금은 그 사용자의 전달 운행 거리에 사용자별 요율을 곱하는 식으로 계산된다. 사용자별 요율은 운전자의 나이나 운전 경력, 사고 이력, 차량의 종류, 연간 주행 거리 등을 종합적으로 반영해서 결정된다.

두 번째 특징은 자동차를 적게 운행하는 운전자에게만 보험료 혜택이 적용된다는 것이다. 얼핏 보면 이 말은 자동차를 많이 운행하는 운전자에게는 더 많은 보험료가 청구되는 것처럼 보인다. 그러나 그렇지 않다. 자동차를 더 많이 운행하는 운전자들의 보험료는 경쟁사의 보험료 수준과 비슷하다. 즉, 자동차를 더 많이 탄다고 해서 어떠한 피해도 주지 않는다는 것이다. 이러한 점은 더 많은 고객이 해당 상품을 선택하게 만든다.

적게 타고 안전하게 탈수록 보험료가 줄어들기 때문에 이런 UBI 유형의 보험은 보험가입자의 보험료를 줄여주는 데 초점이 맞춰져 있는 것 같다. 그러나 보험료 인하가 UBI 보험의 근본 취지는 아니다. UBI 보험은 보험가입자들로 하여금 더 안전하게 운전함으로써 발생할 수 있는 사고의 가능성을 줄이는데 그 근본 취지가 있다. 이처럼 미래의 서비스들은 단편적인 비용의 절감보다는 본질적인 고객가치를 높이는 쪽으로 준비되어야 할 것이다.

사용량 기반의
요금 전략이란?

지금까지 살펴본 것처럼 사용량 기반의 서비스 모델은 다양한 분야에서 다양한 형태로 적용되고 있다. 캐져 콤프레소렌은 공기압축기를 판매하는 대신 압축한 공기의 양에 대해 비용을 청구했으며, 필립스는 램프를 판매하는 대신 조명 시간에 대해 비용을 청구했다. 즉, 그동안 디바이스 중심의 비즈니스들이 디바이스가 제공하는 기능이나 고객가치 중심으로 바뀌어 가고 있다는 것이다. 이처럼 어떤 디바이스가 인터넷에 연결되고 그 디바이스가 제공하는 기능을 측정하고 정량화 할 수 있다면 디바이스의 종류나 적용 분야에 상관없이 사용량 기반의 수익 모델을 적용하는 것이 가능해진다. 그러나 사용량 기반으로 비즈니스 모델을 바꾸기 위해서는 몇 가지 고려해야 할 사항이 있다.

기본적으로 디바이스의 이용량을 측정하기 위한 기능들이 추가되어야 하며 디바이스가 제공하는 서비스의 유형에 맞는 요금제를 설계해야 한다. 그리고 그에 따른 비용의 청구와 징수 등을 위한 백엔드backend 시스템도 준비해야 하며 지연된 매출로 인한 재무적인 이슈에 대한 대응 방안도 마련해야 한다. 따라서 이곳에서는 기업들이 사용량 기반의 비즈니스 모델을 도입하는 데 있어서 고려해야 할 사항들에 대해 살펴보기로 한다.

제품의 이용량을 알 수 있어야 한다

어떤 제품을 일시금이나 장기 할부 형태로 판매하는 대신 그 제품이 제공하는 기능이나 고객가치를 서비스로 제공하며 그에 따른 이용료를 청구하기 위해서는 기본적으로 제품의 이용량이나 제품의 상태 변화를 알 수 있어야 하고, 제품의 상태 변화를 객관적으로 측정해 수치화할 수 있어야 한다. 이러한 기능들은 디바이스의 특성에 맞는 센서를 추가하거나 상태 변화가 발생할 때마다 간단한 신호를 발생시키기만 해도 된다. 식기세척기의 경우에는 식기세척기를 가동한 횟수를 세거나 혹은 더 정교하게 세척 유형에 따라 가동 횟수를 셀 수도 있다. 조명의 경우에는 램프를 켠 시각과 끈 시각을 확인하면 되고 필요한 경우 램프의 밝기 정보도 함께 이용할 수 있다.

복합기는 인쇄한 종이의 양을 세는 식으로 간단히 사용량을 측정할 수도 있지만, 공기압축기처럼 압축한 공기의 양을 측정하기 어려운 경우에는 간접적인 방법을 이용할 수도 있다. 예를 들면, 공기압축기의 핵심 부품인 컴프레서를 가동한 시간이나 컴프레서에 있는 모터의 회전수를 측정할 수도 있을 것이다. 중요한 것은 측정된 값을 공기압축량처럼 고객이 직관적으로 이해할 수 있는 지표로 표시해주는 것이다.

사용량 기반의 수익 모델에서 제품의 사용량이나 상태 변화를 측정하는 것 못지않게 중요한 것은 그 제품에 대한 통제력도 함께 개발해야 한다는 것이다. 이는 과금과 관련된 것으로 고객이 서비스 이용에 따른 비용을 제대로 지불하지 않는 경우 원격에서 해당 제품의 동작을 강제로 멈추거나 핵심 기능을 이용할 수 없게 해야 할 필요가 있기 때문이다. 또한 서비스 정책이 바뀔 때 제품의 상태를 재조정하거나 원래 상태로 복구할 수도 있어야 한다.

여기서 중요한 것은 고객들의 서비스 이용 정보를 수집하여 관리하는 것이다. 고객들의 서비스 이용 패턴은 해당 서비스를 더 많이 더 자주 이용하도록 하기 위한 마케팅 활동의 근거로 사용될 수 있기 때문이다. 또한 이를 바탕으로 디바이스의 관리 서비스나 다른 생활 서비스를 제공할 수도 있다.

적절한 요금제의 선정

제품을 판매하는 대신 서비스 형태로 제공하는 것은 서비스 요금을 어떻게 설계해야 하느냐는 과제를 남긴다. 서비스 요금을 통해 최소한 제품의 판매 가격 이상의 매출을 회수해야 하기 때문이다. 수익 모델과 그에 따른 비즈니스 모델은 바뀌었지만, 비즈니스의 기본은 매출에서 비용을 뺀 값을 플러스로 유지하고, 가능하면 그 숫자를 크게 만들어야 하는 것이기 때문이다.

서비스 요금의 설계는 수익 모델의 유형에 따라 비교적 단순한 일일 수도 있고 머리를 쥐어뜯어야 할 정도로 복잡한 작업이 될 수도 있다. 장기 렌털과 같은 정액제 구독 서비스의 요금 설계는 비교적 쉬운 편이다. 디바이스의 판매 가격과 디바이스를 장기 할부로 제공하는 과정에서 발생하는 다양한 비용 요인들을 합한 후 약정 기간으로 나누어주면 되기 때문이다. 반면에 사용량 기반의 수익 모델에서는 전적으로 고객들의 서비스 이용량에 의존하게 된다. 만약 상당수의 고객이 충분한 양의 서비스를 이용한다면 제품을 판매하는 것보다 훨씬 나은 수익을 창출할 수 있겠지만, 반대로 대부분의 고객이 극한적으로 적은 양의 서비스만 이용한다면 사실상 수익이 발생하지 않을 수도 있게 된다. 따라서 사용량 기반의 수익 모델에서는 복잡한 통계 기법은 물론 다양한 안전장치를 도입하게 된다.

가장 대표적인 것이 기본료다. 기본료는 택시나 이동통신 서비스는 물론, 전기, 수도, 가스와 같은 유틸리티 서비스를 이용할 때 이미 내고 있는 것들인데, 서비스를 이용하겠다고 약정한 고객들이 서비스를 전혀 이용하지 않더라도 내야 하는 요금이다. 물론 일반적으로는 아주 조금이라도 서비스를 이용하는 경우, 즉 최소 단위의 서비스를 이용하는 경우 자동으로 부과된다. 결과적으로 사용량 기반의 서비스 이용료는 기본료에 사용량 기반의 서비스 이용료가 더해진 형태를 띠게 된다. 이를 기본료와 서비스 이용료로 구성되었다 해서 2부 요금제라 부른다. 그런데 이런 구조의 요금제는 사용량 기반의 수익 모델에서는 바람직하지 않다. 사용량 기반의 수익 모델에서는 고객들로 하여금 서비스를 더 많이 이용하도록 함으로써 수익을 키워야 하는데 그런 요인을 포함하고 있지 않기 때문이다.

최근에는 기본료에 일정량의 무료 서비스를 포함시키고 있다. 기본료를 내면 별도의 비용을 내지 않고 어느 정도의 서비스를 마치 무료인 것처럼 이용할 수 있게 되는 것이다. 그리고 지정된 양 이상의 서비스를 이용하게 되면 초과 서비스 이용료를 내게 된다. 3,800원의 기본료를 내고 택시를 타면 추가 요금 없이 2Km를 이동할 수 있지만, 그 이후부터는 132m마다 100원씩 요금이 발생하는 방식이다. 이 경우 기본료에는 원래의 기본료 외에 일정량의 서비스 이용료가 더해져 있게 된다. 따라서 2부 요금제의 기본료보다 비싸게 책정된다. 그리고 추가 서비스 이용료를 내야 한다. 이런 형태의 요금제는 고객이 내야 하는 요금이 기본료, 정액요금, 초과 요금의 세 부분으로 구성되어 있어 3부 요금제라고 부른다.

사용량 기반의 수익 모델에서는 2부 요금제보다 3부 요금제가 더 바람직한데, 모든 고객으로 하여금 원래의 기본요금에 더하여 정액요금을 내도록 만들기 때문이다. 즉, 사실상 정액요금을 지불했지만, 마치 무료 서비스를 제공하는 것처럼 포장해서 안 써도 될 서비스를 이용하게 만드는 것이다. 얼핏 보면 정액요금이 별것 아닌 것 같지만, 고객들로 하여금 안 쓰면 손해라는 손실회피편향을 일으키게 한다. 결국 이용하지 않아도 되는 서비스를 이용하게 만들며 더 나아가서는 무료 서비스 제공량 이상의 추가 서비스를 이용

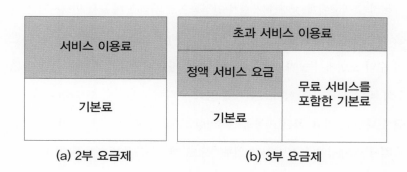

(a) 2부 요금제   (b) 3부 요금제

하게 만든다. 이는 서비스 제공자의 수익을 늘리는 데 큰 기여를 하게 된다. 이는 무료 서비스도 다 이용하지 않는 고객들에 대해서는 낙전수입을 발생시키게 된다. 이런 이유로 이동통신사들은 정액요금을 키우면서 기본적으로 제공되는 서비스의 양을 늘리고 있다. 그리고 기본료와 정액요금을 통합해서 정액요금이라 부르며, 안 써도 내야 하는 기본료가 존재하지 않는 것처럼 만들고 있다. 데이터나 음성통화 이용량이 많지 않은 사람들이 무제한 요금제에 가입하지 말아야 하는 이유가 여기 있다.

서비스 이용료와 디바이스 할부금의 분리가 이루어져야 한다

사용량 기반의 수익 모델은 기본적으로 서비스 이용료를 통해 디바이스 가격 이상의 수익을 발생시키는 것이다. 그러나 이게 말처럼 쉬운 일이 아니다. 장기 렌털과 같은 정액제 구독 서비스는 사실상 할부 구매로 인식을 하지만, 사용량 기반의 서비스에 대해서는 언제든 이용을 중단할 수도 있고 요금제도 바꿀 수 있는 서비스로 인식하기 때문이다.

이런 고객들에게 장기간에 걸쳐 안정적으로 서비스 매출을 발생시키는 것은 정말 생각보다 어렵다. 따라서 스마트 디바이스를 이용하는 사용량 기반의 수익 모델에서는 가능하면 디바이스의 판매와 서비스 판매를 구분하는 것이 바람직하다. 즉, 서비스 판매를 통해 디바이스 가격을 회수하려 해서는 안 된다는 말이다. 물론 이동통신사처럼 스마트폰과 이동통신 서비스를 결합해서 24개월이나 36개월간 의무적으로 서비스를 이용하도록 할 수도 있다. 하지만 이는 지극히 공급자 중심적인 마인드다. 만약, 약정 없이 언제든 서비스 이용을 해지하거나 변경할 수 있으며 가격 경쟁력이 있는 서비스가 등장한다면 이런 수익 모델은 쉽사리 무너질 수 있다.

문제는 디바이스와 서비스를 분리해서 판매할 경우 소비자들은 이중으로 비용을 지불한다는 생각을 가질 수도 있다. 따라서 서비스 사업자는 전략적으로 디바이스 공급 가격을 낮추기 위해 노력해야 한다. 대량으로 디바이스를 생산하거나 구매함으로써 디바이스 공급 단가를 낮추는 것도 한 방법이며, 디바이스에 대한 마케팅이나 판매에 따른 수익을 포기해야 할 필요도 있다.

다른 수익 모델에서도 그렇지만 이제 디바이스는 그 자체가 목적이 아니라 서비스를 제공하기 위한 수단으로 인식해야 한다. 그리고 서비스에서 더 큰 매출을 발생시키고 더 큰 수익을 일으킬 수 있도록 노력해야 한다. 일시불로 판매하든 할부로 판매하든 디바이스 가격을 낮게 책정함으로써 더 많은 사람이 해당 디바이스 기반의 서비스를 이용하도록 만들어야 한다.

IoT 관리 서비스로
고장을 최소화한 기업들

앞의 두 섹션에서는 정액제 기반의 구독 서비스 모델과 사용량 기반의 구독 서비스 모델에 대해 살펴봤다. 정액제 기반의 구독 서비스 모델은 제품을 일시금으로 구매하는 대신 매달 일정한 비용을 지급하며 제품을 마치 서비스처럼 이용하도록 하는 비즈니스 모델이었다. 이 비즈니스 모델은 제품에 대한 초기 구매 부담을 줄여줌으로써 더 많은 고객이 해당 제품을 이용하도록 만들었고 제품 교체 주기를 짧게 만들었다. 결과적으로 기업은 안정적이고 지속적인 수익을 창출할 수 있었다. 하지만 사용량에 상관없이 매달 일정한 비용을 내도록 하는 것이 서비스 이용자들에게는 불합리하게 여겨졌다. 게다가 유사한 서비스 모델을 이용하는 경쟁자들의 등장은 구독 서비스 모델의 이용 요금을 인하시키고 마케팅 비용을 증가시키고 있다. 이에 따라 기업들은 제품의 사용량에 따라 비용을 청구하는 사용량 기반의 구독 서비스 모델을 하나둘 출시하기 시작했다.

항공기 엔진 제조사는 엔진의 가동 시간을 기준으로 요금을 청구했으며, 산업용 공기압축기 제조사는 압축한 공기의 양에 따라 요금을 청구했다. 이러한 비즈니스 모델은 태양광 발전시스템이나 식기세척기처럼 가정용 제품의 이용료를 산정할 때도 사용되고 있으며 공유 자동차 서비스나 전동킥보드와 같은 개인용 모빌리티 서비스에도 속속 도입되고 있다. 그러나 정액제 기반의 구독 서비스 모델을 이용하는 모든 제품에 대해 사용량 기반의 구독 서비스 모델을 적용할 수 있는 것은 아니다. 예를 들어, 노트북이나 자동차처럼 아주 빈번히 이용하는 제품들에 대해서는 사용량 기반의 모델을 적용하는 것이 적합하지 않을 수도 있다. 특히 화분이나 보일러처럼 사용량 자체가 중요하지 않은 제품들도 다수 존재한다.

이런 제품들은 사용량에 따라 요금을 청구하는 것보다는 고장이나 오류 없이 제품을 이용할 수 있도록 하는 것이 더 중요하다. 제품이 제공하는 기능을 중단 없이 이용할 수 있도록 제품의 상태를 안정적으로 유지하는 것이 더 중요할 때도 있다. 특히 고장이나 오류로 인해 제품을 제대로 이용하지 못함으로써 금전적·시간적 혹은 정신적인 손해가 발생하는 경우는 더욱더 그렇다. 해당 제품들에 대해서는 사용량보다는 정액제 기반으로 과금을 하는 것이 더 바람직할 수도 있다. 그러나 아무런 고장도 발생하지 않았는데 매달 일정한 비용을 지불해야 한다면, 이 또한 합리적이지 못하다고 생각할 것이다. 관리 서비스 모델은 이런 제품들에 적용할 수 있는 수익 모델이다. 즉, 제품에 대한 관리 서비스를 제공하고 그에 따른 비용을 청구하는 것이다.

제품의 관리는 제품이 제공하는 기능이나 성능을 중단 없이 안정적으로 제공하도록 하는 모든 활동을 포함한다. 기계적이거나 물리적인 장애가 발생하지 않도록 사전에 대응을 하거나 혹은 사후 조치를 취하는 것, 제품에 사용되는 부품의 마모나 소모품의 소진에 따른 교체는 물론 청소 등과 같은 기본적인 정비 활동 일체가 해당된다. 관리 서비스 모델은 관리 서비스를 제공하는 방식에 따라 정액제 구독 서비스가 될 수도 있고 사용량 기반의 모델이 될 수도 있다. 그러나 일반적으로는 기본료라 불리는 정액 요금제와 제공된 관리 서비스의 형태에 따른 차등화된 요금제가 결합된 형태로 제공된다. 매달 일정하게 청구되는 기본료에는 제품의 청소나 간단한 정비 활동은 물론 정기적으로 교체해야 하는 부품이나 소모품 비용이 포함된다. 반면, 품이 많이 발생하거나 교체해야 하는 부품의 가격이 비싼 경우에는 별도의 기준에 따라 비용을 청구한다.

일반적으로 고객들은 관리 서비스를 가외 비용을 써야 하는 것으로 인식할 가능성이 높다. 그러므로 관리 서비스 모델을 적용하는 경우에는 서비스 제공에 따른 수익을 키우기보다는 고객이 잠재적으로 지불하게 되는 비용을 최소화하는 것에 초점을 맞춰야 한다. 이를 통해 고장이나 장애에 대한 수리 비용은 물론 이로 인한 조업의 정지나 서비스 제공 중단 등을 통한 잠재적인 기회비용을 최소화해야 한다.

이 섹션에서는 산업 분야는 물론 일반 기업이나 가정을 대상으로 제공되는 관리 서비스 모델에 대해 살펴보고자 한다. 또한, 관리 서비스 모델에 많이 도입되고 있는 성과 보수형 수익 모델에 대해서도 함께 살펴볼 것이다.

산업용 관리 서비스:
GE 항공 · 고마쓰 · 오티스 · 에어릭스

어떤 제품의 상태를 관리한다는 것은 전통적으로 산업 분야에서 매우 중요한 활동 중의 하나였다. 공장이나 매장에서 사용되는 기계나 장치의 상태를 안정적으로 유지한다는 것은 지속적으로 제품을 생산하거나 서비스를 제공한다는 것을 의미했기 때문이다. 이는 곧 안정적인 수익을 발생시키기 위한 전제조건으로도 인식되었다. 그러나 기계나 장치에서 발생하는 고장이나 오류는 예측 가능한 것들이 아니다. 그런 이유로 기업들은 과거의 경험을 바탕으로 정기적인 점검 활동을 통해 고장이나 오류의 발생을 최소화하기 위해 노력했다. 예를 들면, 매달 하루는 공장의 기계를 세워 놓고 평소 고장이 자주 발생하는 지점의 상태를 확인하거나 정기적으로 교체해야 하는 소모품을 바꿔주는 식이었다.

기업들은 이런 활동을 통해 고장이나 오류로 인한 기회비용을 최소화할 수 있었다. 하지만 그에 따른 추가적인 비용 요인이 발생했다. 어떤 기계가 동작을 멈추는 경우 고장의 원인을 파악하기 위해 기계 전체를 분해해야 하는 일들도 발생했으며 때에 따라서는 이 기계와 관련된 모든 장치들의 동작을 중지시켜야만 했기 때문이다. 그리고 어쩌다 한 번 해야 하는 관리 활동을 위한 별도의 조직을 유지하는 것도 기업에 있어서는 또 다른 비용 요인으로 인식되었다.

사물인터넷은 이런 상황에 처해 있는 기업들에게 혁신적인 해법을 제시하고 있다. 고장이 발생할 수 있는 부분에 센서를 설치하고 언제든 해당 부분의 상태를 확인하는 것을 가능하게 한 것이다. 이는 굳이 기계를 분해하지 않더라도 고장이나 장애의 원인을 신속하고 정확하게 파악할 수 있도록 함으로써 관리 비용을 대폭 절감시켜줄 수 있게 한다. 게다가 최근 도입되고 있는 빅데이터나 인공지능 기술은 센서에서 수집된 데이터만으로도 언제 어디서 어떤 유형의 고장이나 장애가 발생할지를 정확하게 예측해주기도 한다. 이는 기업들로 하여금 선행적proactive 혹은 preemptive 관리 서비스를 할 수 있게 만들었다. 결과적으로 기업들은 작업 중단을 최소화함으로써 불필요한 비용을 줄일 수 있게 되었으며, 전문적인 관리 서비스를 아웃소싱함으로써 관련 비용도 최소화할 수 있게 되었다.

GE 항공의 프레딕스

섹션 4에서 살펴봤던 것처럼, 판매 대신 리스 & 서비스 형태로 비즈니스 모델을 바꿔 가며 시장의 환경 변화에 발 빠른 대응을 했던 롤스로이스는 민간 항공기 엔진 시장의 1위 기업이었던 GE 항공GE Aviation을 2위 사업자로 내려 앉혔다. 그러나 여전히 전체 항공기 엔진 분야의 1위 사업자는 변함없이 GE 항공이다. 1차 세계대전 당시 항공산업에 진출한 GE 항공은 현재 전 세계 상용 비행기 엔진의 60%를 공급하고 있다.

어쨌거나 갑작스러운 롤스로이스의 부상은 GE를 변화하게 만들었다. 산업자산을 디지털로 재편하면서 소프트웨어 중심 기업으로 변신하게 만든 것이다. 기존의 기술로 가공이 불가능했던 부품을 3D 프린팅 기술로 만들어 이용하는가 하면, 롤스로이스가 토털케어 서비스를 제공하기 위해 했던 것처럼 항공기 엔진별로 엔진의 온도, 연료 소비량, 진동 등을 측정하는 센서를 수십에서 수백 개 설치했다.

인터넷으로 연결된 센서는 운항 중 모든 데이터를 오하이오주 신시내티에 있는 GE 항공 운영센터에 실시간으로 전송한다. 이곳에는 전 세계 3만 4,000대의 비행기로부터 한 해 1억 건가량의 비행 기록이 들어온다. 2초에 한 대씩 비행기가 이륙할 때마다 엔진 데이터가 이곳으로 모이는 것이다. 이 데이터들은 분석 알고리즘을 가진 프레딕스Predix 경보 시스템을 거친다. 프레딕스는 다중 변수를 점검해 항공기 엔진에 문제가 있는지 혹은 데이터에 잡음이 있는지 확인한다. 일단 문제를 감지하면, 고객공지보고서CNR를 활용해 어느 시한 내에 어떤 조처를 취해야 하는지 고객에게 알려주게 된다.

항공 프로세스의 비효율성과 항공 사고로 인해 연간 220억 달러가 버려지고 있다고 한다. GE는 항공 관리 시스템을 통해 높은 연료 효율을 달성하도록 함으로써 연간 100억 달러의 비용을 절감할 수 있도록 하며 3천만 달러의 운용 비용을 절감할 수 있도록 하고 있다. 또한, 계획에 없던 고장이나 지연, 운항 취소 등과 같은 불행한 사고를 당하지 않도록 함으로써 1,500만 달러어치의 시간을 절약해주고 있다.[55] 또한, 항공산업에서 갑작스러운 고장으로 인한 비용 낭비는 하루에 약 5,000만 달러에 달한다. 수리 및 정비에 따른 비용보다 고객 보상에 들어가는 돈이 어마어마하기 때문이다. 하지만 데이터 분석이 정교해지면 그만큼의 비용을 줄일 수 있고, 고객에게 실질적인 혜택을 제공하기 때문에 항공사들은 지속해서 GE의 서비스를 이용할 수밖에 없게 된다.

데이터의 양이 증가하고 분석 능력이 향상되면서 조종사의 운행 습관이나 기상 상태에 따른 연료 소모량 등을 분석해 가장 효율적인 운항법을 조언하기도 한다. 계절에 따른 최적의 항로를 제시할 수도 있다. 이를 통해 GE는 제트 엔진의 연료 효율성을 1% 높일 수 있게 됐다. 1%는 매우 작은 수치이지만 전 세계 항공 산업에 있어서 1%의 가치는 30억 달러의 생산성 향상을 의미한다.

이것이 가능해진 것은 GE가 산업 인터넷을 위해 개발한 클라우드 플랫폼인 프레딕스 덕분이다. 10억 달러 이상을 투자해서 개발한 산업용 클라우드 솔루션인 프레딕스는 기업의 산업자산들을 연결하여 기계 및 설비에서 발생되는 대규모의 데이터를 수집 및 분석한다. 또한, 다양한 산업 데이터를 수용하기 위한 확장성과 뛰어난 보안 특성을 제공한다. 프레딕스는 운영 효율성을 위해 모든 사물에 대한 가시성을 제공하며 온디맨드 방식과 사용한 만큼 지불하는 PAYGpay-as-you-go 모델을 채택하고 있어 합리적이며 확장성이 뛰어나다. 이러한 특성들을 바탕으로 다양한 서비스 API들을 외부 개발자에게 공개해 애플이나 구글처럼 프레딕스 생태계를 만들어 나가고 있다.

GE는 항공기 엔진뿐만 아니라 풍력발전기에도 프레딕스를 이용하고 있다. 풍력발전기에 설치된 센서가 전송하는 데이터를 분석하여 바람의 세기와 방향에 따라 발전기의 날을 조절하면 에너지 생산량을 5% 가까이 높일수 있다. 현재 500개의 풍력 터빈이 프레딕스에 의해 관리되고 있다. 프레딕스는 천연가스와 석유 등 자원을 시추하고 운반하는 데에도 이용되는 등1,000만 개의 산업자산에서 발생하는 5,000만 개 이상의 데이터 요소들을모니터링 및 분석하는 데 이용되고 있다.

GE는 2011년 이후 회사의 역량을 디지털 부문에 집중시키고 있다. 이를위해 회사 매출의 40% 가까이 차지하던 금융과 가전사업 부문을 차례로 정리했다. 2015년에는 세계 최초 산업 인터넷 운영체제인 '프레딕스'를 개발했고, 200개가 넘는 글로벌 기업과 합작을 통해 산업 인터넷 생태계 조성에 나서고 있다. 2011년 2억 9,000만 달러에 불과한 GE의 디지털 부문 매출은2015년 50억 달러로 17배 넘게 늘어났으며, 2020년에는 150억 달러에 이를 것으로 전망된다.[56]

중장비 관리 서비스를 제공하는 고마쓰

토목 및 건설 현장에서 없어서는 안 되는 장비들이 굴삭기와 불도저다. 국내에서도 현대중공업이나 두산인프라코어가 굴삭기와 불도저 같은 중장비들을 생산하고 있다. 이 두 회사는 중국의 부동산 및 건설 붐이 불었던

2010년 미국의 캐터필러나 일본의 고마쓰제작소小松製作所 등을 누르고 중국시장의 40%를 점유했으나, 최근 점유율은 가까스로 10%를 지키는 수준이다.

국내 건설기계 업체들의 중국 시장 점유율 하락에 대해 일각에서는 중국의 경제성장 둔화를 주된 원인으로 지목하지만, 실은 중국의 자국 기업인 삼일중공업Sany Heavy 때문이다. 2010년 현대중공업이나 두산인프라코어가 가격 경쟁력을 바탕으로 캐터필러와 고마쓰를 따돌렸던 것처럼, 삼일중공업도 가격 경쟁력을 바탕으로 우리나라의 기업들을 따돌렸던 것이다. 반면, 미국의 캐터필러나 고마쓰 같은 기업은 뛰어난 품질을 바탕으로 관리형 비즈니스 모델을 도입함으로써 과거의 시장점유율을 회복하거나 그 이상을 차지하고 있다. 이 중 고마쓰는 '콤트랙스 플러스KOMTRAX Plus'라는 시스템과 '스마트 컨스트럭션Smart Construction' 서비스를 통해 효율적인 장비의 운용 및 그에 따른 비용 절감 등 실질적인 고객 혜택을 제공하며 꾸준히 고객들의 신뢰를 확보해 나가고 있다.

캐터필러에 이어 세계 2위의 건설기계업체인 고마쓰는 자신들이 공급하는 굴삭기나 불도저 등의 건설기계에 GPS 및 다양한 센서로 구성된 콤트랙스 플러스라는 시스템을 부착하고 있다. 이를 통해 차량의 현재 상태 및 정상 작동 여부를 체크할 수 있으며 위치도 실시간으로 확인할 수 있다. 수집하는 데이터는 차량의 위치, 과열이나 엔진 오일의 유압 저하와 같은 각종 경보 데이터, 그리고 연료 상황 등이다.

콤트랙스 플러스에서 생성된 데이터는 위성통신이나 이동통신망을 통해 고마쓰 서버에 자동으로 전송되고 저장된다. 세계 각지에 분포돼 있는 건설

기계의 상태를 중앙에서 집중 관리하고 데이터를 모으는 구조를 만든 것이다. 고마쓰는 이 데이터를 시각화해 장비 구매자들과 대리점에 제공한다. 이를 통해 고객 장비의 작업 투입 시간 및 유휴시간과 같은 중요한 데이터를 지속적으로 수집하고 제공함으로써 장비 운용자가 작업 속도를 개선하고 연료비를 줄이는 데 활용하는 등 작업 생산성과 효율성을 개선할 수 있도록 도와준다.

콤트랙스 플러스는 현재 고마쓰의 모든 신형 장비에 탑재되어 있으며, 고마쓰의 구형 장비 및 타사 제품에도 장착하여 이용할 수 있도록 하고 있다. 콤트랙스 시스템의 도입은 고마쓰로 하여금 단순 건설장비의 제조 및 판매를 넘어, 도난 방지, 사전 정비, 제품 수요 동향 예측 등 새로운 비즈니스 모델을 가능하게 하고 있다. 장비에 대한 유지 관리가 잘 이뤄지기 때문에 중고 가격이 상승하는 효과는 덤이다. 이러한 노력 덕분에 2002년 약 1조 엔이었던 고마쓰의 매출은 2017년 2조 5,000억 엔으로 크게 증가했다.

콤트랙스 플러스 시스템을 이용하여 장비의 고장 원인을 추정하고 수리 시간 및 장비 관리에 들어가는 비용을 줄일 수 있었다면, 고마쓰가 최근 제공하고 있는 스마트 컨스트럭션 서비스는 장비 구매에 따른 부담을 줄이는 데 큰 역할을 할 것으로 기대된다. 2015년 2월부터 시작한 스마트 컨스트럭션 서비스는 핵심 사업인 중장비 판매에서 벗어나 고객사를 대상으로 장비를 임대 및 운영해주는 서비스다. 만약 고객이 계약을 위반하거나 수금이 원활하지 않을 때는 콤트랙스 시스템을 이용해서 원격에서 기계의 엔진을 중단하는 등의 조치도 취할 수도 있다.

스마트 컨스트럭션은 건설 현장의 자동화를 지원해 노령화에 따른 건설 현장의 인력 부족 문제를 해결해줄 수 있을 것으로도 기대된다. 드론이 공중에서 공사 현장을 스캔해 클라우드 서버로 데이터를 전송하면, 고마쓰는 이 자료를 바탕으로 입체 모형도를 만들고 공사계획서를 작성한다. 불도저와 굴삭기는 입체 모형도와 공사계획서에 따라 작업 지시를 받고 작업을 진행하며, 작업 중 문제가 발생하면 클라우드 서버에 전송해 원격에서 문제를 해결하고 그에 따라 수정된 작업을 진행하게 된다.

이동 서비스를 제공하려는 오티스

산업용 기계를 인터넷에 연결하면서 판매에서 서비스로 비즈니스 모델을 전환하여 성공한 사례는 롤스로이스와 GE 항공만이 아니다. 고마쓰제작소나 현대중공업, 두산인프라코어와 같은 건설기계업체도 관리형 서비스를 도입하고 있으며 앞에서 살펴본 것처럼 공기압축기를 만드는 캐져 콤프레소렌도 마찬가지다. 그리고 티센크루프나 오티스 같은 엘리베이터 제조사들도 예외는 아니다.

UTCUnited Technologies Corp.의 자회사이자 엘리베이터, 에스컬레이터, 무빙워크 전문기업인 오티스OTIS는 2018년 5월 165년 동안 축적된 전문성과 첨단 디지털 기술을 결합하여 '시그니처 서비스Signature Service'라는 서비스 브랜드를 새롭게 선보였다. 시그니처 서비스는 고객들에게 보다 더 나은 맞춤형 서비스를 제공하는 것을 목표로 한다.

오티스의 시그니처 서비스는 사물인터넷 플랫폼인 '오티스 원Otis ONE', 고객

포털인 '오티스 e서비스Otis eService'와 '오티스 e서비스 모바일Otis eService Mobile' 등으로 구성되어 있다. 이 중에서 오티스 원은 사물인터넷 기반의 지능형 서비스 플랫폼으로 플랫폼에 연결된 30만 개의 엘리베이터에서 수집되는 빅데이터 분석을 기반으로 한다. 빅데이터 분석을 통해 얻은 인사이트를 실시간으로 고객과 공유하며 투명한 방식으로 고객과 소통하고 이를 통해 개별 고객에게 맞는 서비스를 제공한다. 이를 위해 오티스 원은 1980년대부터 30년 이상 축적된 원격 모니터링 경험과 클라우드, 머신 러닝, 사물인터넷 등 최첨단기술을 결합한 디지털 도구를 통해 실시간으로 정보를 통합하고 분석한다. 그리고 그 결과를 바탕으로 엘리베이터 운영과 관련된 인사이트를 도출하고 문제가 발생하기 전에 예측해 대응함으로써 승강기의 가동 중단을 최소화하고 고객 불편을 최소화하게 된다.

오티스 원의 통합된 디지털 생태계 내에서 승강기의 상태 정보는 스마트 센서 기술로 수집돼 클라우드에서 통합 및 분석되고 실시간으로 오티스 서비스 팀으로 전달된다. 콜센터, 클라우드, 승강기가 항상 연결돼 있어 자주 발생하는 문제들은 원격으로 진단해 해결하고, 고장 시에는 엔지니어가 현장에 도착하기 전에 고장 원인을 먼저 파악함으로써 고객에게 보다 신속하고 효율적인 서비스를 제공하게 된다. 또한, 고객들로 하여금 엘리베이터의 상태 정보를 실시간으로 확인할 수 있도록 하고 있다. 오티스 원의 솔루션 중 하나인 '캠퍼스 뷰Campus View'는 고객에게 통합 포트폴리오를 제공함으로써 자신의 엘리베이터 정보에 쉽게 접근할 수 있도록 하며 분석된 데이터를 기반으로 선택 가능한 서비스 솔루션을 제안하도록 한다.

환경 설비 관리 서비스를 제공하는 에어릭스

에어릭스는 2007년에 설립된 환경 설비 전문기업으로 경북 포항에 본사를 두고 있다. 집진 설비, 환경 진단, 악취 및 가스 제거 설비, 탈황탈질 설비 등을 제조 판매하는 것이 주된 사업 분야다. 일반적으로 해당 분야는 진입 장벽이 비교적 낮은 편이라서 경쟁이 매우 심한 편이다. 다행스럽게도 에어릭스는 포항제철과 같은 대형 제철소와 복합화력발전소 등을 주요 고객으로 두고 있어서 비교적 안정적으로 사업을 영위하고 있다. 그러나 2015년에는 이 회사에도 위기가 찾아왔다. 2014년에는 매출이 전년보다 16.4%나 증가하며 사상 최고의 실적을 달성하기도 했으나 이런 기쁨은 그리 오래가지 않았다. 일 년 후인 2015년에는 매출이 다시 2013년 수준으로 떨어졌고 수익도 적자로 돌아섰다. 시장 상황이 악화되면서 제철소나 발전소가 설비 투자를 줄이기 시작한 것이다. 설상가상으로 커다란 기술력을 필요로 하지 않는 환경 설비 시장은 포화되었으며 더 이상 과거와 같은 수요는 발생하지 않을 것으로 전망됐다.

환경 설비 시장에 구조적인 변화가 시작된 것이다. 이러한 상황에 대처하기 위해 에어릭스는 사업 구조를 전면적으로 개편해야만 했다. 그 첫 번째 행보는 기존 대형 사업장 위주의 사업 영역을 중소 사업장으로 확대하는 것이었다. 그러나 중소 사업장에서는 기대만큼 원하는 실적이 나오지 않았다. 경기도 좋지 않았을 뿐만 아니라, 기존 대형 사업장과는 달리 환경 설비에 큰돈을 들이려는 중소기업이 드물었기 때문이다.

에어릭스는 곧바로 전략을 수정했다. 환경 설비를 판매하는 대신 기업들이 기존에 보유하고 있던 설비를 제대로 돌아갈 수 있게 하는 데 초점을 맞췄다. 정기적으로 전문 인력을 보내 관리해주고 환경 설비에 센서와 통신 모듈을 달아 기존 장비를 개조하는 방식이었다. 그리고 이렇게 얻어진 데이터를 분석해서 기존에 24시간 돌던 환경 설비를 필요한 시간에만 가동하거나 각 부분의 고장 여부를 원격에서 실시간으로 확인하도록 했다. 이러한 노력은 부속품 교체 시기를 정확히 알려줬으며 이를 통해 체계적인 설비 관리도 가능해졌다. 결과적으로 에어릭스 서비스를 이용하는 고객사들은 연간 약 10% 이상의 전기료를 절감할 수 있게 되었으며 설비 고장에 따른 공장의 가동 중단을 최소화할 수 있게 되었다.

'대기환경 원스톱 토털솔루션'을 중심으로 한 에어릭스의 변화 노력은 빠르게 결실로 이어지고 있다. 2016년 기준 유지보수가 차지하는 서비스 매출 비중이 전체 매출의 절반 수준에 이르렀다. 설비를 다소 저렴하게 공급하는 대신 설비의 설계부터 유지, 관리, 보수 등을 함께 제공함으로써 고객 기반을 확보할 수 있었기 때문이다. 이렇게 확보한 고객 기반은 새로운 솔루션의 판매 등 안정적인 매출로 이어지고 있다.

로테크 산업으로 알려진 환경 설비산업에 사물인터넷 개념을 도입함으로써 구체적인 효과를 확인한 에어릭스는 현재 산업용 집진기 점검, 청소 로봇 시스템 등을 개발하는 데 박차를 가하고 있다. ThingARX라는 클라우드 시스템을 자체 개발하기도 했는데, 보안성이 높고 안정적인 서비스를 제공할 뿐만 아니라 집이나 사무실 등 어디에서라도 위치에 관계없이 설비에 대한 감시와 관리를 가능하게 해준다.

이 서비스들을 월정액 형태로 제공함으로써 고객들의 초기 구축 비용에 대한 부담을 덜어주고 있다. 고객들은 36개월 약정으로 월 최소 20만 원의 부담 없는 가격에 서비스를 이용할 수 있다. 또한 8종의 서비스 중에서 고객이 원하는 서비스들만 선택함으로써 맞춤형 스마트팩토리를 구축할 수 있게 해준다.

기업 대상의 관리 서비스:
후지제록스 · 나아바

항공기용 엔진이나 건설용 중장비, 그리고 건물에 사용되는 엘리베이터 등과 같은 산업 시설을 대상으로 사용되는 관리 서비스 모델은 일반 기업에서 사용되는 제품이나 장치들에 대해서도 그대로 적용될 수 있다. 대표적인 것이 사무실에서 사용되는 업무용 복합기와 대형 빌딩의 로비나 휴게 공간에 설치되는 스마트 화분이다. 이런 장치들은 기업의 총무부에서 관리하거나 개별 부서 내의 서무사원들이 관리하는 것이 일반적이다. 업무용 복합기와 관련된 비품을 여유 있게 준비하고 주기적으로 화분에 물을 주거나 상태를 관리하는 것이 일종의 잡무처럼 여겨졌기 때문이다. 물론, 기업에 따라 이들을 전산 장비로 분류하여 IT 부서에서 관리를 담당하기도 한다.

최근 이러한 장치들이 복잡한 기능을 제공하거나 전문성을 바탕으로 하는 관리를 필요로 하면서 상황이 달라지고 있다. 공장이나 산업 현장에서 기계나 설비의 관리를 담당하는 전담인력을 두는 것처럼, 사무실 내에서도 관련 인력이 필요하게 된 것이다. 그리고 이는 새로운 비용요인으로 작용하고 있다. 따라서 최근에는 산업용 장비나 장치들뿐만 아니라 일반 업무용 장비나 장치에 대해서도 광범위하게 관리 서비스가 제공되고 있다. 이는 섹션 3에서 소개했던 업무용 노트북 구독 서비스에 관리 서비스가 포함된 것과 같은 맥락에서 이해할 수 있다.

후지제록스의 RDHC

임원 보고 자료를 인쇄해야 하는데 사무용 복합기가 고장이 났다거나 토너나 복사용지가 떨어져서 진땀을 뺐던 경험이 한두 번은 있을 것이다. 부랴부랴 다른 부서의 복합기로 인쇄해서 상황을 모면하고 나면 일시에 짜증이 확 몰려온다. 평상시에는 멀쩡하던 복합기가 왜 갑자기 문제가 생겼으며 평상시에는 잔뜩 쌓여 있던 복사용지가 하필이면 내가 사용하려는 순간에 다 떨어진 것이 납득이 되지 않기 때문이다. 하지만 앞으로는 이런 일들을 경험할 일이 거의 없을 것이다. 다수의 복합기 제조사들이 후지제록스의 RDHCRemote Device Health Check와 같은 복합기 관리 서비스를 제공할 것이기 때문이다. 이름이 의미하는 것처럼 후지제록스의 RDHC는 복합기의 부품 상태나 소모품의 재고 여부를 원격에서 실시간으로 모니터링을 한 후 이를 바탕으로 제품에서 발생할 수 있는 장애 등급을 분류해 사전에 대응할 수 있도록 하는 서비스다.

이를 위해 개별 고객의 사무실에 있는 복합기들은 인터넷을 통해 자신들의 상태와 관련된 다양한 정보들을 주기적으로 혹은 특이 상황이 발생했을 때마다 후지제록스의 EP-BBElectronic-Partnership Broad Band라는 시스템으로 전송하게 된다. 이 데이터는 TQMSTotal Quality Management System에서 빅데이터와 인공지능 기술을 이용하여 분석된다.

TQMS 시스템이 분석한 결과에 따라 장애의 유형이나 등급이 결정되며, 이 중 일부는 원격 서비스를 통해 자동으로 처리된다. 원격 서비스로 처리가 어렵고 전문적인 대응이 필요한 경우에는 고객과의 일정을 조율한 후 관리 직원을 현장에 파견한다. 만약 특이사항이 없거나 고객들이 직접 대응할 수 있는 간단한 사항들에 대해서는 RDHC 리포트를 통해 온라인으로 통보를 한다. 이를 통해 후지제록스는 고객들이 고장으로 인해 중단되는 일 없이 복합기를 사용할 수 있게끔 한다.

후지제록스는 고객들이 복합기를 중단 없이 편리하게 사용하도록 하기 위해 RDHC 서비스를 제공하며, 복합기 임대 및 소모품에 따른 비용 외에 RDHC 서비스와 관련한 별도의 비용을 청구하지 않는다. 대신 방문 출장 시에는 출장 요금과 기술 요금을 받으며, 부품 교체가 발생하는 경우에는 부품비를 추가로 받는다. 후지제록스로서는 RDHC 서비스 운영을 위한 최소한의 비용만을 받는 셈이다.

후지제록스는 고객들이 아무런 불편함 없이 복합기를 사용할 수 있도록 하여 후지제록스에 대한 신뢰도와 충성도를 높이는 것이 중요하기 때문이다. 더불어 이를 통해 더 많은 소모품을 이용하도록 함으로써 복합기 사용에 따른 수익을 올리기 위해서다. 이러한 후지제록스의 모습은 관리 서비스를 도입하려는 기업들에게 관리 서비스 모델을 통해 고객들이 얻을 수 있는 혜택과 자신들이 얻을 수 있는 혜택을 분명히 할 필요가 있음을 보여준다.

나아바의 스마트 그린 월

사람들은 하루의 22시간을 실내에서 생활한다. 우리들의 생각과는 달리 실내는 실외보다 더 많은 오염물질에 노출되어 있다.[57] 대부분의 미국인은 매일 3,000갤론의 오염된 실내 공기를 들이마실 정도다. 게다가 일반적으로 실내는 자연과 분리되어 있다. 사람들은 실내가 더 청결하고 깨끗할 것이라고 생각하지만, 실제로는 그렇지 않은 경우가 더 많다. 여러 가지 측면에서 실내가 효율적일지는 모르지만 가장 인공적이며 공기 상태도 나쁘고 건강하지 않은 상태에 있는 것이다.

'나아바Naava'는 이런 상황을 바꾸기를 원했고, 그 결과 탄생한 것이 벽면 설치형 스마트 화분인 '스마트 그린 월Smart Green Wall'이다.[58] 나아바는 단독으로 세워 놓거나 벽면에 설치해서 이용할 수 있는 제품이다. 제품 하단에 바퀴가 달려 있어서 이곳저곳 이동하면서 이용할 수도 있고, 모듈 형태로 되어 있어서 여러 제품을 하나로 연결해서 이용할 수도 있다. 따라서 개방형 사무실, 회의실, 개인 작업실에서 공기를 신선하게 하는 완벽한 솔루션이다. 말 그대로 자연과 기술을 융합하는 독특한 개념의 제품인 것이다.

스마트 그린 월은 다양한 기능들을 포함하고 있다. 완전 자동화된 공기 정화기, 가습기, 그리고 살아 있는 식물 벽이 일체형으로 되어 있는 것이다. 스마트 그린 월에 이용되는 식물들은 토양이 없어도 성장할 수 있으며 램프가 내장되어 있어서 따로 자연광을 필요로 하지 않는다. 식물에 수분을 공급하기 위해서는 내장 물탱크를 이용한다. 스마트 화분의 효과에 대한 연구 결과에 따르면 나아바의 스마트 화분은 휘발성 유기화합물을 평균 57% 감소시키는 등 공기 중의 오염물질을 효과적으로 제거할 수 있다고 한다.[59]

나아바 스마트 화분에 있어서 식물은 제품에서 가장 눈에 띄는 부분이다. 하지만 그 뒤에는 센서나 인공지능과 같은 눈에 보이지 않는 기술들이 숨어 있다. 이들은 식물의 상태를 모니터링하며 스마트 화분이 빈틈없이 동작하고 완벽한 상태에 머물러 있게 한다. 이런 첨단기술과 더불어 나아바 서비스 팀이 나아바 제품들을 4주 혹은 6주마다 관리함으로써 제품들이 항상 신선하고 아름답게 보이도록 유지한다. 이런 서비스 정책은 우리나라의 정수기 렌털 모델을 떠오르게 한다. 즉, 단순히 제품의 비용을 분할 납부하는 장기 할부의 형태가 아니라 관리 서비스까지 함께 제공하는 것이다.

나아바의 스마트 화분은 일반 가정보다는 사무실이나 대형 공간을 대상으로 한다. 따라서 가격이 만만치 않기 때문에 5년간 구독 서비스 형태로 이용해야만 한다. 제품의 설치 및 정기적인 관리, 필터 교체 등 모든 것이 포함된 NaaS(Nature as a Service) 패키지가 월 249달러부터 시작된다. 가장 저렴한 상품임에도 일시불로 계산하면 1만 5,000달러에 달할 정도로 비싸다. 하지만, 이미 북유럽 시장에서 수천 대의 제품이 판매되었으며 최근에는 미국 뉴저지에 추가로 생산시설을 열기도 했다. 나아바의 스마트 화분이 친생물 디자인 트렌드와도 잘 맞아떨어졌다고 본다. 나아바에 따르면, 나아바의 스마트 화분이 제공하는 기능적인 효과와 심미적인 효과, 그리고 자동화된 기능 및

24/7 서비스(연중무휴 관리 서비스)를 통한 체계화된 관리는 충분히 그 가격을 합리화할 수 있다고 한다.

가정 대상의 관리 서비스:
LG전자 · 경동원 · 수트로

가전제품을 이용하는 것이 날로 복잡해지고 있다. 과거에는 단순히 전기 코드를 꽂거나 전원 스위치를 누르기만 하면 동작했지만, 이제는 여러 단계의 복잡한 설정 과정을 거쳐야만 제품을 이용할 수 있다. 아무리 인공지능이 탑재된 제품들이라지만, 이런 설정 과정을 거치지 않으면 제품이 제공하는 기능의 3분의 1도 제대로 사용하지 못하는 경우도 허다하다. 그리고 어떤 제품들은 제품의 동작 상태에 따라서 필터를 청소하거나 교체해주어야 한다. 설명서만 잘 읽으면 이런 일들이 그다지 어렵거나 복잡하지 않을 수 있지만, 몇 달에 한 번 들어오는 경고등은 사용자들을 당황하게 만들기에 충분하다. 부랴부랴 제품 설명서를 찾아봐도 어디 있는지 보이지 않고, 인터넷에 나와 있는 설명만으로는 충분하지 않다.

이런 문제를 해결하기 위해 가전 제조사들도 일찍부터 관리 서비스 모델을 도입했다. 정수기 같은 제품들을 장기 렌털 형태로 제공하며 두 달에 한 번씩 관리 서비스를 제공하기 시작한 것이다. 제품 관리사들의 방문 일정에 맞춰 집을 지키고 있어야 하는 것이 다소 불편하기는 하지만, 청소도 깨끗하게 해주고 필요한 소모품들도 알아서 교체해주니 편리하고 고마울 따름이다. 이처럼 가정을 대상으로 적용되는 관리 서비스는 비용 절감이나 수익 증대보다는 고객들의 불편함을 최소화하는 방향으로 적용되고 있다. 이를 통해 브랜드에 대한 이미지를 재고하고 고객들의 신뢰도와 충성도를 높이기 위함이다. 관리 서비스의 약정 기간이 끝나는 때를 즈음해서 신제품으로의 교체를 유도함으로써 제품 교체 주기를 단축하려는 목적으로도 활용된다.

LG전자의 스마트케어 서비스

가전업계에 불고 있는 렌털 서비스는 일시불로 신제품을 구매해야 하는 고객들의 부담을 줄여주며 빠른 속도로 시장을 넓혀 가고 있다. 이에 코웨이와 같은 전통적인 장기 렌털 사업자들뿐만 아니라 LG전자나 삼성전자와 같은 대형 가전제조사들도 본격적으로 렌털 서비스 시장에 참여하기 시작하고 있다. 렌털 시장의 경쟁이 치열해짐에 따라 최근에는 렌털 서비스에 있어서도 차별화 바람이 불고 있다. 하나는 가격 차별화로 한 달에 4,000원도 안되는 비용으로 정수기를 이용할 수 있도록 하고 있다. 이용료를 줄이기 위해 1~2인 가구를 주된 타깃으로 하며 비교적 가격이 저렴한 제품을 활용한다. 이것은 전통적인 카드사 제휴 마케팅을 이용한 것으로, 고객이 매달 제휴 카드를 일정 금액 이상 사용하게 하는 것이 핵심이다.

다른 하나는 고급형 제품을 대상으로 오히려 관리 서비스를 더 강화하는 쪽으로 나아가고 있다. 대표적인 것이 2018년 11월에 론칭한 LG전자의 가전 관리 서비스인 '케어솔루션'이다. 케어솔루션은 LG전자의 렌털 제품을 이용하는 고객들을 위한 가전 관리 서비스로, 소모성 부품을 교체해주는 수준의 기존의 관리 서비스와는 달리 제품 성능이 최상으로 유지되도록 관리해주는 서비스다. 예를 들어 정수기를 렌털한 고객에게는 필터 교체뿐만 아니라 센서를 점검하고 내부 직수관을 매년 무료로 교체해 준다. 스타일러 구매 고객들에게는 2년에 한 번씩 급수통과 배수통을 바꾸고 일정 기간마다 향기 시트를 제공한다. LG전자는 이와 비슷한 형태의 서비스를 공기청정기 및 건조기, 전기레인지, 안마의자 등에 대해서도 적용할 예정이다.

LG전자가 가전 관리 서비스에 공을 들이는 이유는 앞으로의 가전산업의 패러다임이 제품 판매에서 서비스로 전환될 것으로 바라보고 있기 때문이다. 이를 위해 이미 오래전부터 제품의 서비스화를 추진해 왔으며 그 결과, 최근 렌털 관련 매출 비중이 빠른 속도로 증가하고 있다. 실제로 LG전자의 2018년 렌털 사업 매출은 2,924억 원이다. 2017년 1,605억 원에 비해 1년 사이 두 배 가까이 증가했으며, 수익이 처음 공개된 2013년의 769억 원에 비하면 5년 만에 4배 가까이 증가했다.[60] 차별화된 관리 서비스를 바탕으로 가전제품의 판매뿐만 아니라 렌털 시장에서도 우위를 가져가겠다는 전략이 통하고 있다고 할 수 있다.

주방가전 전문기업인 쿠쿠전자도 2017년 12월부터 본격적으로 렌털 시장에 뛰어들었다. 렌털 사업 부문을 따로 분리해 '쿠쿠홈시스'라는 별도의 법인을 설립하였으며, 2018년 10월에는 정수기, 공기청정기 등을 기반으로 하는 전문 브랜드인 '인스퓨어'를 선보이기도 했다. 2015년부터는 말레이시아 시장을 본격적으로 공략하면서 본격적으로 렌털+관리 서비스를 확대해 나가고 있다.

삼성전자는 아직 직접 렌털 사업을 진행하고 있지는 않지만, 렌털 전문업체와의 제휴를 통해 관련 사업에 적극 나서고 있다. 2018년 6월에는 교원웰스를 통해 의류 건조기와 세탁기를 렌털로 판매하고 있으며, 7월부터는 현대렌털케어를 통해 의류 건조기를 판매하고 있다. 그러나 장기 렌털형 서비스에서 제공되는 관리 서비스는 그 한계가 분명하다. 대부분 제품의 상태나 사용량에 상관없이 주기적으로 이루어지는 것들이기 때문이다. 두 달에 한 번 정수기를 청소하고 넉 달에 한 번 필터를 교체하는 식이다. 그러다 보니 정수기를 많이 이용하는 고객들의 경우 청소나 필터 교체 주기가 너무 길게 느껴지고 반면 1~2인 가구의 경우 교체할 필요도 없는 필터를 교체하는 일이 발생하고 있다. 한쪽에서는 관리 서비스의 부족에 대한 불만이, 다른 한쪽에서는 과도한 관리 서비스로 인한 비용에 대한 불만이 나타나기 시작한 것이다.

코웨이는 이러한 점을 감안하여 물 사용량을 기반으로 필터 교체 시점이 되면 자동으로 필터를 주문하도록 하는 지능적인 관리 서비스를 제공하고 있다. 아마존의 자동보충서비스DRS와 연동되는 이 서비스는 렌털이 아닌 일반 제품을 대상으로 제공되는 기능이지만, 충분히 렌털 서비스에도 도입을 할 수 있을 것으로 보인다. 이런 어프로치는 소모품의 교체뿐만 아니라 정수기 청소 등 관리 서비스 제공 주기를 결정하는 데도 이용할 수 있다. 즉, 사용량을 기반으로 관리 서비스 제공 주기를 달리 함으로써 고객의 니즈에 맞게 관리 서비스 제공 주기를 변경하는 것이다. 그리고 복합기의 관리 서비스처럼 관리 인력이 방문을 하는 경우에만 필요한 비용을 지불하도록 할 수 있을 것이다. 이때 제품의 청소나 관리 주기나 기준은 고객들이 정하게 된다. 기본적으로는 제품 제조사가 정한 기준을 이용하겠지만, 사용자들의 개별적이고 특수한 니즈에 따라 변경할 수 있도록 할 필요가 있다. 굳이 필요하지도 않은 관리 서비스는 비용만 키우며 고객만족도를 떨어뜨릴 수 있기 때문이다. 반면, 더 엄밀한 관리를 필요로 하는 고객들을 대상으로는 추가 매출을 발생시킬 수도 있다.

경동원의 글로벌 부품 정보 시스템

가전제품에 사물인터넷 기술이 적용되면서 제품의 상태나 이용량을 바탕으로 관리 서비스를 제공하는 것이 가능해지고 있다. 또한, 필요한 소모품을 사전에 주문하도록 함으로써 서비스를 끊임없이 사용할 수도 있다. 이러한 변화는 가전제품에 대한 서비스 체계를 애프터서비스after service에서 비포서비스before service로 변화시키고 있다. 스마트 보일러를 판매하고 있는 경동원은 일찍부터 이런 시도를 한 기업이다.

경동원은 2014년 1월 국내 최초로 스마트 보일러를 출시했다. '나비엔 스마트톡' 보일러가 그 주인공인데, 보일러 제조사가 대기업보다 먼저 사물인터넷 제품을 출시했다는 사실이 매우 놀라웠다. 하지만 더 놀라운 사실은 경동원이 단지 스마트 보일러만 출시한 것이 아니라는 사실이다. 보일러의 효과적인 관리 서비스를 제공하기 위한 준비도 함께 진행했다. 이를 가능하게 한 것이 '글로벌 부품 정보 시스템Web Parts Catalog'이다. 글로벌 부품 정보 시스템은 전국에 있는 경동나비엔 대리점 및 경동원의 제품을 취급하는 설비업체들이 인터넷을 통해 보일러와 관련된 부품 정보를 쉽게 조회하고 주문하고 관리할 수 있도록 해주는 시스템이다.[61]

기존에는 대리점이나 설비업체의 기사들이 A/S에 필요한 부품을 조달하기 위해서 경동나비엔 본사에 직접 문의를 하고, 부품의 주문 및 관리를 하기 위해 대리점마다 별도의 양식을 만들어 관리해야 했었다. 그러나 글로벌 부품 정보 시스템의 도입으로 이런 노력 없이 모든 부품의 통합 관리 및 조회, 주문이 가능해졌다. 특히 A/S 기사가 현장에서 스마트폰이나 태블릿으로 글로벌 부품정보 시스템에 접속해 부품의 사양이나 호환 여부까지 확인할 수 있어 신속하고 정확한 고객 서비스가 가능해진 것이다.

'프리미엄 원격 케어 서비스'를 통해 보일러에 문제가 생기면 이를 자동으로 감지해 고객이 사전에 조치하도록 통보하거나 선제적인 A/S를 제공하는 것도 가능해졌다. 보일러의 평균 수명이 20년 가까이 되기 때문에, 스마트 보일러 출시가 시장 점유율 확대에는 큰 도움이 되지는 않을지도 모른다. 그러나 이런 노력이 선도적인 기업 이미지를 부각하고, 고객 만족도 및 충성도를 높이는 데는 충분한 기여를 할 수 있을 것이라고 본다.

개인주택의 풀장 관리 서비스

단독주택 비중이 70%에 육박하는 미국의 경우, 개인용 수영장을 가지고 있는 집들이 많다고 한다. 특히 날씨가 온화한 서부 지역에는 개인용 수영장을 가지고 있는 집들이 유달리 많다고 하는데, 지난여름처럼 더울 때는 부럽기 그지없다. 하지만 수영장이 있는 집들은 수영장 관리로 골머리를 썩는다. 수시로 부유물도 건져줘야 하고 물의 오염을 막기 위해 화학약품을 투입하기도 해야 하며, 주기적으로 물도 교체해야 하고 필요할 때는 물의 온도를 높이기 위해 가열도 해야 한다.

미국에서는 이런 집안일들을 스스로 하는 것이 일반적이라고 하지만, 그렇지 못한 때도 종종 있을 것이다. 이런 경우 사용할 수 있는 제품이 '수트로Sutro'의 수트로 스마트 모니터Sutro Smart Monitor와 같은 스마트 풀장 관리 시스템이다. 수트로 스마트 모니터는 파란색 고깔 모양의 디바이스를 수영장에 넣어 놓으면, 스마트폰 앱을 통해 현재의 수질 상태는 물론 지금까지의 수영장 관리 이력을 알려준다. (2019년에 새로운 디자인의 제품이 출시되었다.) 699달러라는 비교적 고가에 판매되는 이 장치는 단순히 수영장의 상태만 알려주는 것이 아니라 수영장 상태를 바탕으로 어떠한 화학약품을 얼마나 넣어야 하는지 알려주기도 하며 해당 화학약품이 다 떨어진 경우 자동으로 주문을 해주기도 한다. 스마트 디바이스가 제품 구매를 위해 사용되는 사례에 해당하는데, 이와 관련된 자세한 내용은 섹션 8을 참고하기 바란다.

특이한 점은 수트로는 수용장용 화학약품을 주문하는 데서 그치지 않는다는 것이다. 사용자의 설정에 따라 수영장 청소 서비스를 호출해주기도 하고, 보일러 관리 서비스를 호출해주기도 한다. 즉, 디바이스와 관련된 소모품만을 주문하는 것이 아니라 디바이스와 관련된 서비스도 함께 이용할 수 있도록 하는 제품이다. 앞에서 소개한 보일러나 가전제품들과 차이가 있다면, 수트로는 디바이스의 상태를 관리하기 위해서가 아니라 디바이스가 사용되고 있는 환경(수영장)을 관리하기 위해 사용된다는 것이다. 즉, 관리 서비스의 범위를 디바이스에 국한하지 않는다는 것이다. 이처럼 스마트 디바이스가 오프라인 서비스를 활성화시키는 사례에 대해서는 섹션 9를 참고하기 바란다.

수트로는 수영장 관리 서비스를 제공하기 위해 제휴사 확보에 힘쓰고 있다. 또한 수영장용 화학약품을 직접 판매하거나 아마존을 통해서 자동으로 주문을 할 수 있게 하고 있다. 서비스나 화학약품 판매에서 어느 정도의 수수료를 취하는지는 알려지지 않았지만, 디바이스 중심의 서비스 생태계를 만들어나가고 있다는 점에 주목해야 한다.

Link
4

관리 서비스 모델 도입 시 고려 사항

　관리 서비스 모델은 제품을 판매하거나 제품을 이용한 것에 대해 비용을 지불하는 대신 제품을 더 안정적이고 효과적으로 이용할 수 있도록 제품을 관리해주는 서비스에 대해 비용을 청구하는 것이다. 따라서 관리 서비스에 대해 별도의 비용을 청구할 수도 있으나, 장기 렌털 서비스처럼 제품의 판매나 이용 요금에 관리 비용을 포함시켜 제공할 수도 있다.

　일반적으로 관리 서비스 요금을 서비스 이용료에 통합하느냐 분리하느냐는 관리 서비스의 대상이 되는 제품을 누가 소유하느냐에 의해 결정된다. 서비스 제공자가 제품을 소유하고 사용량 기반의 서비스를 제공하는 경우에는 관리 서비스 요금을 서비스 이용 요금에 포함시키는 것이 여러모로 용이할 것이다. 반면, 중장비나 보일러처럼 고객이 소유한 제품에 대한 관리 서비스 비용은 별도로 청구하는 것이 바람직하다.

관리 서비스에 있어서 과금의 대상은 관리 서비스가 어떤 고객가치를 제공하느냐에 따라 달라질 수 있다. 예를 들면, 고객이 해당 제품을 중단 없이 이용할 수 있도록 함으로써 매출을 극대화한다거나 혹은 고객의 잠재적인 비용을 최소화해주는 것에 대해 비용을 청구할 수 있을 것이다. 이런 비용은 제공되는 서비스 종류나 유형에 따라 결정될 수도 있으며, 실질적으로 고객이 얻은 혜택에 비례하도록 결정될 수도 있다.

디바이스의 소유권

관리 서비스 모델에서 제품의 소유권은 크게 중요하지 않다. 제품의 유형이나 산업 분야에 따라 관리 서비스를 제공하는 기업이 가질 수도 있으며 관리 서비스를 받는 고객이 가질 수도 있다. 예를 들어, 공기압축기나 항공기 엔진의 경우에는 제품의 소유권이 해당 서비스를 제공하는 기업에 있지만, 엘리베이터의 경우에는 관리 서비스를 받는 건물주가 엘리베이터를 소유하는 것이 일반적이다. 이러한 모습은 일반 소비자용 가전제품에서도 비슷하게 나타난다. 전형적인 장기 렌털 모델에서는 3년 혹은 5년 정도의 약정 기간이 지나기 전까지는 렌털 사업자가 가전제품의 소유권을 갖게 된다. 반면, 약정 기간 이후나 보일러와 같이 일시불로 구매하는 제품의 경우에 대해서는 일반 사용자가 제품에 대한 소유권을 갖게 된다.

그러나 앞으로는 서비스 기업이 제품의 소유권을 보유하는 것이 일반적인 형태가 될 것으로 전망된다. 자신들이 이용하는 제품에 대한 관리를 직접 하지 않는다면 고객들은 그 제품을 사실상 버스나 지하철처럼 느낄 가능성이 크기 때문이다. 필요에 따라서 이용은 하지만 애정을 가지고 관리를 하지 않는 제품을 굳이 소유할 사람은 없을 것이다. 따라서 관리 서비스를 제공하는 기업들은 이런 고객들의 생각의 변화를 이용할 수 있어야 한다. 즉, 사용량 기반의 서비스 모델이나 관리 서비스 모델에서는 다양한 기능을 포함하는 고가의 제품을 이용하기보다는 핵심 기능에 초점을 맞춘 합리적인 가격의 제품을 이용하는 것이 바람직할 것이다. 대신, 제품의 케이스를 변경하는 것처럼 고객들에게 새로움을 주기 위한 노력을 병행할 필요가 있다.

과금 대상

사용량 기반의 서비스 모델에서는 제품이 제공하는 기본적이고 본질적인 기능을 과금의 대상으로 사용할 수 있었다. 혹은 이런 기능들은 무상으로 제공하되 기존 서비스의 품격을 더욱 높여주는 기능이나 이따금 요긴하게 이용하게 되는 기능이나 서비스들을 과금의 대상으로 삼을 수 있었다. 그렇다면 관리 서비스 모델에서는 어떤 것들에 과금을 할 수 있을까?

이에 대한 답은 앞에서 살펴본 주요 사례들에서 찾아낼 수 있다. 예를 들면, 항공기 엔진이나 건설장비의 경우 가장 기본적인 것이 고장으로 인해 장비를 사용할 수 없는 시간을 최소화시키는 것이다. 이는 장비가 고장이 나서 수익 활동을 하지 못하게 됨으로써 발생하는 잠재적인 손실을 최소화하는 것으로 해석할 수 있다. 사실 대부분의 장비들은 근본적으로 수익을 키우거나 비용을 줄이기 위해 도입하는 것이기 때문이다.

또 다른 부분은 불편함이나 불안감을 최소화시키는 것이다. 엘리베이터가 고장이 나지 않는다고 해서 아파트 입주민들의 소득이 증가하는 것은 아니다. 하지만 고장이 나지 않으면 계단을 오르내려야 하는 불편함이 사라진다. 또한 언제 고장이 나서 엘리베이터 안에 갇히게 되는 것은 아닌가 하는 불안감도 사라지게 된다. 보일러가 고장이 나서 추운 겨울날 추위에 떨어야 하는 것도 같은 경우에 해당한다.

이외에도 장비를 이용하는 사용자들이 중요하게 생각하는 것이 있다면, 그런 것들이 모두 관리 서비스의 대상이 될 수 있다. 하지만 여기서 명심해야 하는 것은 단순히 중요하게 생각하는 것으로 그쳐서는 안 된다는 것이다. 그것에 기꺼이 비용을 지불할 수 있어야 한다. 만약 비용 지불 의사가 높지 않다면 구독 서비스나 사용량 기반의 서비스 모델을 이용하고 관리 서비스는 무료로 제공하는 것이 더 바람직하다.

비용 지불 의사가 중요한 것은 이것이 관리 서비스 모델의 과금 수준을 결정하고 결과적으로는 서비스의 수익성을 결정짓기 때문이다. 만약 비용 지불 의사가 낮은 특성에 대해 관리 서비스를 제공하는 경우에는 많은 시간이 지나도 충분한 수익을 올리는 것이 쉽지 않을 것이다. 반면, 비용 지불 의사에 큰 특성이 있다면 장치나 장비를 무상으로 제공해서라도 가입자를 확보하기 위해 노력해야 할 것이다.

비용 지불 의사라는 것이 다소 추상적일 수도 있으나 생각해보면 꼭 그렇지만도 않다. 항공기 엔진의 예를 들어보자. 엔진의 고장 빈도나 엔진 고장으로 인한 운항 중단에 따른 매출 감소분이 비용 지불 의사의 크기를 결정하는 데 큰 영향을 미친다. 엔진 고장으로 3~4일 동안 운항을 못 해서 수십억 원의 손실이 발생한다면, 항공사는 회당 몇억 원의 비용을 내더라도 관리 서비스를 받을 것이기 때문이다.

성과보수형 비즈니스 모델

그런 측면에서 최근에 주목받는 것이 '성과보수형Outcome-as-a-Service' 비즈니스 모델이다. 즉, 매출의 증가나 비용의 감소처럼 서비스를 통해 고객이 얻은 실질적인 혜택을 기준으로 서비스에 대한 비용을 지불하는 것이다. 매출 증가나 비용 감소를 객관적으로 평가하는 것에 대한 이슈가 있기는 하지만, 객관적인 기준만 마련된다면 성과보수형 모델은 서비스 제공자나 이용자 모두 쉽게 수긍할 수 있는 과금 구조이기 때문이다.

성과보수형 모델을 사용하는 대표적인 기업이 GE다. GE는 디지털 서비스를 크게 소프트웨어 판매형, 정기구독형, 그리고 성과보수형의 세 가지 유형으로 제공한다. 소프트웨어를 온전히 구매하고자 하는 고객들에게는 기존처럼 소프트웨어 판매형으로 서비스를 제공한다. 그러나 GE가 주력으로 하는 것은 월 또는 연간 정액의 이용 요금에 대해 필요한 소프트웨어와 컴퓨터를 제공하는 정기구독형 서비스이다. 마지막으로 성과보수형 비즈니스 모델은 정기구독형 모델을 더욱 진화시킨 것인데, 고객사가 어떤 서비스를 이용해서 얻은 성과에 따라 서비스 이용료를 받는 방식이다. 즉, 고객의 성과를 서비스로 제공하는 것이다.[62]

고객사가 얻는 성과는 원가절감이나 수익증대의 형태로 나타날 수 있는데 이를 최대화해서 그에 따른 보수를 크게 얻어내는 방식이다. 정기구독형에서는 고객이 올린 성과에 상관없이 정액의 이용 요금을 지불해야 하는 반면, 성과보수형에서는 실제 성과가 나지 않으면 고객들은 이용 요금을 지불할 필요가 없다. 따라서 고객들에게는 나쁘지 않은 모델이다. 반면, 서비스 제공자의 입장에서는 실질적인 성과가 나지 않으면 손해를 볼 수도 있다. 그러나 GE의 사례들을 보면 성과보수형이 충분히 매력적인 모델임을 알 수 있다. GE의 디지털 매출의 절반을 담당하고 있는 GE파워가 이탈리아 전력회사 A2A 그룹의 키바소 화력발전소에 제공하는 디지털 서비스는 발전소의 가동률을 1.5% 개선했고 발전소의 계획 외 정지를 5%나 감소시켰다.[63] 또한 미국 최대의 전력회사인 엑셀론Exelon에 적용한 디지털 서비스는 풍력발전소의 발전량이 1~2% 정도 향상되는 성과를 보이고 있다. 이러한 성과는 수조 원에 해당하는 것으로 GE는 기업들로부터 성과의 일부를 비용으로 받게 된다.

성과보수형 모델을 도입하기 위해서는 성과를 측정하기 위한 기준 및 성과에 대한 정의가 선행되어야 한다. 어떤 지표를 이용하고 성과 측정 방법 및 시점에 대한 부분도 결정해야 한다. 그리고 또 하나 중요한 것은 과금 방식에 대한 진화 모델도 함께 제공해야 한다는 점이다. 고객들은 시간이 지나면서 관리 서비스에 의해 개선된 성능이나 비용을 당연한 것처럼 여길 것이기 때문이다. 얼핏 보면 성과보상형 모델은 GE처럼 대규모 산업용 설비 기반의 디지털 서비스를 제공하는 기업들 또는 이 서비스를 통해 수천억 원에서 조 단위의 비용 절감이나 매출 증대 효과를 내는 고객들에게나 적합한 비즈니스 모델처럼 보인다. 그러나 반드시 그렇지만은 않다. 앞에서 살펴본 것처럼 개인을 대상으로 태양광 발전 서비스를 제공하는 호주의 샤인허브도 고객들에게 태양광 발전 설비를 제공하고 이를 통해 절감되는 전기세의 일부를 성과보수로 받고 있다. 비용 절감 효과가 큰 분야라면 기업이나 개인을 가리지 않고 적용할 수 있는 모델이라는 것이다.

이런 이유로 성과보수형 모델을 기반으로 하는 성과 경제Outcome Economy 혹은 Performance Economy는 4차 산업혁명 시대의 대표적인 특징 중의 하나로 이야기된다.64) 하지만 한 가지 분명한 것은 성과가 발생하지 않는 경우 서비스 제공자는 어떠한 보상도 받을 수 없다는 것이다. 따라서 앞에서도 논의했던 것처럼 어떤 서비스를 제공함으로써 발생하는 추가 수익이나 절감되는 비용에 대한 면밀한 분석이 선행되어야 할 것이다.

Section
6

디바이스와
디지털 콘텐츠의 결합

섹션 3~5에서는 사물인터넷 디바이스가 제공하는 주요 기능을 바탕으로 디바이스를 서비스화하는 방법들에 대해 살펴봤다. 처음으로 소개한 것은 구독서비스로 디바이스를 일시불로 구매하는 대신 매달 일정한 비용을 내고 마치 서비스처럼 디바이스를 이용하는 비즈니스 모델이었다. 고객 입장에서는 디바이스의 구매 혹은 이용 부담을 낮출 수 있는 반면, 기업 입장에서는 제품의 교체 주기를 줄이고 지속적인 수익을 발생시킬 수 있는 방법이었다. 두 번째로 소개한 사용량 기반의 비즈니스 모델에서는 매달 일정한 비용을 내는 대신 디바이스가 제공한 기능이나 가치를 실제로 이용한 만큼만 비용을 지불하도록 했다. 그리고 세 번째로 소개한 관리 서비스 모델에서는 정기적인 혹은 예측 기반의 디바이스 관리를 통해 고객들이 디바이스를 더 잘 이용할 수 있도록 함으로써 수익을 키울 수 있었다. 이 두 가지 모델은 객관성과 합리성을 바탕으로 고객의 신뢰를 확보하며 지속적으로 수익을 낼 수 있도록 하는 방법이었다.

이처럼 디바이스를 구매하는 대신 서비스처럼 이용하고 그에 따른 비용을 지불하는 방식을 두고 '제품을 서비스화servitization'한다고 말한다. 이와 달리 디바이스를 기존에 존재하던 다른 서비스와 결합하여 이용할 수도 있는데, 제품과 서비스가 함께 이용된다고 해서 '프로비스'라고 부르기도 한다.[65] '제품 서비스 시스템Product Service System, PSS'이라는 용어도 종종 사용되는데, 이는 제품의 서비스화와 프로비스를 모두 포괄하는 개념에 해당한다.

제품을 서비스화하는 방법을 세 가지 유형으로 나누어 생각했던 것처럼 제품과 서비스가 결합되는 방식도 크게 세 가지 유형으로 나누어 생각해 볼 수 있다. 가장 쉽게 생각할 수 있는 것이 스마트 디바이스와 온라인 콘텐츠가 결합하는 방식이며, 스마트 디바이스와 제품 판매 서비스 및 오프라인 서비스와의 결합을 생각할 수 있다. 이들 모두는 제품과 서비스가 인터넷에 연결되어 있기 때문에 가능한 것이다.

전자책 판매를 위한 아마존의 킨들

1995년을 전후로 한 인터넷 서비스의 상용화는 기존 오프라인 비즈니스의 패러다임을 조금씩 무너뜨리기 시작했다. 사람들은 제품을 구매하거나 서비스를 이용하기 위해 오프라인 매장을 찾는 대신 컴퓨터 앞에 앉기 시작했으며, 세상의 변화에 발 빠르게 대응하는 기업들은 서비스 채널이나 마케팅 채널을 오프라인뿐만 아니라 온라인으로 이원화시켰다. 그리고 이런 변화는 2000년대 후반에 등장한 스마트폰에 의해 더욱 가속화되었다. 인터넷의 상용화와 더불어 또 하나 주목해야 할 것은 미디어 콘텐츠가 본격적으로 디지털화되기 시작했다는 사실이다. 음악이나 동영상뿐만 아니라 신문, 잡지, 책과 같은 미디어 콘텐츠의 디지털화는 특정 미디어 콘텐츠를 추가로 생산하는 데 필요한 비용, 즉 한계비용을 제로에 가깝게 만들었다. 이는 미디어 서비스의 이용료를 낮추며 미디어 서비스의 이용량을 폭발적으로 증가시켰다.

물론, 미디어 콘텐츠를 쉽게 이용할 수 있는 휴대용 디바이스 및 사용자 친화적인 서비스 모델의 역할도 무시할 수는 없을 것이다. 지금은 대부분의 사용자들이 스마트폰이나 태블릿을 이용해서 콘텐츠 서비스를 이용하고 있지만, 그 전에 사용되었던 MP3 플레이어나 디지털 카메라, DVD 플레이어와 같은 장치들이 없었더라면 초기 디지털 시장은 제대로 형성되지 않았을지도 모른다. 국내에서는 그렇게 많은 사람들이 이용하고 있지 않지만, 전자책과 전자책 리더도 예외는 아니다.

전자책 리더 킨들의 출시

1995년부터 온라인을 통해 종이책을 판매하기 시작한 아마존은 2000년 8월부터는 전자책도 판매하기 시작했다.[66] 당시 전자책을 구매한 사용자들은 이를 인터넷을 통해 PC로 다운로드 받은 후 마이크로소프트가 개발한 소프트웨어Microsoft Reader를 사용해서 책을 읽을 수 있었다. 전자책 한 권의 가격은 9.99달러로 한 권에 2~30달러 하던 종이책에 비해 매우 저렴했으며 이는 빠른 속도로 전자책 이용자들을 늘렸다. 이후 전자책 판매량은 빠른 속도로 증가했고, 2010년 7월에는 아마존의 전자책 판매량이 하드커버의 판매량을 뛰어넘었으며, 2011년 1월에는 페이퍼백의 판매량도 뛰어넘는다.[67] 그리고 세 달이 채 지나기 전에 아마존의 전자책 판매량은 하드커버와 페이퍼백을 포함한 모든 종이책 판매량을 뛰어넘게 된다.[68] 미국 전체적으로는 2017년이 되어서야 전자책 판매량이 종이책 판매량을 뛰어넘었다는 점을 생각하면 이는 실로 대단한 일이다.

이처럼 아마존에서의 전자책 판매량이 급증한 배경은 누가 뭐래도 2007년에 출시된 전자책 리더인 킨들Kindle 때문일 것이다. 실제로 미국에서 판매된 책들 중 전자책의 비중이 2008년부터 빠른 속도로 증가한 것을 알 수 있다.[69] 물론, 전자책 판매에 영향을 미친 것은 킨들뿐만이 아니었을 것이다. 같은 해인 2007년 6월에 출시된 아이폰이나 2010년 4월에 출시된 아이패드 같은 디바이스들도 전자책 확산에 큰 기여를 했으리라 생각한다. 그러나 다른 디바이스들보다 킨들이 전자책의 확산에 결정적인 역할을 했다는 것은 부인할 수 없는 사실이다. 2010년 아마존의 부사장으로서 킨들을 담당하고 있던 이안 프리드Ian Freed는 미국 전자책 시장에서 아마존이 차지하는 비중이 7~80%에 달한다고 이야기한 적이 있다. 반면, 2017년 미국 전자책 시장에서 아마존이 차지하는 비중은 39% 수준으로 줄어들었다.[70] 이는 아마존 이외의 플레이어들의 영향력이 커진 것으로, 초기 미국 내 전자책 시장의 형성에 아마존이 큰 기여를 했음을 방증한다.

킨들이 아마존뿐만 아니라 미국 내 전자책 시장에서 커다란 역할을 할 수 있었던 이유는 무엇일까? 종이책에 비해 1/3 밖에 되지 않는 저렴한 전자책 가격, 전자책 리더 하나에 수만 권을 저장해서 읽을 수 있는 뛰어난 휴대성, 전자책 리더의 가독성 등 여러 이유가 있을 것이다. 그러나 그중에서 가장 큰 영향을 미친 것은 킨들과 관련한 아마존의 비즈니스 모델일 것이다. 온라인 유통업이 자신들이 수행하는 비즈니스의 본질이라고 생각한 아마존은 킨들을 전자책 유통을 활성화시키기 위한 수단으로 포지셔닝한다. 즉, 킨들을 판매해서 수익을 남기기보다는 더 많은 전자책을 판매함으로써 더 큰 수익을 남기고자 했던 것이다. 그도 그럴 것이 디지털 디바이스 판매에 따른 수익률은 그다지 높지 않았기 때문이다. 이를 위해 아마존은 킨들을 원가 수준에 판매했다. 2007년에 처음 출시된 킨들 1세대 제품의 가격은 399달러였다. 2007년이라는 것을 생각하면 다소 비싸 보이기도 하지만, 당시의 이 페이퍼e-paper 가격이나 다른 태블릿 제품들과 비교하면 그렇게 비싼 가격은 아니었다. 게다가 킨들은 3G 이동통신 모듈을 포함하고 있었고 별도로 통신료를 내지 않더라도 어디서나 무료로 전자책을 다운로드 받을 수 있었다.

이후 2010년 7월에는 3세대 킨들인 킨들 키보드Kindle Keyboard를 189달러에 출시한다. 3년 사이에 가격이 절반으로 떨어진 것이다. 더 놀라운 점은 3G를 지원하지 않고 와이파이만 지원하는 모델의 가격은 139달러로 초기 모델의 1/3 가격밖에 되지 않았다는 사실이다. 그리고 지금 아마존에서 판매되는 가장 저렴한 킨들의 가격은 고작 80달러밖에 하지 않는다. 이처럼 저렴한 가격은 킨들의 보급을 확대했고 결과적으로 전자책의 보급을 확대시키게 된다.

킨들의 보급으로 인해 아마존에서 전자책 매출이 차지하는 비중은 지속적으로 올라가게 된다. 이후에 아마존이 종합 전자상거래 사업자가 되면서 전체 매출에서 전자책 매출의 비중은 별다른 의미가 없어졌지만, 킨들로 인한 전자책 매출의 증가는 제프 베조스Jeff Bezos에게 그리고 아마존에게 매우 중요한 의미를 가져다줬다. 다른 디지털 콘텐츠는 물론 생필품의 판매를 촉진시키기 위해서도 킨들 같은 디바이스를 활용할 수 있을 것이라는 사실이다.

제2의 킨들 디바이스

콘텐츠 서비스에 대한 아마존의 관심은 이후 음악, 동영상, 오디오북, 게임 등으로 확대된다. 대표적인 것이 2007년 9월에 시작된 오디오 콘텐츠 판매 서비스인 '아마존 MP3Amazon MP3' 서비스와 2006년 9월에 시작된 '아마존 언박스Amazon Unbox'라는 비디오 서비스, 그리고 2009년 2월에 시작한 '아마존 디지털 게임 스토어Amazon Digital Game Store' 등이다.71)

아마존 MP3 서비스는 EMIElectric Musical Industries Lte., 유니버설Universal, 워너뮤직Warner Music, 소니 BMCSony BMC는 물론 수많은 독립 제작자들로부터 DRMDigital Rights Management, 디지털콘텐츠의 저작권을 보호하는 기술이 걸려 있지 않은 음원 파일을 제공받아 판매하는 온라인 스토어였다. 이후 2011년 3월에 아마존 MP3 서비스가 확장된 형태로 '아마존 클라우드 플레이어Amazon Cloud Player' 서비스를 출시하게 되는데, 이것이 오늘날 스트리밍 서비스 형태로 제공되는 '아마존 뮤직Amazon Music'이나 '아마존 프라임 뮤직Amazon Prime Music'의 원형이 된다.

비디오 서비스인 아마존 언박스도 2008년 9월에 '아마존 비디오 온 디맨드Amazon Video on Demand'로 서비스명을 바꾸고 2011년 2월에는 현재 서비스되고 있는 '아마존 프라임 비디오Amazon Prime Video'의 원형인 '아마존 인스턴트 비디오Amazon Instant Video'로 다시 이름을 바꾸게 된다. 그리고 2017년 1월에는 애니메이션 콘텐츠에 집중한 '아마존 채널Amazon Channels' 서비스도 개시한다.

이처럼 다양한 콘텐츠 서비스를 출시한 아마존은 이들을 더 많이 이용하도록 하기 위해 다양한 스마트 디바이스들을 출시한다. 대표적인 것이 '아마존 파이어Amazon Fire'라는 태블릿이다. 2011년 11월에 처음 출시된 파이어 태블릿은 멀티터치가 지원되는 컬러 LCD 디스플레이를 탑재한 제품으로 스마트폰처럼 전자책뿐만 아니라 비디오 서비스는 물론 게임 서비스에도 적합한 제품이다.

스트리밍 기반의 동영상 서비스를 더 편리하게 이용하도록 하기 위해 아마존은 '아마존 파이어 TVAmazon Fire TV' 관련 제품들도 다수 출시했다. 셋탑박스 형태의 '아마존 파이어 TV 큐브Amazon Fire TV Cube'는 물론 기존 TV의 HDMI 단자에 연결해서 이용하는 구글의 '크롬캐스트Chromcast' 같은 아마존 파이어 TV와 '아마존 파이어 TV 스틱Amazon Fire TV Stick'이 대표적이다. 그 외의 대표적인 제품은 누가 뭐래도 인공지능 스피커인 '아마존 에코Amazon Echo' 장치들일 것이다. 아마존 에코는 기본적으로 사용자의 음성 명령을 이해한 후 그에 대한 답변이나 서비스를 제공하는 장치이지만, 음성 인터페이스를 이용해서 편리하게 아마존 뮤직이나 아마존 프라임 뮤직과 같은 음악 스트리밍 서비스를 이용할 수 있게 해준다. 물론, 라디오나 '오더블Audible' 같은 오디오북 서비스를 이용할 때도 사용할 수 있다.

초기에는 인공지능 스피커의 보급을 확대하기 위해 커다란 크기의 에코 외에 소형의 '에코 닷Echo Dot'이나 휴대용인 '에코 탭Echo Tap' 같은 제품을 저렴한 가격에 출시했다. 그러나 최근에는 '에코 쇼Echo Show'나 '에코 스팟Echo Spot'처럼 다양한 크기와 모양의 디스플레이를 탑재한 인공지능 스피커를 출시하고 있는데, 이들은 음악뿐만 아니라 동영상 서비스는 물론, 앞에서 소개한 클라우드 캠과 연결해서도 이용할 수 있다. 또한, 기존의 스피커나 자동차의 오디오 시스템을 아마존 에코처럼 이용할 수 있게 해주는 '에코 인풋Echo

Input'이나 '에코 오토Echo Auto'같은 장치들도 출시하고 있다.

전자상거래 생태계의 강화를 노리다

아마존이 다양한 디지털 콘텐츠 서비스를 제공하고 이를 이용할 수 있는 디바이스를 공급하는 것은 일차적으로는 콘텐츠 서비스 제공을 통한 사업 다각화 관점에서 이해할 수 있다. 종이책을 전자책으로 확대하고 CD, DVD, 게임 타이틀을 스트리밍 음악이나 동영상, 게임 서비스로 확대했기 때문이다. 아마도 처음에는 그렇게 시작했을 것이다. 하지만 지금의 아마존에 있어서 디지털 콘텐츠 서비스나 이를 이용하기 위한 다양한 스마트 디바이스들은 사업 다각화를 통한 매출 확대보다는 아마존의 핵심 비즈니스인 전자상거래 서비스를 강화하는 수단으로 이용되고 있다. 아마존이 제공하는 다양한 장치들로 콘텐츠 서비스를 이용하다가 필요하면 아마존에서 온라인 쇼핑을 하도록 만들고자 하는 것이다.

이를 위해 아마존은 '프라임 멤버십Prime Membership' 제도를 운용하고 있다. 이미 전 세계적으로 1억 명을 돌파한 프라임 멤버십 회원들에게는 일반 고객들에게 유상으로 제공되는 디지털 콘텐츠 서비스를 무상으로 제공한다. 물론 프라임 멤버십 회원이 되기 위해서는 119달러의 연회비를 내야 하지만 120달러 상당의 프라임 비디오, 60달러 상당의 프라임 뮤직, 24달러 상당의 프라임 포토Prime Photo, 108달러 상당의 킨들 관련 서비스, 59달러 상당의 오더블 채널Audible channel, 108달러 상당의 트위치 프라임Twich prime 등의 서비스를 무료로 이용할 수 있다.

이외에도 연간 125 달러 상당의 무료 배송 서비스, 180달러 상당의 2시간 내 무료 배송 서비스를 이용할 수 있으며 제품 구매 시 할인 혜택도 누릴 수 있다. JP모건의 분석에 따르면 아마존 프라임 멤버십의 가치는 연회비의 6.6배에 달하는 785달러에 달한다고 한다.[72] 필자도 국내에서 프라임 멤버십을 가입해서 이용하고 있는데, 다양한 콘텐츠 서비스는 물론 연간 200~300달러 정도의 할인 혜택에 만족하고 있다.

이처럼 커다란 고객 혜택은 다른 한편으로는 아마존에게 비용 요인으로 작용할 수 있다. 그럼에도 불구하고 아마존이 프라임 멤버십을 운영하는 것은 강력한 사용자 기반이 플랫폼 비즈니스 환경에서의 최고의 경쟁력이라는 것을 잘 알고 있기 때문일 것이다. 즉, 거대한 사용자 기반은 더 많은 서비스 제공자들의 참여를 유도하고 결과적으로 규모의 경제를 가능하게 한다. 그리고 이 과정에서 확보하게 되는 고객 관련 데이터는 아마존의 디지털 플라이휠Digital Flywheel을 돌리는 연료가 되며 새로운 사업의 기반이 되는 것이다.

실제로 아마존 프라임 멤버십 회원들은 비회원들에 비해 아마존을 더 자주 이용하며 더 많은 금액을 소비하는 것으로 알려져 있다. CIRPConsumer Intelligence Research Partners의 추정에 따르면, 아마존 프라임 멤버십 회원들은 1년에 1,300달러를 소비하는데, 이는 비회원들이 사용하는 700달러의 두 배에 해당하는 금액이다.[73] 그리고 이 수치는 2018년에 1,400달러와 600달러로 그 폭이 더 커지고 있다.[74] 물론, 연회비 수익도 만만치 않다. 2017년 프라임 멤버십 수익은 97억 달러로 전체 매출의 5.5%에 해당한다.[75]

이를 위해 아마존은 스마트 디바이스들을 매우 저렴하게 공급한다. 그리

184

고 이들을 이용해서 미디어 콘텐츠 서비스뿐만 아니라 리테일 서비스를 편리하게 이용하도록 하고 있다. 실제로 킨들 이용자들은 아마존에서 1년에 1,450달러를 사용하는데, 이는 프라임 회원들의 연간 이용액인 1,400달러보다 더 많은 금액이다.[76] 이에 대해서는 디바이스와 오프라인 상품의 결합을 소개하는 다음 장에서 자세히 설명하도록 하겠다.

교육 콘텐츠와 결합한
펠로톤의 운동기구

    음악이나 동영상 콘텐츠를 관련 미디어 장치와 함께 이용하는 것은 사실 그렇게 새롭지 않다. 오래전부터 전축을 이용해서 레코드판의 노래를 들었고 비디오 플레이어를 이용해서 영화를 봐왔기 때문이다. 현재 우리가 이용하는 미디어 서비스들은 대부분 전축이나 카세트 플레이어, 비디오 플레이어와 같은 것들이 디지털화되고 스트리밍 형태로 바뀌어 서비스가 되는 것일 뿐이다.

    반면, 새로운 형태의 콘텐츠 서비스들도 하나둘 등장하고 있다. 이들은 지금까지와는 전혀 다른 방식으로 디바이스와 콘텐츠 서비스가 연결되고 있는데, 대표적인 것이 피트니스용 장치들과 교육 서비스다.

자전거가 아니라 '자전거 타기'를 판매하다

소울사이클Soulcycle처럼 신나는 분위기에서 자전거를 타며 운동을 하는 스피닝 스튜디오가 요즘 젊은 사람들 사이에 인기가 많다.[77] 격하게 자전거를 타는 스피닝은 시간 대비 소모되는 열량이 어마어마하기 때문에, 특히 다이어트를 하려는 사람들에게 인기가 높다. 그러나 바쁜 직장 일과 육아나 가사를 병행해야 하는 사람들에게 스피닝 스튜디오나 헬스클럽을 다니는 것은 그림의 떡이나 다름없다.

미국에서 가장 큰 서점 체인인 반스앤노블Barnes and Noble의 전자상거래 부문 사장이었던 존 폴리John Foley도 예외는 아니었다. 2010년을 전후해 회사에서는 본격화되는 모바일 기반의 전자상거래 시장에 대응해야 하는 일들로 바빴고 집에서는 아이들도 돌봐야 했기 때문에 따로 시간을 내어 헬스클럽에 가는 것이 불가능했다. 그러던 어느 날 그는 '집에서도 소울사이클을 탈수 있다면 얼마나 좋을까?'라는 생각을 하게 된다. 그리고 아내와 함께 2012년에 뉴욕에서 펠로톤Peloton이라는 회사를 설립하게 된다.

존 폴리는 펠로톤을 설립하면서 피트니스계의 넷플릭스를 만들겠다는 생각을 하게 된다. 즉, 넷플릭스처럼 매달 일정한 비용을 지불하면서 자전거가 아닌 '자전거 타기'를 판매하겠다는 것이다. 그러나 단순히 자전거를 타는 것을 판매할 수는 없었다. 그런 서비스를 이용할 사람은 아무도 없을 것이기 때문이다. 이에 존 폴리는 소울사이클의 성공 요인을 분석한다. 그리고 찾아낸 것이 흥겨운 음악과 강사들의 동기 부여, 그리고 회원들이 함께 운동하는 즐거움이라는 사실을 발견하게 된다.[78] 그래서 집에서도 자전거를 신나고 재

미있게 탈 수 있는 방법을 고민하던 끝에 생각해 낸 것이 신나는 스피닝 콘텐츠와 이를 보여줄 디스플레이가 장착된 자전거였다.

이후 펠로톤은 22인치 고화질 스크린이 부착된 자전거를 출시하고 스피닝과 관련된 온라인 콘텐츠를 별도로 판매하기로 한다. 디바이스와 콘텐츠를 함께 판매하기는 하지만, 콘텐츠보다는 디바이스 판매에 더 비중을 두는 쪽으로 전략의 방향을 설정한다. 그래서 소울사이클 같은 곳에서 접할 수 있는 고급스러운 제품으로 만들기로 한다. 대신, 소울사이클보다는 저렴한 비용으로 스피닝 콘텐츠를 이용할 수 있도록 상품을 설계한다.

펠로톤의 교육 콘텐츠 서비스 모델

펠로톤 사용자는 한 달에 39달러만 내면 집에서 온라인 동영상을 보며 운동을 할 수 있다. 스크린을 켜면 총 14개의 채널을 통해 스피닝 강사들의 생생한 수업이 실시간으로 중계되는데, 사용자는 원하는 수업 채널에 접속한 후 코치의 지도를 받아가며 자전거를 타면 된다. 수업을 놓친 경우에는 언제든 다시보기를 할 수 있다.

2016년부터는 분당 회전수, 속도, 거리 등을 측정할 수 있는 센서가 부착된 자전거를 판매하고 있는데, 이런 자전거 이용자들을 대상으로는 강사가 사용자가 페달을 밟는 속도와 운동량 등을 실시간으로 확인한 후 개별 지도를 하기도 한다. 예를 들어, 저녁 9시 30분에 시작하는 수업을 듣는 사람들은 정해진 시간에 맞춰 자전거에 올라가서 몸을 풀고 있으면 된다. 수업이 시작되면 자전거 앞쪽의 화면에 코치가 나타나게 되는데, 코치의 구령과 함께 자전거를 타기만 하면 된다. 코치의 화면에는 수강생들의 현재의 운동 상태 및 운동 이력이 나타난다. 코치는 이를 바탕으로 실시간으로 가이드를 해줌으로써 개인의 운동 목표를 달성할 수 있게 지원한다. 수강생들은 비록 자신의 집에서 운동을 하고 있지만, 마치 다른 사람들과 함께 모여 운동하는 것과 같은 효과를 볼 수 있다. 코치로부터 개인 맞춤화된 트레이닝을 받을 수 있어서 만족도가 높다고 한다.

펠로톤 자전거가 아닌 일반 스핀 바이크가 있는 사용자들도 한 달에 19.49달러만 내면 자신들의 태블릿이나 스마트폰을 이용해서 레슨을 받을 수 있다. 39달러짜리 프로그램과 차이가 있다면 실시간 레슨이 아니며 자신의 운동 패턴에 대한 어떠한 조언도 들을 수 없다는 것이다. 이는 펠로톤이 제공하는 스마트 자전거와 레슨 서비스를 경험해 보도록 함으로써 이들을 1,995달러짜리 펠로톤 자전거의 잠재적인 구매자로 만든다.

펠로톤은 처음부터 고급스러운 자전거를 판매하고자 했지만, 이는 서비스 이용자 기반을 늘리는 데 한계가 있을 것으로 보인다. 만약 당신이 이와 비슷한 사업 아이템을 생각하고 있다면 디바이스 가격을 낮추고 서비스 비용을 조금 높이는 방향으로 접근해 보기 바란다. 이렇게 해서 사용자 기반을 확보한다면 피트니스 관련 종합 서비스 사업자가 될 수도 있을 것이다.

스마트 교육 서비스의 진화

펠로톤은 보다 실감나는 콘텐츠 제공을 위해 최근에는 오큘러스 리프트 VROculus Rift VR 같은 VR 장치 기반의 콘텐츠도 개발 중에 있다. 또한 트레드밀 등 다른 운동 기구 및 아웃도어 관련 콘텐츠도 개발하여 판매하고 있으며, 동시에 3,995달러짜리 트레드밀을 판매하기 시작했다. 일시불뿐만 아니라 24개월 할부로도 구매가 가능한데 0%의 할부이자APR를 제시함으로써 상대적으로 초기 부담이 덜한 할부 구매를 유도하고 있다.

펠로톤이 판매하는 디바이스의 종류도 다양화되고는 있지만, 초기에 비해 콘텐츠 서비스의 비중이 점점 더 강화되고 있음을 알 수 있다. 실제로 코칭 프로그램의 가입자가 100만 명을 넘어섰으며 미국에만 32개의 오프라인 쇼룸을 운영하고 있다. 이 중에 월 39달러의 원격 수업에 참여하는 회원은 전 세계적으로 50만 명이 넘는다. 이들이 기여하는 매출은 펠로톤 매출의 1/4에 달한다. 2019 회계연도 기준 매출은 9.15억 달러를 기록했는데, 이는 2018년의 4.35억 달러보다 두 배나 큰 수치다.[79]

사용자 인사이트 플랫폼인 알파Alpha가 발표한 보고서에 따르면 한 달에 적어도 한 번 이상 운동을 하는 미국인의 54%는 가정용 피트니스 시스템을 구매하는 데 관심이 있다고 한다. 반면, 오직 7%만의 미국인이 펠로톤 같은 댁내 피트니스 클래스in-home fitness class를 이용하고 있다. 이는 댁내 피트니스 시장이 앞으로도 무한한 성장 가능성을 가지고 있음을 의미한다.

실제로 펠로톤이 스마트 피트니스 디바이스와 서비스를 결합하면서 주목을 받자 다양한 스마트 디바이스+서비스 기업들이 속속 등장하고 있다. 이들은 스핀 바이크나 트레드밀과 같은 전통적인 운동기구들뿐만 아니라, 스마트 로잉 머신smart rowing machine, 웨이트 리프트weight lift, 스마트 미러 등을 이용한 서비스를 출시하고 있다. 글로벌 마켓 인사이츠Global Market Insights의 조사에 따르면 2024년 미국 가정용 피트니스 장비 시장 규모는 140억 달러에 달할 것으로 전망된다.[80]

광고 서비스를 위한 디바이스

2015년 부산대 사물인터넷 연구소에 재직하던 시절, 나는 ㈜포스트미디어라는 부산 지역의 한 IT 기업과 함께 일을 했었다. 당시 이 기업은 20명 정도의 직원들이 부산 지역의 기업들을 대상으로 인터넷 홈페이지나 쇼핑몰을 구축해주는 등 간단한 IT 서비스를 제공하고 있었다. 커다란 사업 경험은 없었지만 직원들의 평균 연령이 30대 초반일 정도로 젊고 열정이 가득한 기업이었다.

나는 이 기업과 함께 '실감체험형 콘텐츠 기반 스마트 스트리트 구현 기술 개발'이라는 과제로 글로벌 스마트시티 실증사업에 참여했다.[81] 이 과제는 거리를 지나다니는 보행자들에게 인터랙티브한 방식으로 다양한 콘텐츠 서비스를 제공하는 것이 주목적이었다. 길거리에 설치된 스마트 스크린이나 스마트 스토어 보드와 같은 스트리트의 다양한 구성 요소들이 사용자를 인식하고 사용자에게 맞는 생활 정보 및 관광 안내 정보, 쇼핑 정보, 게임 등을 제공한다.

당시 함께 과제를 수행해 나가면서 다양한 아이디어들을 도출하게 됐는데, 그중 하나가 스마트 방향표지판이었다. 스마트 방향표지판은 LED 디스플레이로 만들어진 회전형 방향표지판을 이용하여 순차적으로 여러 곳의 목적지를 안내해주는 장치였다. 이 장치는 사용자의 스마트폰 앱과 연동되어서 사용자가 찾는 목적지를 방향 및 거리 정보와 함께 안내해줄 수 있었다. 또한, 필요한 경우에는 미세먼지와 같은 환경 정보나 지역의 주요 공지사항을 알려줄 수도 있었다.

기능적인 측면에서는 기존의 고정형 방향표지판과 큰 차이는 없었지만, 3개의 방향표지판이 회전하면서 여러 목적지와 목적지까지의 방향 등을 알려준다면 사람들의 시선을 끌기에 충분할 거라고 생각했다. 또한, 도시의 주요 거점뿐만 아니라 쇼핑몰이나 관광지 등에 설치되는 경우 일종의 랜드마크로 이용될 수도 있을 것으로 생각했다. 문제는 이 장치의 가격이 지나치게 비쌌다는 것이다. 회전형 LED 디스플레이 장치를 개발하는 데도 나름 비용이 들어갔지만, 무엇보다 방향표지판을 도로 주변에 설치하기 위해서는 관련 규정에 따라 주철로 된 튼튼한 기둥을 이용해야 했으며 땅속으로 1.5m 이상 매설을 해야 할 필요가 있었다. 스마트 장치를 만들면서 전혀 엉뚱한 곳에서 난관에 부닥치게 된 것이다.

이때 생각해 낸 것이 비즈니스 모델을 바꿔보자는 것이다. 기존에 솔루션 형태로 개발된 장치에 교차보조금 형태의 비즈니스 모델을 적용해 보기로 한 것이다. 처음에 생각한 것은 여러 목적지들을 안내하는 중간에 광고를 표시하자는 것이었다. 사람들의 시선을 끌 수 있는 장치였던 만큼 브랜딩 광고를 하기에 충분하다는 생각이 들었다. 이후 그 아이디어는 목적지 기반의 광고로 확대되었다. 즉, 목적지 주변에 있는 상업시설의 광고를 유치하는 것이었다. 예를 들어, 해운대 해수욕장을 안내할 때는 그 아래에 'OO복국'처럼 해수욕장 주변의 맛집 광고를 넣는 것이다. 만약 영화의 전당을 안내하게 된다면, 영화의 전당에서 상영하는 영화 정보를 보여줄 수도 있다.

우리는 이 아이디어로 당시 시스코 시스템즈에서 개최했던 '쇼 미 더 스트리트Show Me the Street'라는 사물인터넷 아이디어 공모전에서 2등상을 수상하기도 했다. 그리고 5G와 사물인터넷 기술을 다수 선보였던 평창올림픽 시설물 등으로 입찰하기 위한 준비도 했지만 아쉽게도 여러 가지 기술적인 이유로 추가 개발을 중단해야만 했다. 그러나 스마트 디바이스와 광고를 결합한다는 시도는 나름 의미 있었다고 생각한다. 실제로 아마존의 킨들처럼 이미 많은 스마트 디바이스에서 광고를 함께 제공하고 있기 때문이다. 단순히 추가 수익을 올리기 위해서라기보다는 스마트 디바이스의 공급 가격을 낮춤으로써 초기 사용자 기반을 확보하는 데 도움을 줄 수 있기 때문이다.

가상의 데이터 저장 공간:
클라우드 서비스

지금까지 살펴본 사례들은 전자책이나 스트리밍 동영상, 음악 같은 전통적인 미디어 서비스들이나 교육이나 광고 콘텐츠를 포함한 것들이었다. 비록 이곳에서 다루지는 않지만, 가상현실이나 증강현실과 관련된 콘텐츠는 물론 게임 콘텐츠들도 해당 콘텐츠의 특성에 따라 HMD^Head Mount Display 장치나 게임 콘솔과 같은 장치들과 결합해서 제공할 수 있다.

이외에 생각할 수 있는 것들이 데이터 저장 공간이나 소프트웨어를 서비스 형태로 제공해주는 IaaS, SaaS 같은 클라우드 서비스다. 이와 관련해서는 섹션 3의 구독 서비스 사례에서 이미 소개했는데, 아마존의 클라우드 캠 서비스나 네스트의 네스트 어웨어 서비스가 이에 해당한다. 네스트의 어웨어가 헬로라는 스마트 초인종이나 홈CCTV의 기능을 고도화하기 위해 사용된 반면, 아마존의 클라우드 캠은 클라우드 서비스가 메인이었다.

이런 클라우드 서비스들은 활용 분야나 함께 이용되는 스마트 디바이스에 따라 형태를 달리하며 일종의 콘텐츠 서비스를 제공하고 있다. 다음에 소개할 래치의 스마트 도어락은 도어락이 촬영한 영상을 바탕으로 출입관제 서비스를 제공하고 있으며, 아마존의 ACK라는 하드웨어 모듈은 다양한 가전제품들을 이용해 아마존의 AWS라는 클라우드 서비스를 이용할 수 있게 만들어준다.

스마트 도어락을 이용한 출입관제 서비스

래치Latch는 2014년 뉴욕에서 설립된 스타트업으로 래치 MLatch M, 래치 CLatch C, 그리고 래치 RLatch R이라는 스마트 도어락을 제조하는 기업이다. 래치 M과 래치 C는 개인 주택 시장을 타깃으로 하는 제품으로 네트워크 연결이 필요하지 않은 일반적인 제품이다. 래치 R은 여러 사람들이 이용하는 사무실이나 엘리베이터 같은 기업 시장을 타깃으로 하며 네트워크 연결을 필요로 하는 제품이다.

이들은 모두 스마트폰이나 NFC 카드를 이용해서 문을 여닫을 수 있다. 또한 광각 카메라가 탑재되어 있어 네스트의 스마트 초인종인 헬로처럼 방문하거나 출입하는 사람들이 누구인지 확인할 수 있다. 차이가 있다면 래치 M은 문에 구멍을 파서 박아 넣는 형태로 길다란 손잡이latch가 있고 쇠로 된 열쇠로도 문을 열 수 있는 전통적인 방식의 자물쇠인 반면에 래치 C는 래치 M에서 손잡이 부분을 분리해 놓은 제품이다. 래치 R은 터치스크린을 이용해서 비밀번호를 입력하거나 스마트폰을 이용해서 자동으로 여닫히는 문과 연결해서 사용할 수 있는 제품이다.[82] 기업용 제품인 래치 R은 자동문뿐만 아니라 출입 관제 시스템과 연동되어서 사용할 수 있다. 이를 위해 이더넷이나 와이파이 그리고 블루투스와 같은 통신 기능을 탑재하고 있다.

래치는 내장된 광각 카메라를 이용하여 스마트 액세스 서비스Smart Access Service를 제공한다. 399달러에 래치 R을 구매하는 고객들은 2년 동안 무료로 스마트 액세스 서비스를 이용할 수 있으며, 2년 이후에는 추가 계약 기간에 따라 월 3달러에서 5달러의 가격에 해당 서비스를 이용할 수 있다.[83] 앞에서 살펴본 네스트의 헬로는 별도로 어웨어라는 서비스를 신청해서 이용하도록 하고 있는 반면에, 래치는 제품을 구매하자마자 서비스를 이용할 수 있도록 하고 있다.

네스트가 하는 것처럼 제품과 함께 제공되는 서비스를 고객들이 선택해서 이용하도록 하는 것은 매우 바람직한 접근법이다. 그러나 서비스 이용을 늘리기 위해서는 제품 구입 시 일정 기간 동안 무료로 서비스를 이용해 보도록 하는 방법이 더 바람직하다 할 것이다. 이런 시도는 제품 판매 후 서비스 이용자를 확보하기 위한 노력과 비용을 줄여주기 때문이다. 가격 정책 측면에서 래치는 다른 스마트 도어락에 비해 다소 가격이 비싼 편이다. 그러나 일반 가정용이 아니라 기업용 제품이라는 점에서 이 정도의 가격은 별다른 문제가 되지 않을 것 같다. 대신 2년 이후부터는 매월 일정한 금액을 서비스 이용료로 청구한다는 것은 매우 바람직한 접근법이라고 생각된다. 디바이스 판매 이외에 지속적으로 매출을 창출시킬 수 있기 때문이다.

도어락의 교체 주기를 감안하면 스마트 도어락 기반의 출입 서비스에서 발생하는 추가 매출은 래치 R의 디바이스 판매 가격과 비슷할 것으로 추정된다. 제품의 판매와 별개로 지속적인 수익이 발생하는 것이다. 네스트의 헬로가 주로 개인 고객들을 타깃으로 했던 것과 달리, 래치 R의 사례는 제품의 유형이나 고객의 형태에 따라서 상품의 구성과 가격 정책을 다양하게 가져갈 수 있다는 점을 보여주고 있다는 점에서 큰 의미가 있다.

AWS를 판매하기 위한 아마존의 ACK

2018년 9월 20일, 아마존은 15종의 알렉사 기반 스마트홈 기기를 공개한다. 여기에는 스마트 플러그와 같은 일반적인 것들도 있었지만, 아마존 에코와 연결되어 음성으로 제어할 수 있는 스마트 벽시계는 물론 자동차에서 알렉사를 사용할 수 있도록 하는 '에코 오토'같은 것들도 있었다. 하지만 사람들의 가장 큰 주목을 받은 것은 단연코 '아마존 전자레인지Amazon Basics Microwave Oven'였다. 59달러밖에 하지 않는 이 제품은 스마트 벽시계인 '에코 월 클락Echo Wall Clock'처럼 블루투스를 이용해서 아마존 에코 스피커에 연결해서 사용한다. 전자레인지에 있는 버튼을 직접 눌러서 사용할 수도 있지만, 에코에 음성 명령을 내림으로써 커피를 데우거나 팝콘을 튀기는 것이 가능해진 것이다.

예를 들어, '알렉사, 커피 한 잔 데워!'라고 명령을 내리면 전자레인지는 자동으로 1분 15초간 가동이 된다. 실제로 커피는 딱 마시기 좋을 정도로 따뜻하게 데워진다. 만약, 팝콘을 튀겨야 한다거나 피자 한 조각을 데워야 한다면 단지 그렇게 이야기만 하면 된다. 나도 66달러의 해외 배송비를 지불하고

8만 원 정도 하는 변압기까지 구매해서 이 제품을 이용하고 있는데, 생각보다 많은 돈이 나가기는 했지만 음성 인터페이스의 편리함을 새삼 느끼고 있다. 이렇게 훌륭한 제품을 아마존은 고작 59달러에 판매하고 있는 것이다. 전자책 리더인 킨들이나 인공지능 스피커인 아마존 에코에서 그랬던 것처럼 아마존은 디바이스의 판매보다는 디바이스를 통해 다른 서비스를 판매하는 데 더 관심이 많기 때문이다. 전자레인지를 이용해서 자주 조리해 먹는 식품을 판매한다거나 팝콘을 자동으로 주문해주는 것이 이에 해당한다.

아마존이 이 제품을 출시한 데는 또 다른 이유가 있다. 바로 아마존의 음성인식 인공지능 서비스인 알렉사로 제어되는 스마트 서비스 생태계를 강화하기 위해서다. 이를 위해 아마존은 ACK^{Alexa Connect Kit}를 함께 발표하기도 했다.[84] ACK는 아마존처럼 자체적으로 음성인식 서비스를 개발할 수 없는 디바이스 제조사들이 아마존의 전자레인지나 벽시계처럼 음성명령으로 제어되는 제품을 쉽게 만들 수 있도록 도와주는 하드웨어 모듈이다. 실제로 P&G나 해밀턴 비치^{Hamilton Beach}, 톤리^{Tonly}, 그리고 미디어^{Midea} 같은 기업들이 이미 아마존의 ACK를 이용하고 있다. 아마존이 ACK를 출시한 것이 얼핏 보면 ACK라는 하드웨어 모듈을 판매하려는 것처럼 보이지만 사실은 그렇지 않다. ACK는 아마존의 클라우드 서비스인 알렉사 및 AWS IoT와 결합하여 동작하기 때문이다. 즉, 아마존이 제공하는 다른 콘텐츠 서비스처럼 ACK를 이용해서 AWS나 알렉사 같은 아마존의 클라우드 서비스를 판매하고자 하는 것이다.

구글도 이와 비슷한 노력을 하고 있다. CES 2019에서 발표한 '구글 어시스턴트 커넥트^{Google Assistant Connect}'가 그 주인공인데, 아마존의 ACK처럼 디바이스 제조사들이 구글의 음성 인식 기반 인공지능 서비스인 구글 어시스턴트를 이용하는 제품을 손쉽게 만들 수 있도록 도와준다. 이를 통해 구글은 디바이스 제조사들을 대상으로 구글 어시스턴트라는 클라우드 서비스를 판매하게 되는 것이다.

일상을 스마트하게 만드는 IoT 디바이스

앞의 내용을 통해 우리는 사물인터넷 디바이스가 전자책이나 음악, 동영상, 게임과 같은 디지털 콘텐츠 서비스를 활성화하기 위한 수단으로 이용될 수 있음을 알았다. 그리고 디지털 콘텐츠의 범위는 오디오북이나 교육 콘텐츠를 넘어 음성인식 인공지능 서비스나 클라우드 서비스로까지 확대될 수 있음을 알았다. 아마존과 같은 선도적인 기업들은 디지털 콘텐츠 서비스를 자신들의 메인 비즈니스인 전자상거래와 클라우드 서비스를 활성화하기 위한 수단으로 활용하고 있다는 사실도 알게 되었다.

이런 사물인터넷 디바이스는 디지털 콘텐츠뿐만 아니라 기저귀나 음료수 등과 같은 물리적인 상품의 판매를 활성화하기 위해서도 이용될 수 있다. 이전 장에서 소개한 사물인터넷 디바이스들이 컴퓨터나 스마트폰과 같은 범용 기기를 대신해서 디지털 콘텐츠의 주문 및 이용 수단으로 활용되는 것이라면 이 장에서 소개되는 사물인터넷 디바이스들은 일반 상품의 주문 혹은 주문과 결제를 용이하도록 하는 수단으로 이용되는 셈이다.

사물인터넷 디바이스가 일반 상품의 쇼핑을 아주 쉽게 만든다는 측면에서 이런 제품들을 인스턴트 쇼핑 디바이스instant shopping device라 부르기도 한다. 인스턴트 쇼핑 디바이스는 스마트 버튼smart button처럼 주문만을 목적으로 하는 전용 디바이스로 존재할 수도 있지만, 인공지능 스피커처럼 범용 디바이스의 형태를 띨 수도 있다. 또한, 스마트 냉장고나 스마트 오븐 같은 디바이스에 관련 제품을 주문하는 기능이 내장될 수도 있다.

나이키의 나이키 플러스 센서

2006년 7월 13일 나이키는 활동량 추적기인 나이키 플러스 아이팟 스포츠 키트Nike+iPod Sports Kit를 출시했다. 출시 당시 29달러에 판매됐던 이 스포츠 키트는 엄지손가락 한 마디 크기의 나이키 플러스 센서Nike+Sensor와 이보다 조금 작은 크기의 수신기로 구성되어 있다.[85] 이후 센서 장치가 블루투스를 통해 직접 스마트폰과 연결되면서 지금은 수신기 없이 센서 장치만 12달러 정도에 판매되고 있다.

신발에 부착 혹은 삽입되어 사용되는 나이키 플러스 센서는 신발 착용자가 걷거나 뛴 거리와 소모한 칼로리를 측정한 후 이 정보를 무선으로 애플의 아이팟 나노iPod Nano나 스마트폰에 전달하게된다. 2008년에 출시된 2세대 아이팟 터치2G iPod Touch는 물론 그 이후에 출시된 아이폰과 아이팟 터치에서는 블루투스 통신을 통해 나이키 플러스 센서와 직접 통신을 할 수 있게 되었다. 또한 당시 출시된 아이폰에는 Nike+iPod 앱이 기본으로 포함되어 있었다. 이 정보는 나이키 플러스 홈페이지에도 저장되는데, 사용자들은 이 정보를 바탕으로 자신들의 활동량을 실시간으로 확인할 수 있으며 전문적인 조언을 받아 가며 체계적으로 운동을 하거나 친구들과 함께 운동을 할 수 있다.

스포츠용품 전문기업인 나이키가 나이키 플러스를 출시하자 경영 전문가 혹은 마케팅 전문가라는 사람들은 나이키와 닌텐도Nintendo의 경쟁 관계를 이야기하기도 했다.[86] 일본의 게임기 전문업체인 닌텐도가 2004년 11월과 12월에 각각 미국과 일본에서 닌텐도 DS라는 가정용 게임기를 출시하면서 스포츠용품의 판매가 저조해졌고 나이키가 이에 대응하기 위해서 나이키 플러스를 출시했다는 것이다. 2000년대 중후반에 아이들이 옹기종기 모여서 닌텐도DS를 하던 장면을 생각해 보면 아주 틀린 말은 아니라고 생각한다.

그러나 꼭 그렇지만은 않다고 생각한다. 나이키는 이때부터 자신들의 비즈니스에 적극적으로 IT 기술과 디지털 기술을 수용하며 최근 업계가 주목하는 디지털 전환을 시작했던 것이다. 그도 그럴 것이 나이키는 더 이상 자신들을 운동화 회사 혹은 토털 스포츠용품 회사라고 부르지 않는다. 나이키는 자신들을 디지털 기업, 데이터 회사, 미디어 회사라고 말한다. 실제로 현재 나이키는 디지털 전환을 가장 적극적으로 잘 추진하는 기업 중의 하나로 손꼽히고 있다. 그렇다면 나이키 플러스 키트 출시의 근본적인 의도는 무엇일까? 앞에서도 설명했던 것처럼 기본적으로는 나이키의 스포츠용품 판매를 활성화시키기 위함이라고 본다. 2006년 당시만 하더라도 나이키와 같은 글로벌 스포츠용품 회사들은 자사의 제품 홍보를 위해서 마이클 조던Michael

Jordan, 호나우도Ronaldo, 타이거 우즈Tiger Woods 같은 유명 스포츠선수들을 활용한 광고 영상을 제작했다.

하지만 이런 광고마케팅은 비용도 많이 들 뿐만 아니라 맘만 먹으면 경쟁사들도 쉽게 따라 할 수 있는 것들이었고 광고 효과도 정확히 측정할 수 없었다. 반면, 신발에 부착해서 이용해야 하는 나이키 플러스 키트는 그대로 운동화나 다른 스포츠용품의 판매로 이어졌다. 간접적이기는 하지만 활동량이라는 지표를 이용해서 사용자들에게 나이키 운동화의 이용량을 알려주기 때문이다. 그리고 본인이나 친구의 활동량 데이터를 이용하여 더 움직이도록 유도할 수 있었다.

이후 나이키는 2008년 4월에 나이키 플러스 센서의 다음 버전인 '나이키 플러스 스포츠밴드Nike+SportsBand'를 출시하고 2012년 1월에 '나이키 플러스 퓨얼밴드Nike+FuelBand'를 출시한다. 이들은 현재 우리가 이용하고 있는 스마트밴드의 형태를 취한 제품들로 3축 가속 센서 등을 내장하여 활동량뿐만 아니라 수면 패턴까지도 알려주는 제품이다. 그 이후로는 새로운 디바이스를 출시하기보다는 운동량 데이터를 분석해주는 '나이키 플러스 런클럽Nike+Run Club' 서비스를 중심으로 고객들이 보다 적극적으로 운동을 하도록 이끌고 있다. 이와 같은 노력은 그대로 실적으로 이어졌다. 실제로 2006년 및 2007년 나이키의 매출은 전년 대비 각각 8.8%와 9.2% 증가하는 모습을 보였다.[87] 전 세계적인 금융 위기가 있었던 2008년부터 3년간은 매출이 정체하기도 했지만, 2011년부터 다시 증가하여 연간 10% 내외의 꾸준한 성장을 이뤘다. 그리고 이 추세는 아직도 지속되고 있다.

디지털 기술을 기반으로 하는 나이키의 변화 노력은 다른 스포츠용품 기업들에게도 영향을 미치기 시작했다. 아디다스^{Adidas}도 2010년 3월에 나이키의 나이키 플러스 센서와 비슷한 형태와 기능을 제공하는 '미코치^{miCoach}'라는 활동량 추적장치를 출시했다. 이후 2013년 11월에는 '미코치 스마트런 miCoach Smart Run'이라는 스마트워치 형태의 제품을 출시하였고, 2014년 7월에는 '미코치 핏스마트^{miCoach Fit Smart}'라는 스마트밴드도 출시했다.

아쉬운 점이 있다면, 스마트 기기나 디지털 기술의 활용에 익숙하지 않은 스포츠용품 전문기업들이 스마트밴드나 스마트워치와 같은 웨어러블 디바이스를 직접 개발했다는 것이다. 이런 모습은 어느 분야에서나 흔히 발견되는 것이지만 전혀 바람직하지 않다. 전문적이지 않은 기업이 디바이스 제작을 주도하다 보니 품질과 안정성이 떨어지고 활용성도 제한되며 가격만 비싸지기 때문이다.

스마트 디바이스나 디지털 서비스의 개발은 전문 기업의 도움을 받는 것이 좋다. 그리고 제품이나 서비스를 제공하는 기업들은 자신들의 제품이나 서비스를 더 많이 판매하기 위한 전략이나 비즈니스 모델을 개발하는 데 시간과 노력을 기울여야 할 것이다. 다행스럽게도 아디다스 역시 2017년부터는 활동량 추적 장치 전문기업인 핏비트^{Fitbit}와의 제휴를 통해 스마트 디바이스를 개발하여 스포츠용품 판매에 활용하고 있다.

인스턴트 쇼핑 디바이스의 등장

나이키나 아디다스가 자신들이 주력으로 하는 스포츠용품의 판매를 활성화하기 위해 나이키 플러스 아이팟 센서나 미코치 스마트런 같은 제품들을 이용했던 것처럼, 자신들의 주력 비즈니스를 활성화하기 위해 커넥티드 디바이스를 활용한 사례들은 다양한 분야에서 발견된다. 그중에서 가장 대표적인 것이 소비자 유통 분야에서 이용되는 인스턴트 쇼핑 디바이스들이다. 인스턴트 쇼핑 디바이스는 용어 자체가 의미하는 것처럼 즉각적으로 쇼핑을 할 수 있도록 도와주는 장치다. 그것이 온라인이든 오프라인이든 쇼핑 과정을 아주 단순화시켜준다. 버튼을 클릭하는 것만으로 기저귀나 분유를 주문한다거나 사무실에서 많이 이용하는 믹스커피나 박스티슈를 주문하는 것이 가능해진다. 혹은 피자를 주문하거나 대리운전 기사를 호출할 수도 있다.

인스턴트 쇼핑은 스마트 버튼과 같은 장치를 이용할 수도 있지만, 바코드나 NFC 리더를 이용하여 간단하게 제품을 주문할 수도 있고 인공지능 스피커에게 말해 주문할 수도 있다. 여기서 한발 더 나아가면 과거의 주문 패턴을 바탕으로 어떤 제품이 필요한 시점에 인공지능이 자동으로 주문할 수도 있을 것이다. 넓은 의미에서는 이런 자동화된 기능이 포함된 장치들도 인스턴트 쇼핑 디바이스로 분류할 수 있을 것이다.

1-Click, 1조 달러짜리 특허

인스턴트 쇼핑 디바이스가 등장한 배경에는 놀랍게도 간편결제 서비스가 자리하고 있다. 바로 아마존의 '원클릭1-Click' 서비스가 그 주인공으로, 초기에 논란이 있기는 했지만 차별화된 고객 경험을 제공하면서 아마존을 지금의 1조 달러짜리 기업으로 만드는 데 가장 결정적인 공헌을 했다고 본다. 아마존의 원클릭 서비스는 1997년 9월에 미국 등에 특허가 출원되어 1999년에 등록(US5960411)된 아마존의 특허다.[88] 원클릭 서비스는 기존의 온라인 결제 방식과 달리 화면상의 '1-Click' 버튼을 누르는 것만으로 모든 결제 과정을 끝낸다. 즉, 제품을 장바구니에 담고 구매 내역을 확인하고 결제 버튼을 누른 후 카드 번호, 유효 기간, 비밀번호, 배송지 주소 등의 정보를 입력하는 전 과정을 없애준다. 이를 위해 처음에 한 번 관련 정보를 등록하기만 하면 된다.

원클릭을 이용하는 것처럼 고객들이 자신들이 검색한 제품을 장바구니에 담지 않고 즉시 구매하는 행동은 전자상거래에서 매우 의미 있는 일이다. 대략 95%의 고객들이 장바구니에 물건을 담아두고 실제로는 구매를 하지 않기 때문이다.[89] 나만 하더라도 인터넷서점인 YES24의 장바구니에 120권이 넘는 책을 담아 두고 있는데, 그 숫자는 시간이 지나면서 점점 늘어나기만 한다. 여러 가지 이유로 당장에 책을 구입하지 않는 것이지만, 이 책들이 구매로 이어진다면 YES24의 매출이 늘어나는 것은 자명한 일이다.

그런데 원클릭이 없는 환경에서는 구매를 유도하더라도 이들 중 상당수는 복잡한 결제 과정에서 구매를 포기하고 말 것이다. 실제로 간편결제가 본격적으로 도입되기 전인 2015년 이전의 모바일 결제 이탈률은 대략 50%에 달했으며, 사이트에 따라서는 80%에 이르는 곳도 존재했다. 간단한 핀코드만 입력하면 결제가 완료되는 간편결제 서비스를 도입한 이후에도 3~4% 이상의 고객들이 이탈하는 것으로 알려지고 있다. 아마존의 원클릭 서비스는 결제 과정을 극단적으로 단순화함으로써 이탈률을 최소화했다. 제품을 검색하고 그 제품을 사기로 마음먹은 고객들은 0.1초도 안 되는 시간에 모든 결제 과정을 끝낼 수 있게 된 것이다. 유일한 장애물이 있다면 원클릭 버튼을 누르기까지의 망설임뿐이었다. 하지만 아마존은 원클릭으로 주문한 제품을 30분 이내에 취소할 수 있도록 함으로써 망설임이라는 장애물까지 제거하고 있다. 또한 결제 과정의 편리함은 고객들로 하여금 계속해서 아마존을 이용하도록 만들며 트래픽(서비스 이용 빈도)을 늘리고 있다.

사실 결제 과정에서의 불편함은 온라인에서만 나타나는 것이 아니다. 오프라인에서는 결제 과정의 불편함이 결제를 위해 줄을 서서 기다려야 하는 것으로 나타나는데, 이 대기 시간이 소비자들에게는 가장 큰 불편함으로 인식되고 있다. 이러한 문제를 해결하기 위해 나타난 것이 아마존 고Amazon Go 이며 스타벅스의 사이렌 오더Siren Order나 마이 DT 패스My DT Pass와 같은 서비스들이다. 이처럼 고객의 불편함을 해결함으로써 개선된 고객 경험은 지속적으로 트래픽을 유발시킨다.

인스턴트 쇼핑 디바이스의 등장

원클릭 서비스가 결제 과정을 극단적으로 단순하게 만들자 아마존은 고민에 빠졌다. 전체 쇼핑 프로세스에 있어서 제품을 검색하고 선택하고 구매를 결정하는 과정이 결제 과정에 비해 상대적으로 어려워진 것이다. 이러한 고민은 아마존으로 하여금 다양한 유형의 인스턴트 쇼핑 디바이스Instant Shopping Devices를 만들게 했다. 그 첫 번째 디바이스가 2014년 4월에 출시된 '대시Dash'라는 제품이다.

대시 사용자들은 16cm 길이의 이 디바이스를 이용해서 제품에 붙어 있는 바코드를 스캔하거나 마이크 버튼을 누르고 자신이 구매하고자 하는 제품의 이름을 말하기만 하면 된다.[90] 그러면, 해당 제품들은 자신의 아마존 계정과 연결된 쇼핑카트에 추가되며, 컴퓨터나 스마트폰을 이용해서 상품의 종류나 수량을 확인하고 최종적으로 주문을 완료하게 된다. 바코드를 인식하는 것과 달리 음성으로 제품의 이름을 말하는 경우에는 이전에 주문했던 적이 있는 제품 중에서 하나가 선택되어 자신의 쇼핑 카트에 추가된다. 기존의 온라인 쇼핑에 비하면 지극히 간단한 방식으로 쇼핑을 할 수 있게 된 것이다.

2016년 10월에는 아마존 대시의 2세대 버전인 대시 완드를 출시했다. 2세대 버전은 바코드 스캐너와 마이크를 활성화하기 위한 두 개의 버튼을 하나로 통합했고 제품의 길이도 1인치를 줄였으며, 한쪽 표면에 자석을 넣어서 냉장고처럼 표면이 금속으로 된 주방 가전에 붙여놓고 사용할 수 있게 만들었다. 그리고 2017년 6월에는 아마존의 음성인식 서비스인 알렉사가 탑재된 새로운 버전을 출시했다. 기존의 제품들은 아마존 프레쉬Amazon Fresh를 통해서만 서비스를 이용할 수 있었는데, 이 제품은 아마존 프라임 나우Amazon Prime Now와 같은 빠른 배송 서비스도 이용할 수 있었다.[91]

아마존의 대시 완드는 일상생활에서 반복적으로 이용되는 생필품이나 식료품을 아주 쉽게 재구매할 수 있도록 도와준다. 버튼을 누르고 제품을 스캔하거나 제품의 이름을 말하는 것만으로도 쉽게 제품을 주문할 수 있기 때문에 주문하려던 제품을 깜박하고 주문하지 못 하는 일을 막아준다. 하지만 컴퓨터나 스마트폰을 이용해서 자신의 아마존 계정에 로그인하고 최종적으로 결제 버튼을 누르지 않으면 주문되지 않는다. 이런 주문 및 결제 방식이 소비자에게 불필요한 주문이나 잘못된 주문을 막아줄 수는 있겠지만, 아마존 계정에 로그인하지 않으면 최종적으로 주문이 되지 않는다는 점이 불편하게 느껴질 수도 있을 것이다.

문제를 해결하기 위해 아마존은 버튼 클릭 한번으로 지정된 제품을 쉽고 빠르게 주문할 수 있는 커넥티드 디바이스를 출시한다. 바로 2015년 3월에 출시된 '대시 버튼Dash Button'이 그것이다. 이 제품은 분유나 기저귀, 세제나 면도기처럼 버튼에 표시된 제품을 주문하는 것뿐만 아니라 결제까지도 일괄 처리한다. 따라서 아마존 계정에 로그인해서 최종적으로 결제 버튼을 누를 필요가 없어진다. 버튼에 표시된 제품만 주문할 수 있지만, 소비자 입장에서는 매우 편한 일이 아닐 수 없다. 또한 아마존이나 해당 제품의 판매자 입장에서는 혹시라도 모를 경쟁 플랫폼이나 제품으로의 고객 이탈을 방지하는 효과도 기대할 수 있다.

이 버튼은 집 안의 와이파이를 통해 인터넷에 연결되며, 사용에 앞서 스마트폰 앱을 이용하여 기본적인 설정을 해줘야 한다. 예를 들면, 버튼이 눌렸을 때 어떤 제품이 자동으로 주문되도록 할 것인지를 지정해 주어야 하는데, 동일한 브랜드의 기저귀라 할지라도 성별이나 사이즈, 용도 등에 따라 다양한 모델이 존재하기 때문이다. 또한 잘못된 주문을 막기 위해서 버튼이 눌렸을 때 스마트폰에 알람을 띄워줌으로써 주문한 제품의 종류, 수량, 옵션, 가격 등 주문 내역에 대해 확인할 수도 있다.

아마존은 프라임 회원들에게 이 버튼을 4.99달러에 판매한다. 하지만 이 버튼을 이용해서 첫 구매를 하게 되면 그 금액만큼 할인을 해준다. 사실상 공짜로 대시 버튼을 제공하는 것과 같은데, 굳이 4.99달러에 판매하고 첫 구매 시 할인 혜택을 제공하는 것은, 무료로 제공할 경우 필요도 없는 사람들이 대시 버튼을 주문하고 이용하지 않는 것을 막기 위한 조치다. 대시 버튼은 뒷면이 접착식 스티커로 되어 있어서, 버튼에 표시된 제품이 있는 곳 주변이나 냉장고 옆에 붙여 놓고 이용하면 된다.

아마존에서 대시 버튼을 이용하여 자신들의 제품을 판매하고자 하는 기업들은 버튼 한 개당 15달러씩을 아마존에 지불하게 된다.[92] 또한, 대시 버튼을 통해 판매되는 제품에 대해서는 15%의 판매 수수료를 아마존에 지불하게 된다. 통상적으로 아마존과 같은 유통업계의 판매 수수료는 8~15%

수준인데, 대시 버튼에 의한 판매 수수료는 업계에서 가장 높은 수준이다. 고객을 고정시켜주는 대가가 포함된 것으로 이해할 수 있다.

결과적으로 아마존은 대시를 판매함에 있어서 대시 버튼을 주문 시스템과 연동하는 것 외에는 별다른 투자를 하지 않으면서도 기존 상품들보다 높은 판매 수수료 수익을 올리게 된다. 한편, 아마존의 대시 버튼을 활용하는 기업들은 약간의 추가적인 비용이 발생하지만, 안정적인 판매를 보장받을 수 있게 된다.

아마존이 대시 버튼을 출시했던 2015년에 포레스터 리서치Forrester Research의 분석가인 제임스 맥퀴비James McQuivey는 대시 버튼을 두고 '2015년 최악의 아이디어'라고 혹평을 하기도 했다. 그러나 대시 버튼은 아마존에서 가장 빠르게 성장한 서비스 중의 하나였다. 2016년 2월 현재 573종의 제품을 대시 버튼을 이용해서 구매를 할 수 있으며, 대상 제품의 종류와 이에 따른 구매는 점점 늘어날 것으로 기대된다.

실제로 2017년 4월에는 1분에 4건 이상의 주문이 대시 버튼에서 발생했다.[93] 2017년 11월을 기준으로 아마존 대시 버튼의 종류는 368개에 달한다.[94] 주로 구매하는 제품들은 화장지나 세제 같은 생활용품과 개인 관리 및 미용 용품, 애완동물 용품, 그리고 스낵과 음료 순이다.[95] 아마존 전체적으로는 1초에 수백 건 이상의 주문이 발생하는 데 비해 비록 규모가 작기는 하지만, 슬라이스 인텔리전스Slice Intelligence에 따르면 대시 버튼을 이용하는 고객들의 브랜드 충성도는 버튼을 이용하기 전에 비해 2배 정도 증가한 것으로 알려지고 있다.

온라인 쇼핑에 있어서 인스턴트 쇼핑 디바이스가 중요한 또 다른 이유는 구매 과정에서의 이탈률을 최소화하기 때문이다. 간편결제가 도입되기 전에 온라인 쇼핑에서 결제 과정에서의 고객 이탈률이 대략 15% 내외였던 점을 감안한다면, 인스턴트 쇼핑 디바이스는 이를 사실상 제로로 만들어주기 때문이다. 즉, 구매율을 15%만큼 증가시키는 효과가 있다고 볼 수 있는 것이다.

간편결제가 도입된 이후에는 결제 과정에서의 이탈률이 2~3% 수준으로 줄어들긴 했지만, 여전히 절반에 가까운 사용자들이 장바구니에 다수의 물건을 담아놓기만 하고 구매를 하지 않고 있는 상황이다. 온라인 사업자 입장에서는 장바구니에서 결제를 기다리고 있는 제품들이 빨리 결제되도록 하는 방법에 대해서 고민을 해야 할 것이다. 아니면, 처음부터 장바구니에 제품을 담지 않도록 하는 방법을 고민할 수도 있을 텐데 인스턴트 쇼핑 디바이스가 바로 이런 역할을 하는 셈이다.

아마존은 2017년 1월에는 대시 버튼의 디지털 버전인 가상 대시 버튼 Virtual Dash Button을 출시하기도 했다. 가상 대시 버튼은 프라임 회원들의 아마존 웹사이트와 모바일 앱에서 확인할 수 있는데, 관심이 있거나 이전에 구매했던 제품들을 더 쉽게 재구매할 수 있도록 도와준다. 가상 대시 버튼은 주요 상품의 소개 페이지에 포함되어 있는 '당신의 대시 버튼에 추가Add to your Dash Buttons' 아이콘을 눌러서 직접 추가하거나 이전에 아마존에서 구매했던 제품을 다시 구매하면 아마존이 자동으로 가상 대시 버튼을 추가해주기도 한다.

주요 인스턴트 쇼핑 디바이스들

이러한 움직임은 O2Oonline-to-Offline가 발전한 중국이나 국내에서도 조금씩 나타나고 있다. 알리바바Alibaba에 이어 중국 전자상거래 2위 기업이자 글로벌 4위 전자상거래 기업인 징동닷컴JD.com은 2015년 11월 아마존의 대시 버튼과 유사한 제이디나우JDNow라는 인스턴트 주문 장치를 출시했다. 아마존의 대시 버튼과 차이가 있다면, 방문 세탁 등과 같은 오프라인 서비스도 이용할 수 있도록 하고 있다는 것이다. 단순히 생필품의 구매만이 아니라, 오프라인 서비스까지 통합함으로써 주문형 경제를 주도해 나가겠다는 야심을 엿볼 수 있다.

국내에서도 2016년 9월에 SK텔레콤과 11번가가 함께 '스마트 버튼 꾹'을 출시한 바 있다. 스마트 버튼 꾹은 아마존의 대시 버튼과 마찬가지로 생수나 세제, 기저귀 등 집에서 주로 쓰는 생필품을 자동으로 주문할 수 있다. 차이가 있다면, 스마트 버튼 꾹은 버튼 한 개로 세 가지 품목을 동시에 주문하는 것이 가능하다.[96] 이를 위해 사용자는 스마트폰 앱을 이용하여 최대 세 가지 품목의 제품과 수량을 버튼에 미리 설정해 두어야 한다.

SK텔레콤과 11번가는 스마트 버튼 꾹을 출시할 당시, 아마존과는 달리 11번가에서 '페이나우PayNow'를 이용해서 일정 금액 이상 주문하는 고객들을 대상으로 무료로 스마트 버튼을 제공했다. 스마트 버튼이 뭔지도 모르고 이용할 생각조차 없는 사람들에게까지 버튼을 제공한 것이다. 게다가 스마트 버튼으로 주문할 수 있는 제품의 종류도 한정되어 있어서 스마트 버튼을 이용한 주문 건수는 거의 발생하지 않았던 것으로 알려지고 있다.

216

2017년 7월 11번가는 스마트 버튼 꾹을 '나우 오더Now Order'라는 이름으로 바꾸어서 서비스를 제공 중이다. 나우 오더는 아마존의 대시 버튼처럼 협력사에 따라 서로 다른 버튼을 개발해 배포하는 형태다. 일차적으로 남양유업과의 제휴를 통해 '남양 나우 오더'를 출시했으며, 협력사를 지속적으로 확대할 예정이라고 한다.[97] 하지만 아직까지 추가 협력사가 없는 상황이다. 남양 나우 오더를 통해서는 분유, 커피, 두유 등 남양유업에서 출시되는 모든 제품군으로 서비스 대상을 확대할 예정이다.

소셜커머스 기업인 티몬(구 티켓몬스터)은 인스턴트 쇼핑 디바이스와 비슷한 서비스를 제공하기도 했다. 차이가 있다면 아마존의 대시 버튼이나 징동닷컴의 제이디나우가 와이파이를 이용하는 주문형 장치임에 반해, 티몬의 '슈퍼태그'는 NFC 태그를 이용한다. 역시 생수나 라면, 휴지처럼 반복적으로 구매하는 생필품을 편리하게 구매할 수 있도록 해준다. 기존의 스마트폰 앱을 그대로 이용하며, 슈퍼태그를 이용해서 제품을 검색하고 주문하는 과정을 단순화시키기는 하지만 결제는 기존과 동일한 방식으로 진행해야 한다.

이와 같은 스마트 버튼은 단순히 생필품의 주문뿐만 아니라 치킨이나 피자, 야식과 같은 배달음식을 주문할 때도 유용하게 활용될 수 있을 것으로 보인다. 또한, 집 청소나 세탁물 수거, 베이비시터 서비스를 요청하거나 택시나 대리운전 기사의 호출처럼 생활편의 서비스를 개시하는 수단으로 활용될 수도 있다.

실제로 도미노피자는 2015년 11월에 피자를 주문하는 버튼을 출시하기도 했다.[98] 피자헛도 2017년 3월에 버튼 클릭 한 번으로 피자를 주문할 수 있는 신발인 파이탑스Pie Tops를 출시한 적이 있다. 피자헛은 2018년 3월에

파이탑스 2^{Pie Tops II}를 출시했는데, 두 번 모두 마케팅 차원에서 진행된 것이라서 제한된 수량만 판매됐다.[99] 참고로 두 회사의 프로모션에는 플릭^{Flic}의 스마트 버튼이 사용되었으며, 버튼이 눌리면 블루투스로 스마트폰과 연결되어 피자를 주문하게 된다.

인스턴트 쇼핑 디바이스는 B2C 영역뿐만 아니라 B2B 영역에서도 활용될 수 있다. 대부분 기존의 업무 프로세스를 개선하거나 특정한 서비스를 요청하기 위한 목적으로 사용된다. 대표적인 제품으로 아마존이 출시한 IoT 버튼과 AT&T의 LTE-M 버튼이 있는데, 이 버튼들은 아마존의 클라우드 서비스인 AWS를 이용해서 사용자들이 직접 버튼이 눌렸을 때의 동작을 정의하게 된다.

예를 들어, 병원이나 요양원 등에서 IoT 버튼이 눌렸을 때는 환자를 담당하는 의료진을 호출할 수 있으며, 공장에서는 작업 환경을 최적화하도록 관련된 공조 장치를 가동시킨다거나 불필요한 전력을 한꺼번에 차단하는 목적으로 사용할 수 있다. 즉, 버튼이 눌렸을 때 미리 지정된 일련의 과정들이 자동으로 처리되도록 함으로써 업무 처리에 필요한 시간이나 비용을 줄일 수 있도록 도와주는 것이다. 그러나 인공지능 스피커를 중심으로 한 음성 인터페이스의 확산은 스마트 버튼의 종말을 고하고 있다. 버튼을 누르는 것보다 말로 주문을 하는 것이 훨씬 편하기 때문이다. 실제로 인공지능 스피커가 빠르게 보급되면서 2019년 2월 아마존은 물리적인 대시 버튼의 판매를 중단한다고 밝혔다. 대신 웹이나 앱 및 디스플레이가 탑재된 에코 쇼와 같은 인공지능 스피커에서 사용할 수 있는 가상 대시 버튼 서비스는 계속 지원할 예정이다.[100]

인스턴트 쇼핑 디바이스의 진화

'원클릭 주문 버튼'이라고도 불리는 인스턴트 쇼핑 디바이스는 생수나 휴지, 세제처럼 별다른 고민 없이 반복적으로 구매하는 생필품을 버튼 클릭한 번으로 쉽고 편리하게 주문할 수 있도록 해준다. 그러나 때로는 일초도 걸리지 않는 버튼 누르는 일을 깜박해서 제때 주문을 하지 못하기도 한다. 만약 이런 상황을 자주 겪는 사람이 있다면, 그 사람에게는 주문을 쉽게 하도록 도와주는 장치보다는 자동으로 주문을 해주는 것이 더 바람직할 것이다.

제품을 자동으로 주문하는 방법에는 여러 가지가 있겠지만, 크게 주문해야 할 제품의 잔량을 확인한 후 일정한 시점에 주문을 하는 방법과 과거의 이용 패턴을 바탕으로 주문 시점을 결정하는 방법으로 나뉜다. 대상이 되는 제품이 무엇이냐에 따라 달라지겠지만, 전자의 방법은 센서를 이용하면 쉽게 구현이 가능하면서도 현재 상황을 바탕으로 하기 때문에 매우 유용한 방법이라고 할 수 있다. 반면, 후자의 방법은 충분한 데이터가 축적될 때까지 기다려야 하는 문제가 있으며 아무리 충분한 데이터가 축적되더라도 예측이 어려울 수도 있다. 따라서 제품의 잔량을 측정하는 방법이 더 현실적이라고 할 수 있다.

실제로 이런 접근법을 사용하는 제품들이 있다. 2015년에 출시된 월풀 Whirlpool의 세탁기인 스마트 카브리오 Smart Cabrio가 그 주인공인데, 이 제품은 인터넷에 연결되는 스마트 세탁기로 스마트폰 앱을 이용하여 집안이나 집밖에서 세탁을 개시하거나 세탁 진행 상황을 확인할 수 있다. 세탁하는 도중에 세탁 옵션을 변경하는 것이 가능하며 세탁이 종료되면 스마트폰을 통해 알려준다. 사실 이런 기능들은 최근에 출시되는 스마트 세탁기에서는 대부분 제공되는 기능들이다. 다만 월풀의 카브리오 세탁기에는 다른 스마트 세탁기에서는 제공되지 않는 기능이 하나 있다. 바로 자동으로 세제를 주문하는 기능이다.

월풀은 이 기능을 구현하기 위해 2015년 3월에 공개된 아마존의 대시 보충 서비스를 이용하고 있다.[101] 아마존의 DRS는 앞에서 소개한 아마존 대시 버튼의 소프트웨어 버전으로, 어떤 제품을 주문하기 위해서 사람이 버튼을 누르는 것을 디바이스가 대신한다. 즉, 커넥티드 디바이스가 특정한 상황이 되면 마치 버튼을 누르는 것처럼 주문 신호를 발생시킨다. 월풀 세탁기를 예로 들면, 세제가 떨어지면 자동으로 지정된 세제를 주문하게 된다. 사용자마다 세제를 이용하는 속도가 다를 수 있기 때문에, 세제의 주문 시점은 스마트폰 앱의 자동 주문 메뉴를 통해 설정할 수 있다.

세탁기를 통해 자동으로 주문되는 세제는 아마존을 통해 배송된다. 아마존 대시 완드나 대시 버튼을 이용할 때처럼 월풀 세탁기 앱에서 평소 이용하는 세제를 미리 설정해 놓으면 된다. 만약 세탁기에 남아 있는 세제가 스마트폰 앱에서 설정한 한계치에 도달하면, 세제는 사전에 저장해 놓은 결제 정보와 배송 정보를 바탕으로 자동으로 주문 및 결제되고 배송된다. 이렇게 되면, 세제가 떨어져서 세탁을 하지 못 하는 일은 발생하지 않을 것이다.

아마존의 대시 보충 서비스를 이용하는 기업은 월풀만이 아니다. 글로벌 주요 가전 제조사들은 대부분 이 기능을 이용한다. IFA 2019에서 LG전자도 유럽향 세탁기에 아마존의 DRS를 탑재한다고 밝힌 바 있다. 삼성전자, GE

가전, 하이얼, 보쉬, 지멘스 같은 가전 제조사들뿐만 아니라 HP나 엡손Epson, 브라더Brother 같은 프린터 제조사들도 프린터 토너를 자동으로 주문하기 위해 아마존의 대시 보충 서비스를 이용하고 있다. 이외에도 일리illy의 커피 머신은 원두커피를 자동으로 주문하며 브리타의 정수기는 정수기 필터를 자동으로 주문한다.[102]

자동 주문 제품의 확산

아마존만 대시 보충 서비스와 같은 자동주문 기능을 제공하는 것은 아니다. 미국의 종합유통기업인 타깃Target도 2018년 5월에 자동주문 서비스인 페치Fetch를 출시했다.[103] 타깃의 오픈하우스 혁신팀에서 개발한 이 서비스는 아마존의 DRS 서비스처럼 평소에 이용하던 생필품이 다 떨어져 가면 자동으로 해당 제품을 주문해주는 서비스다. 아직은 주방용 키친타월, 화장실용 휴지, 그리고 세제만 이용할 수 있다. 이를 위해서는 전용 디바이스를 이용해야 하며, 소모품이 언제쯤 다 떨어지고 언제 주문을 해야 할지를 예측한 후 스마트폰으로 알려준다.

이처럼 자동주문 기능을 이용하는 제품들에는 토너를 이용하는 프린터, 세제를 이용하는 세탁기, 필터를 이용하는 정수기나 공기청정기 등이 대표적이다. 이 제품뿐만 아니라 비슷하게 소모품을 이용하는 대부분의 전자제품이 대상이 될 수 있다. 쿼키Quirky의 커피머신은 커피 원두를 자동으로 주문하고 애완동물 자동급식 장치를 판매하는 오스터Oster나 클레버펫CleverPet

같은 회사들은 자동으로 사료를 주문하는 데 아마존의 DRS를 사용하며, 앞에서 소개한 수트로는 풀장 관리 용품을 주문하도록 하는 데 아마존의 DRS를 사용하고 있다.

그럼 다시 스마트 냉장고로 돌아가 보자. 스마트 냉장고 중에서는 아직까지 스스로 식품이나 식자재를 주문할 수 있는 냉장고는 없다. 냉장고용 스마트폰 앱에 대형 할인마트 계정을 연동하여 스마트폰으로 주문하는 것이 전부다. 혹은 냉장고 겉면에 중국집 스티커를 붙이듯이 대시 버튼을 붙이는 것이 그나마 가장 덜 고생스러운 쇼핑 방법일 것이다. 냉장고가 어떤 식자재를 주문해야 할지를 알 수 없기 때문이다. 사물인터넷 초기였던 2013년에 소개되었던 쿼키의 에그마인더Egg Minder 같은 제품을 활용하면 그나마 계란 정도는 자동으로 주문할 수 있다.

그러나 최근에 출시된 스마트 냉장고들은 여러 개의 카메라를 내장하고 있고 사물을 인식할 수 있는 인공지능으로 무장하고 있다. 굳이 별도의 하드웨어가 아니더라도 어떤 제품이 언제 냉장고 안에 들어왔고 소비되는 패턴이나 유효기간을 정확하게 파악할 수 있다. 이러한 기능이 스마트 냉장고와 결합하면, 자동으로 쇼핑 리스트를 만들어주거나 혹은 냉장고가 필요한 식자재를 직접 주문하는 것도 가능하리라 생각한다. 물론, 이런 패턴을 발견하기까지는 상당히 오랜 시간이 걸릴 것이다.

이러한 기술들은 집에서 아무런 노력 없이도 쇼핑하는 것effortless in-home shopping을 가능하게 한다. 나는 이를 '제로 클릭Zero-Click'이라 부른다. 어떤 용어를 사용하든 핵심은 고객을 이해함으로써 구매 과정을 자동화하고 고객들을 묶어 둔다는 것이다. 충성 고객을 만드는 것에 그치지 않고 마치 특정 브랜드나 제품의 포로로 만드는 것이다. 이를 위해서는 우선 고객들로 하여금 이런 장치나 기술들을 경험하게 하는 것이 그 무엇보다 중요하다. 많은 기업이 쇼핑 디바이스들을 저렴하게 공급하려는 이유가 여기에 있다.

가정간편식을 위한 스마트 오븐

2015년 데이비드 라비David Rabie와 브라이언 윌콕스Bryan Wilcox에 의해 설립된 토발라Tovala는 스마트 스팀 오븐Smart Steam Oven과 식사 구독 서비스를 제공하는 스타트업이다. 창업 당시 시카고 대학의 부스 경영대학원Booth School of Business에서 공부하던 데이비드는 짧은 시간에 건강하면서도 맛있는 식사를 만들어서 먹을 수 있는 방법을 고민하다가 토발라를 창업하게 된다.

당시에도 음식 재료와 레시피를 함께 배송해주는 블루 에이프런Blue Apron이나 플레이티드Plated 같은 식자재 배달 서비스가 존재하기는 했지만, 제대로 된 부엌이 없거나 요리에 익숙하지 않은 사람들이 요리를 하기 위해 준비하고 또 치우는 일은 만만치 않았다. 이러한 불편함은 데이비드가 토발라라는 스팀 오븐과 식사 구독 서비스를 만드는 계기가 된다.

토발라의 스마트 스팀 오븐

토발라 스팀 오븐과 식사 구독 서비스는 학생들처럼 요리를 할 수 있는 환경이 갖춰지지 않았거나 직장인들처럼 항상 시간에 쫓기는 사람들이 아주 간편하게 맛있는 요리를 해먹을 수 있게 도와준다. 배송된 즉석요리를 스팀 오븐에 넣고 요리 포장지에 표시된 QR코드만 인식하면 되기 때문이다. 그러면 스팀 오븐이 해당 요리에 적합한 방식으로 조리를 하게 된다. 사실상 노력이 들지 않는Zero Effort 식사를 가능하게 한 것이다.

어떻게 보면 편의점에서 즉석 도시락을 사서 전자레인지에 데워 먹는 것과 별로 다를 게 없는 것처럼 보이기도 하지만, 토발라 스팀 오븐은 전자레인지처럼 단순히 데우는 것이 아니라 요리의 종류에 따라서 바삭하게 굽기도 하고 촉촉함이 유지되도록 찔 수도 있다. 삼각김밥이 아니라 레스토랑에서나 맛볼 수 있는 고급 식사를 할 수 있는 것이다. 이렇게 다양한 요리 기능을 제공하기 위해서 토발라 스팀 오븐은 기존의 오븐에 작은 물탱크를 탑재하고 있다. 그리고 조리하고자 하는 음식의 종류를 확인하기 위해 바코드 리더기를 탑재하였고 와이파이를 이용해서 인터넷에 연결한다. 즉, 토발라 스팀 오븐이 바코드 리더기를 이용해서 조리해야 할 요리를 인식하게 되면 인터넷을 통해 다운로드받은 레시피에 따라 굽거나 데우거나 찌는 기능Bake, Broil, Steam을 자동으로 바꿔 가며 요리를 완성시킨다. 또한, 내장된 센서를 이용해서 오븐 내부의 열과 습도가 적절한지를 모니터링하며 실시간으로 필요한 조절을 한다.[104]

토발라의 스팀 오븐은 전자레인지와 달리 열과 수분을 이용해서 조리를 하기 때문에 요리 하나를 완성하는 데 10~30분 정도 걸린다. 증기를 이용한 재가열을 할 때도 전자레인지보다 2배 정도 긴 3~4분 정도 걸린다.[105] 조리 시간이 전자레인지를 이용하는 것보다는 길지만, 직접 요리를 준비하고 설거지를 하는 것보다는 1시간 이상 시간을 절약할 수 있다.

토발라 오븐에는 일반 전자레인지나 오븐에 있는 버튼들이 존재하지 않는다. 토발라의 즉석요리들은 QR 코드를 인식하면 조리 순서나 시간이 자동으로 설정되기 때문에 시작/정지 버튼 하나로 충분하다. 만약 일반적인 요리를 할 때는 스마트폰 앱을 이용해서 오븐의 온도나 가열 시간 등을 설정할 수 있다. 스마트폰을 이용하는 것이 사용자 편의성 관점에서는 올바른 선택이 아닐 수 있다. 그래서 2018년에 출시된 두 번째 버전에서는 기존의 오븐처럼 여러 개의 다이얼을 추가했다.[106]

토발라의 비즈니스 모델과 전략

토발라 스팀 오븐과 같은 스마트 스팀 오븐을 출시한 것은 토발라가 처음이 아니다. 준June의 인텔리전트 오븐Intelligent Oven 역시 식품 배송 서비스만 없을 뿐 토발라 오븐과 비슷한 제품이다. 하지만 이 제품은 바코드 스캐너를 포함하고 있지 않다. 대신 오븐 안에 인공지능 기반 카메라를 내장하고 있어서 오븐 내에서 어떤 요리가 조리되고 있는지 확인하는 것이 가능하다. 문제는 가격이 무려 1,500달러나 된다는 것이다.[107]

마코프Markov의 레벨Level이라는 스마트 오븐 역시 준의 인텔리전트 오븐처럼 컴퓨터 비전과 머신러닝 기술을 이용하고 있으며, 보쉬와 지멘스가 합작

226

해서 만든 BSH^{Bosch und Siemens Hausgeräte GmbH}도 2018년 말에 카메라를 내장한 스마트 오븐에 대한 특허를 출원한 바도 있다. 이외에도 최근 스마트 가전 제품을 만드는 기업들은 토발라 스팀 오븐과 비슷한 스마트 오븐을 판매하고 있다. 이닛^{Innit}도 내장된 카메라를 이용하여 식자재를 인식한 후 그에 맞는 레시피를 제안하고 자동으로 요리를 해주는 시스템이다.[108] 차이가 있다면 LG전자와 같은 가전제품 전문 제조사의 오븐을 이용한다는 것뿐이다.

이에 비해 토발라는 스팀 오븐을 판매하기보다는 자신들의 스팀 오븐을 기반으로 해서 식사 배달 서비스를 제공하는 데 주력하고 있다. 이를 위해 토발라는 스마트 스팀 오븐이라는 사물인터넷 디바이스와 밀플랜^{Meal Plan}이라는 식사 구독서비스를 결합한 비즈니스 모델을 사용하고 있다. 통상적으로 디바이스와 서비스가 결합되는 경우, 디바이스에서 발생하는 수익은 최소화하고 서비스 수익을 극대화하기 위해 노력한다. 그리고 사용자 기반을 늘리기 위해 디바이스의 가격을 최대한 낮게 유지하는 반면 서비스 이용자 기반을 늘리기 위한 다양한 노력을 전개한다. 토발라는 이러한 원칙을 충실히 따르고 있다.

대표적인 예로, 토발라는 2017년까지만 하더라도 399달러에 판매되던 토발라 스팀 오븐을 2019년부터는 12.5% 인하된 349달러에 판매하고 있다. 사실 399달러라는 가격도 1,000달러 이상 하는 타사의 스팀 오븐에 비하면 매우 저렴한 편이다. 그러나 더 많은 사용자가 토발라 스팀 오븐을 이용하게 만들기 위해 전략적으로 가격을 낮춘 것이다. 이를 통해 디바이스에서 발생하는 수익은 감소할 수 있으나, 사용자 기반을 확대함으로써 식사 구독서비스에서의 수익을 키울 수 있다.

토발라는 스마트 오븐의 가격 인하 외에도 사용자 기반 확대를 위해 두 가지 서로 다른 어프로치를 이용한다. 하나는 토발라 스팀 오븐 구매 고객들에게는 한 개에 12달러인 즉석요리를 3개나 무료로 제공한다. 토발라 스팀 오븐 구매자들에게 토발라가 제공하는 즉석요리를 제공함으로써 오븐의 이용법도 익히고 식사 배달 서비스도 체험해 보라는 의미다. 이를 통해 식사 배달 서비스 가입자를 확대를 꾀한다. 또 다른 방법은 식사 구독서비스에 가입하는 사람들에게는 스팀 오븐을 추가로 30% 정도 할인된 249달러에 판매하는 것이다. 즉, 오븐 구매 부담을 낮춤으로써 더 많은 사람이 오븐과 함께 구독서비스를 가입하도록 유도한다. 스팀 오븐 할인 가격을 식사 구독서비스 수익에서 충분히 벌충할 수 있기 때문에 가능한 일이다.

이외에도 6개월 동안 무료로 이용해 볼 수 있도록 하고 있다. 마음에 들지 않으면 언제라도 어떠한 이유로라도 무료로 반납할 수 있다. 이런 방법을 사용하는 것은 식자재만 충분히 판매할 수 있다면 손해를 보지 않기 때문이겠지만, 자신들의 제품과 서비스에 자신감이 없다면 불가능한 일일 것이다. 이외에도 3개월, 6개월, 12개월 할부로 제품을 구매할 수도 있다. 12개월 할부인 경우 한 달에 20.75달러만 내면 되며, 할부 수수료는 없다.

토발라의 식사 구독 서비스

토발라의 식사 구독서비스인 토발라 밀플랜은 블루 에이프런이나 헬로 프레쉬, 플레이트가 제공하는 밀킷Meal Kit 구독 서비스와 비슷하면서도 다르다.

블루 에이프런과 비슷하게 밀킷 서비스를 제공하던 회사들 중에 스푼로켓 Spoonrocket은 2016년 문을 닫았고 스프리그Sprig는 2017년에 문을 닫았다. 블루 에이프런의 경우 다듬고 정리된 식자재와 함께 이 재료를 이용해서 요리를 할 수 있는 레시피를 함께 제공하는 반면, 토발라 밀플랜은 단순히 조리만 하면 된다. 이런 점에서는 완성된 요리를 배달하는 먼처리Munchery나 도어대쉬DoorDash 같은 기업과 가깝다고 할 수 있다.

블루 에이프런이 한 끼 식사로 먹을 수 있도록 식자재를 작게 포장해서 일주일에 한 번 배송해주는 것처럼 토발라 밀플랜은 3개 혹은 6개의 즉석요리를 일주일에 한 번 배송해준다. 즉석요리 하나의 가격은 12달러로 3개인 경우 36달러, 6개인 경우 72달러에 이용할 수 있다. 식사의 품질이 뛰어나며 배송비가 포함되어 있고 식사 준비에 들어가는 시간이나 노력을 줄여준다고는 하지만, 소비자 입장에서는 다소 비싼 것이 흠이다.

회사가 설립된 지 얼마 되지 않아서 그런지는 모르겠지만, 토발라 밀플랜에서는 저녁 메뉴만 제공하고 있다. 하지만 다양한 소비자층을 위해서는 비교적 가격이 저렴한 메뉴들뿐만 아니라 아침이나 점심 메뉴의 개발도 필요해 보인다. 아직은 토발라 소속 셰프들이 개발한 메뉴만을 제공하고 있지만, 토발라 오븐 사용자들이 직접 개발한 메뉴와 레시피를 다른 사람들과 공유할 수 있도록 하는 것도 토발라의 부족한 부분을 메우고 관련 서비스 생태계를 확대하기 위한 하나의 방편이 될 것이다.

밀레의 엠셰프MChef와 지멘스의 홈커넥트Home Connect

토발라처럼 가전제품을 이용하여 가정간편식을 판매하려는 기업이 하나 둘 늘고 있다. 밀레Miele나 지멘스, 보쉬와 같은 독일 기업들이 대표적이다. 이들 중 밀레는 2018년에 전기 오븐과 함께 이용할 수 있는 식자재 배달 서비스인 '엠셰프MChef'를 출시했다. 엠셰프는 밀레가 2017년 소개한 '다이얼로그 오븐Dialog Oven'과 함께 이용할 수 있는데, 이 오븐은 기존의 다른 오븐이나 전자레인지와는 다르게 보다 정밀하게 음식을 조리할 수 있다. 예를 들면, 접시 위에 놓인 생선과 야채를 인식하여 각각의 재료에 적합한 온도와 시간으로 조리하는 것이 가능하다. 다이얼로그 오븐은 이런 기능을 이용해서 동시에 6개까지 서로 다른 요리를 조리할 수 있다고 한다.[109]

사용자들이 엠셰프 서비스를 이용해서 원하는 요리를 주문하면 고급 레스토랑급의 요리 재료들이 도자기로 된 전용 용기에 담겨서 조리 직전의 상태로 배달된다. 식자재를 받은 사용자들은 다이얼로그 오븐을 통해서 요리에 해당하는 레시피를 선택하기만 하면 된다. 엠셰프에는 100개 정도의 요리 레시피가 내장되어 있으며, 이 숫자는 향후 지속적으로 늘어날 예정이라고 한다. IFA 2019에서 보쉬와 지멘스는 밀레의 엠셰프와 비슷한 홈커넥트 서비스를 공개했다. 홈커넥트는 스마트홈 서비스 강화를 위해 보쉬와 지멘스가 공동으로 설립한 BSH가 제공하는 서비스다. 그러나 스마트홈 서비스 확장을 위해 보쉬와 지멘스 외의 다른 가전제조사는 물론 서비스 회사와도 연계하고 있다. 현재 약 40개 이상의 파트너들과 협력하고 있으며 유럽에서 가장 큰 규모의 파트너 네트워크를 제공한다.

홈커넥트 플랫폼에 참여하는 파트너사들은 크게 6개 분야로 구분된다. 6개 분야는 스마트 가전을 중심으로 하는 스마트홈Smart Home, 인공지능 비서를 포함하는 음성 비서Voice Assistants, 식자재와 레시피Foods and Recipes, 쇼핑과 주문Shopping and Ordering, 에너지 관리Energy Management, 그리고 이들을 연결하고 관리하는 서비스Connected Devices & Services Management and Control이다. 각 분야에 참여하는 기업들은 아래 표를 참고하기 바란다.

밀레의 엠셰프와 보쉬-지멘스의 홈커넥트는 기존의 커넥티드 디바이스 중심의 스마트홈을 서비스 중심의 스마트홈으로 바꾸려 한다는 점에서 시사

분야	파트너
스마트홈	Bosch Smart Home, Nest, iHaus, Josh.ai, Homey, Conrad Connect, Kimocon, Olisto
음성 비서	Amazon Alexa, Google Assistant
식자재와 레시피	Kitchen Stories, Chefling, HelloFresh, MyTaste, Simply Yummy, Drop, Innit, Kochhaus
쇼핑과 주문	Amazon DRS, Finish 365
에너지 관리	SMA
연결 및 관리 서비스	IFTTT, Fitbit, Flic, LaMetric, EVE Connect, Digitalstrom

〈파트너 유형별 홈커넥트 플랫폼 참여 기업들〉

하는 바가 크다. 이제 더 이상 디바이스 중심의 스마트홈, 스마트시티는 올바른 방향이 아니라는 방증인 것이다. 실제로 내가 자문을 하고 있는 삼성물산 건설 부문도 디바이스 중심의 스마트홈을 서비스 중심의 스마트홈으로 바꾸려 하고 있기 때문이다.

아쉬운 점이 있다면, 밀레나 보쉬, 지멘스가 제공하는 서비스를 이용하기 위해서는 적어도 1,000달러 이상의 가격으로 판매되는 스마트 오븐을 구매해야 한다는 것이다. 물론, 타깃 고객군이 다를 수도 있겠지만, 토발라의 스마트 스팀 오븐보다 4배나 비싼 제품이 많이 보급될 리는 만무하다. 가전제품 제조만 전문으로 하는 기업들이 플랫폼 기반의 비즈니스에서 사용자 기반이 중요한 것을 잘 모르고 있는 탓이다.

가전제품의 판매를 돕는
스마트 디바이스

2015년에는 과학기술정보통신부에서 주관하는 사물인터넷 아이디어 공모전에 한 아이디어를 제안한 적이 있었다. 이 아이디어는 스마트 리모컨과 스마트 플러그를 결합한 것이었는데, 디바이스 자체에 대한 아이디어가 그렇게 새롭다거나 혁신적인 것은 아니었다. 당시만 하더라도 다수의 상용 스마트 플러그가 판매되고 있었고 스마트 리모컨 제품들도 막 출시되던 때였기 때문이다.

그럼에도 불구하고 이 아이디어는 약 10여 팀이 겨루는 최종 결선까지 진출했다. 입선만 해도 수천만 원의 연구개발비를 지원받을 수 있었고 상위권에 랭크되는 경우 억 단위의 지원금을 받을 수 있었지만 상황이 여의치 않아서 스스로 본선 진출을 포기해야만 했다. 이미 다른 공모전에서 입상한 아이디어를 상품화하는 중이어서 여력도 없었고, 잘못하다가는 아이디어만 공개하는 결과가 될 수도 있었기 때문이다.

그런데 지금 그 아이디어를 공개하려고 한다. 관련 내용에 대해 특허를 출원할까 생각하기도 했지만 기술보다는 비즈니스 모델과 관련된 것이어서 특허 등록도 쉽지 않을 것 같았고, 등록이 되더라도 조금만 변형하면 특허를 피해 가는 것이 어렵지 않다고 생각되었기 때문이다. 또한 이제는 비슷한 생각을 하는 분들도 조금씩 보이기에, 누구든지 이 아이디어에 생명을 불어넣어 주었으면 하는 바람이다.

스마트 디바이스가 아닌 가전제품 판매가 주목적

사실 이 아이디어와 관련해서는 국내 이동통신사에 홈 IoT 제품을 공급하고 있는 사물인터넷 디바이스 전문기업인 그립Grip과 협업을 하고 있다. 이미 그립은 스마트 플러그 및 스마트 리모컨 제품과 관련 기술들을 보유하고 있어서 협업을 하기 좋았다. 그립 역시 이 제품들을 다른 사물인터넷 디바이스 제조사들과 비슷한 방식으로 판매를 하고 있다. 다만 차이가 있다면, 개인들에게 직접 판매하기보다는 통신사를 주된 유통 채널로 활용한다는 것이다.

그립과 함께 개발하고 있는 제품은 엄밀하게는 미세먼지 측정 장치에 창문형 디스플레이와 스마트 리모컨 기능을 추가한 것이다. 이 장치는 중소형 매장의 창문에 설치되어 이용되기를 기대하고 개발하는 제품인데, 실내의 미세먼지 정보를 측정하여 실외의 미세먼지 정보와 함께 표시해주는 장치다. 즉, 매장 내의 미세먼지 상태가 좋다는 것을 알림으로써 고객들이 안심하고 매장에 들어와서 쇼핑도 하고 서비스도 이용할 수 있게 하는 것이다. 그런데 이 장치가 제 기능을 발휘하기 위해서는 매장 내의 공기 상태가 매장 밖의 공기 상태보다 좋아야 한다. 매장 내의 미세먼지 수치가 매장 밖보다 높다면 오히려 역효과가 날 것이기 때문이다. 이를 위해 미세먼지 측정 장치에 포함된 스마트 리모컨이 매장 내에 설치된 공기청정기를 제어해 매장 밖보다 깨끗한 상태를 유지한다. 최신형 사물인터넷 공기청정기의 경우 사물인터넷 플랫폼을 통해 제어되지만, 구형 제품의 경우 IR 리모컨을 이용해서 제어된다.

사실 이런 기능은 새로운 것이 아니며 어떤 디바이스 제조사들이나 쉽게 개발해서 판매할 수 있다. 그러나 대부분의 경우 실패로 끝난다. 미세먼지 측정 장치의 가격이 생각보다 비싸서 판매량이 많지 않기 때문이다. 통상적으로 어떤 제품의 판매가격은 부품 원가의 3~4배에 달하는데, 이를 고려하면

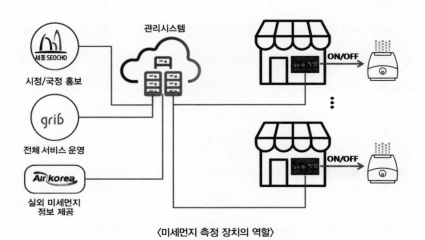

〈미세먼지 측정 장치의 역할〉

A4 크기의 LED 패널을 포함한 미세먼지 측정 장치의 가격이 60~70만 원은 되어야 한다.

그립도 마찬가지다. 통상적인 기준에 따라 스마트 리모컨 기능을 포함한 미세먼지 측정 장치를 판매할 것이다. 하지만 미세먼지 측정 장치와 공기청정기를 함께 번들로 구매하는 경우에는 미세먼지 측정 장치의 가격을 40% 정도 할인된 가격에 제공한다. 이 말은 미세먼지 측정 장치를 구입하는 경우 공기청정기를 그만큼 저렴하게 구매할 수 있게 된다는 것을 의미한다.

그립이 손해를 보면서까지 미세먼지 측정 장치를 저렴하게 판매하는 이유는 기본적으로 공기청정기와의 결합 판매를 통해 약간의 수익을 보상받을 수 있고, 장기적으로는 공기청정기 외에 가습기라든지 에어컨 같은 다른 생활가전들의 판매를 이끌어 낼 수 있으며, 이 과정에서 추가적인 판매 수수료를 만들어 낼 수 있기 때문이다. 물론, 미세먼지 측정 장치를 활용해서 공기청정기 외에 추가로 다른 가전제품을 판매할 수 있을지는 아직 모르는 일이다. 하지만 그립은 그에 대한 구체적인 전략과 이에 필요한 데이터 분석 기술을 보유하고 있다. 그리고 이외의 다른 비즈니스 모델들도 필자가 제공한 바 있다. 가전제품 제조사나 양판점의 마케팅 기법과 결합된다면 충분히 적은 비용으로 커다란 성과를 얻을 수 있으리라고 생각된다.

수익성 확대를 위한 노력

뒤에서 사물인터넷 기반의 플랫폼 전략을 다룰 때도 언급하겠지만, 사물인터넷 기반의 비즈니스에서 핵심은 사용자 기반을 확보하는 것이다. 즉, 저렴한 가격에 사물인터넷 디바이스를 다량 보급하는 것을 말한다. 여기서 중요한 것은 이 과정에서 디바이스 제조사가 재무적인 문제에 직면하지 않도록 하는 것이다. 이를 위해 그립은 공기청정기와의 결합 판매를 통해 수익은 거의 발생하지 않더라도 손해를 보지 않는 방식으로 디바이스를 보급하려 한다.

그다음으로 해야 할 일은 디바이스를 활용해서 수익을 극대화하는 것이다. 이를 위해 이미 보급한 사물인터넷 디바이스를 이용해서 추가적으로 다른 제품을 판매하거나 디바이스와 관련된 서비스를 제공하게 된다. 그립은 미세먼지 측정 장치를 이용해서 공기청정기 이외의 다른 생활가전을 판매할 때 추가적인 수익이 발생하는 것을 기대하고 있다. 그러나 사물인터넷 디바이스를 이용해서 다른 제품을 판매한다는 것이 그리 쉬운 일이 아니다. 특히 전문 전자제품 양판점도 아닌 회사가 다른 가전제조사의 제품을 판매한다는 것은 사실상 불가능에 가깝다. 미세먼지 측정 장치를 통해서 특정한 생활가전을 추천한다고 하더라도, 고객들은 그 추천 제품을 구매하기보다는 저렴하게 구입할 수 있는 쇼핑몰을 통해서 자신들이 원하는 제품을 구매하려 할 것이다.

그래서 그립은 다른 생활가전 제품의 판매보다는 연동 제어 기능을 판매하는 데 초점을 맞추고 있다. 예를 들면, 그립을 통해 구매하지 않은 제품들은 자동 제어 기능을 이용하기 위해서는 별도의 이용 수수료를 내도록 할 예정이다. 아직 그 금액은 정해지지 않았으나, 크게 부담스럽지 않은 가격이 될 것으로 생각한다. 이렇게 하면 측정 장치를 이용해서 다른 제품을 판매하지 않더라도 다른 수익원을 만들 수 있다. 또 다른 수익원으로는 LED 패널을 이용한 광고 서비스 제공이 있다. 평소 LED 패널에는 매장 내부와 외부의 미세먼지 값이나 온습도, 시간, 해당 매장의 이름 등을 표시하는데, 필요에 따라 광고 서비스를 제공할 수도 있다.

광고 서비스는 해당 매장을 광고할 수도 있으며 필요에 따라서는 매장과 관련된 다른 기업의 광고를 노출시킬 수도 있다. 삼겹살집에 설치된 장치에서는 한돈 같은 브랜드 돈육이나 맥주나 소주 같은 주류 광고 등을 노출 하는 식이다. 은행이나 증권사 매장의 경우에는 새로운 금융 상품이나 환율 정보 등을 보여줄 수도 있다. 광고 서비스는 해당 디바이스를 구입한 매장주들이 직접 설정을 할 수도 있으며, 그럽에서 제공하는 광고 플랫폼을 이용할 수도 있다. 특히, 전체 미세먼지 측정 장치를 이용한 브랜딩 광고 서비스도 제공할 수 있는데, 미세먼지 측정 장치의 규모에 따라 광고 매출의 규모도 상당히 커질 수 있다. 광고에 따른 매출의 일부는 매장과 공유될 수도 있을 것이다.

이외에도 추가로 생각해 볼 수 있는 수익 모델이 여럿 있다. 이런 수익 모델은 디바이스의 보급 대수가 늘어나고 디바이스의 이용 패턴 등 수집되는 데이터의 양이 많아질수록 더욱 다양해질 것이라고 본다. 현재까지는 대부분의 서비스가 실외 공간에 대한 미세먼지 정보만 제공하고 있기 때문에 실내 공간에 대한 미세먼지 정보는 충분히 비즈니스적인 가치를 제공할 수 있다고 생각한다.

1-Click에서 0-Click으로

지금까지 살펴본 것처럼 스마트 디바이스가 다른 제품의 판매를 촉진하는 것은 다양한 형태로 나타날 것으로 보인다. 미세먼지 측정 장치를 이용해서 공기청정기나 다른 생활가전 제품들을 판매할 수도 있으며 스마트 버튼이나 스마트 가전을 이용해서 생필품이나 소모품을 주문할 수도 있을 것이다. 혹은 스마트 가전을 이용해서 가정간편식을 주문하거나 인공지능 스피커를 이용해서 이러한 일들을 대신할 수도 있을 것이다.

디바이스의 형태가 달라지고 주문하는 제품들의 유형이 달라질 수는 있겠지만, 스마트 디바이스를 이용해서 필요한 제품을 간단히 주문하는 일은 머지않아 일상화될 것으로 생각된다. 여기서 주목해야 할 것은 스마트 디바이스를 통해 주문하는 제품이나 서비스들은 일정한 주기나 패턴을 띨 가능성이 크다는 사실이다. 물론 이는 사용자에 따라 전적으로 다르겠지만, 어떤 제품이나 서비스에 대한 소비 패턴을 알 수 있다면 고객들이 주문하기 전에 해당 제품이나 서비스를 먼저 제공하는 것도 가능해짐을 의미한다.

나는 이처럼 사용자들이 주문하기 전에 제품 판매자나 서비스 제공자들이 먼저 제품이나 서비스를 제공하는 것을 두고 '제로 클릭 서비스0-Click Service' 혹은 '제로 클릭 경제0-Click Economy'라고 부른다. 즉, 고객들이 제품 구매를 위해 시간과 수고를 들이지 않아도 서비스 제공자가 고객에게 필요한 제품이나 서비스를 제공해주는 시대가 조만간 펼쳐질 것이며, 이에 대한 준비를 해야 한다는 것이다. 이것은 다음 섹션에서 다룰 스마트 디바이스와 서비스의 결합에 있어서도 그대로 적용된다.

제로 클릭 서비스와 관련해서는 이미 다양한 사례들이 등장하고 있다. 비록 디바이스에 내장된 센서 데이터를 바탕으로 필요한 소모품을 미리 주문하는 것이기는 하지만, 앞에서 소개한 아마존의 대시 보충 서비스가 제로 클릭 서비스의 대표적인 예에 해당한다. 이외에도 아마존은 제로 클릭 쇼핑을 위한 다양한 노력을 하고 있는데, 2012년에 출원한 '선행배송에 대한 방법 및 시스템Method and System for Anticipatory Package Shipping'에 대한 특허도 있다.[110] 이 특허에서는 협업 필터링Collaborative Filtering 기법을 이용하여 고객들의 과거 주문 이력 및 관심사를 바탕으로 고객이 주문하지도 않은 제품을 선제적으로 배송해준다.

이 특허를 바탕으로 하는 서비스들이 최근에 하나둘 소개되고 있다. '프라임 워드로브Prime Wardrobe' 서비스는 고객이 주문하기도 전에 알아서 의류 및 패션 용품들을 고객에게 배송해주는 구독형 서비스다. 유아용 도서 구독 서비스인 '프라임 북박스Prime BookBox' 서비스는 주문자의 자녀들에게 적합한 책들을 선정하여 정기적으로 보내주는 서비스다. 아직 구체적으로 드러나고 있지는 않지만, 이런 시도는 식료품 분야에서도 나타날 것이 분명하다. 이러한 제로 클릭 서비스들은 고객이 주문하지 않은 상품을 판매한다는 점에서 기업들에게는 매우 중요한 시장 전략이 될 수 있다. 이는 그동안 수동적이고 사후적이었던 시장 전략을 능동적이고 선제적인 것으로 바꿀 것이기 때문이다. 제로 클릭과 관련된 비즈니스 활동은 그 활동을 하자마자 결과를 알 수 있다는 점에서 기업들이 신속하게 자신들의 전략이나 상품 추천 알고리즘, 고객 관계 관리 전략 등을 수정할 수 있다는 장점도 있다.

하지만 고객이 주문하지도 않은 상품을 결제 전에 제공해야 하므로 그만큼 위험도 따를 수 있다. 제로 클릭 서비스가 고객들을 기쁘고 즐겁게 하기는커녕 그들의 기분을 상하게 한다거나 불편하게 만들 수도 있기 때문이다. 따라서 배송 및 반송에 대한 기술적인 부분들뿐만 아니라 그에 따른 비용적인 리스크도 감수해야 하며 제로 클릭 서비스에 대한 고객들의 반응에 대한 객관적인 분석 능력도 필요할 것이다.

Section
8

생활 서비스에 스마트
디바이스를 더하다

도미노피자Domino's Pizza는 2013년 35억 개의 피자를 미국에서 판매했다. 그리고 그로부터 4년이 지난 2017년에는 59억 달러 치의 피자를 판매하며 역사상 처음으로 피자헛Pizza Hut을 누르고 미국 피자 시장에서 1위에 올라섰다.[111, 112] 그사이 피자 업계 1위였던 피자헛의 매출은 오히려 57억 달러에서 55억 달러로 줄었다.

　도미노피자가 미국 피자 시장의 1위가 된 이유에는 여러 가지가 있겠지만, 피자 판매를 활성화하기 위해 일찍부터 스마트 디바이스를 이용하고 고객들이 생성한 데이터를 분석하여 신제품 개발에 활용한 것이 큰 역할을 했다고 본다. 경쟁사들보다 일찍 디지털 전환을 위해 노력했던 것이다. 도미노피자는 이러한 전략을 '도미노스 애니웨어Domino's Anyware'라 부르는데, 말 그대로 어떠한 수단을 이용해서라도 도미노의 피자를 주문할 수 있도록 하겠다는 것을 의미한다.[113]

　실제로 도미노피자의 고객들은 아마존의 대시 버튼과 같은 주문형 장치를 이용해서 피자를 주문할 수 있으며 음성인식 기능이 지원되는 인공지능 스피커나 자동차, 스마트워치를 이용해서도 피자를 주문할 수 있다. 또한 엑스박스를 이용해서 게임을 하다가도 피자를 주문할 수 있고 스마트 TV를 보다가도 피자를 주문할 수 있다. 놀랍게도 업무용 메신저인 슬랙slack에서도 피자를 주문할 수 있으며 도미노피자의 트위터인 @DOMINOS에 트윗을 날리는 것만으로도 피자를 주문할 수 있다.

더 놀라운 것은 '제로 클릭Zero Click' 앱이다. 도미노의 제로 클릭은 앞에서 소개한 제로 클릭 서비스나 제로 클릭 경제와는 다른 개념인데, 추가적인 버튼 클릭 없이 피자를 주문할 수 있다는 의미다. 즉, 스마트폰에 설치한 제로 클릭이라는 앱을 실행시키기만 하면 이전에 주문했던 피자가 자동으로 주문 되고 결제까지 된다. 만약 주문을 취소한다거나 다른 피자를 주문하고자 한다면, 앱이 실행된 후 10초 이내에 취소 버튼을 누르기만 하면 된다.

다른 피자 주문 앱들과 달리 앱만 실행시키면 아무런 버튼 클릭 없이도 피자를 주문할 수 있다는 점에서 제로 클릭이 맞다고 볼 수도 있겠지만, 엄밀하게는 이 앱을 실행시키기 위해서 클릭해야 한다는 점에서 제로 클릭이 아닌 것이다. 또한 필자가 주장하는 선행 자동 주문의 개념도 아니다. 하지만 이처럼 다양한 방식으로 쉽게 피자를 주문할 수 있도록 하려는 노력이 지금의 도미노를 피자 업계 1위로 만든 것은 부인할 수 없는 사실이다.

이번 섹션에서는 도미노피자처럼 기존 서비스를 활성화하기 위해 스마트 디바이스를 사용하는 사례들을 보험 서비스, 출동 보안 서비스, 생활 서비스 분야로 나누어서 살펴보도록 하겠다. 또한 마지막 절에서는 이러한 스마트 디바이스 기반의 서비스들이 미래의 스마트홈과 스마트시티에서도 중요한 역할을 할 것임을 함께 생각해 보도록 하겠다.

프로그레시브의 스냅샷과
UBI 보험

2000년대 초반, 당시 교보AXA 다이렉트 보험은 '적게 타면 할인받는 AXA 마일리지 자동차 보험'이라는 광고 카피를 내세우면서 공격적인 TV 광고를 진행한다. 이 상품은 1년 동안의 주행 거리가 7,000km 이하인 고객들에게 보험료의 5~5.6%를 할인해주는 일종의 마일리지 특약 상품이었다. 할인 혜택이 크지는 않았지만, 아무런 사고도 없이 매년 적지 않은 자동차 보험료를 내야 했던 운전자들에게는 매력적인 상품이었다.

교보AXA 다이렉트의 마일리지 특약 상품이 인기를 끌기 시작하자 다른 보험사들도 주행 거리에 따라 보험료를 할인해주는 마일리지 특약 상품을 잇달아 출시했다. 기존 상품에 비해 할인율도 키웠을 뿐만 아니라 주행거리 구간에 따라 할인율을 달리하기도 했다. 그 결과 2016년에는 개인용 자동차 보험 가입 차량의 36.3%에 해당하는 553대가 마일리지 특약에 가입했다.114) 자동차 보험 서비스에 적용한 사용량 기반의 비즈니스 모델이 빛을 발한 것이다.

마일리지 특약이 고객들로부터 좋은 반응을 이끌기는 했지만, 문제가 없지는 않았다. 계약 기간 동안의 주행 거리를 확인하기 위해서는 계약 개시일과 종료일에 본인을 확인할 수 있는 신분증과 함께 계기판의 주행 거리를 촬영해서 보험사에 제공해야 했는데, 1년에 두 번 사진을 찍어서 전송하는 것이 대수로운 일이 아니었지만, 제때 사진을 찍어서 전송하지 못하는 사람부터 주행 거리를 조작하려는 사람들까지 별의별 일들이 일어났다. 결과적으로 전체 마일리지 특약 가입자의 38.8%는 보험료 할인 혜택을 전혀 받을 수 없었다. 만약 주행 거리를 측정할 수 있는 장치가 있어서 이 과정이 자동화되었으면 어땠을까? 아마 보험사와의 분쟁이 발생하지 않을 뿐만 아니라 마일리지 특약에 가입한 모든 사람이 어떠한 불편함도 없이 할인 혜택을 받을 수 있었을 것이다.

그런데 그것이 지금은 가능해졌다. 바로 OBD2On-Board Diagnostics II라는 장치 덕분이다.115) 자가진단 장치라고도 불리는 OBD는 차량과 관련된 다양한 부품들의 상태를 사용자들에게 알려주기 위해서 개발된 일종의 통신 프로토콜이다. 1996년 이후에 출시된 모든 자동차는 OBD의 두 번째 버전인 OBD2 포트를 탑재하고 있는데, 자동차 부품들의 상태뿐만 아니라 주행거리는 물론 주행 속도, 운행 시간대, 주행 장소를 알 수 있고, 거기에 더해 급가속, 급정거 등 운전자의 운전 습관에 대한 정보도 제공해준다.

이후 보험사들은 OBD2 장치를 이용한 운전자의 운전 행태를 기반으로 보험료를 산정하는 UBI 보험상품들을 속속 출시하기 시작했다. 미국의 프로그레시브Progressive가 대표적이며, 아메리칸 패밀리 보험American Family Insurance이나 메트로마일 등도 유명하다. 또한, 최근에는 관련 정보를 활용하여 테슬라나 도요타 같은 자동차 회사들이 직접 자동차 보험상품을 출시하기도 한다.

프로그레시브의 스냅샷

프로그래시브는 1990년대 말부터 보험료를 결정하는 데 인구통계학적인 데이터뿐만 아니라 텔레매틱스 기술을 적극적으로 활용해온 보험사다. 2011년 3월에 출시된 UBI 상품을 위해서도 3년간 20억 마일에 대한 운전 데이터를 수집하고 분석했을 정도다.[116] 그로부터 3년 뒤인 2014년 3월에는 100억 마일에 대한 운전데이터를 수집하고 분석했다고 한다.[117]

프로그레시브의 UBI 보험에 가입한 고객은 '스냅샷Snapshot'이라고 불리는 OBD2 장치를 무상으로 제공받는다. 고객들은 운전석 아래의 OBD2 포트에 이 장치를 꽂기만 하면 모든 것이 끝난다. 프로그레시브의 UBI 보험 가입자들의 보험료 할인 여부는 스냅샷이라 불리는 첫 번째 정책 기간(6개월) 동안의 주행 이력을 바탕으로 결정된다. 물론, UBI 보험에 가입하기만 해도 스냅샷 기간 동안 평균 25달러의 할인 혜택을 받을 수 있으며, 스냅샷 기간을 종료하게 되면 운전 패턴에 따라 최대 30%까지 할인 혜택을 받게 된다. 프로그레시브의 UBI 보험 가입자들의 평균 할인 혜택은 130달러에 달한다고 한다.[118]

프로그레시브의 UBI 보험 가입자는 2017년 현재 전체 보험 가입자의

35%에 달한다. 2013년 UBI 보험 가입자가 전체 보험 가입자의 10% 정도인 100만 명이었던 점을 고려하면 4년 사이에 3.5배나 증가한 셈이다. 할인 혜택을 받을 수 있는 대상자가 전체 보험 가입자의 1/3 수준인 점을 감안하면 대상이 되는 모든 가입자가 UBI 보험을 이용하고 있다고 말할 수도 있을 것이다. UBI 보험 가입자의 비중은 해가 갈수록 증가하고 있는데, 가장 큰 이유는 UBI 보험 가입자들의 비용 절감 효과가 크며 보험 유지 기간이 비가입자 대비 19% 이상 길게 나타나기 때문이다. 연간 130달러에 달하는 할인 혜택 중 100달러 정도가 재계약 시점에 제공되는데, 이는 자연스럽게 보험 유지 기간을 연장하게 한다. 결국 프로그레시브는 신규 가입자를 유치하는 비용마저도 줄여주므로 비용 부담이 크게 줄어들게 되는 것이다.

프로그레시브의 CEO인 트리시아 그리피스Tricia Griffith는 주주에게 보내는 편지에 스냅샷을 이용한 UBI 보험은 시간이 지나면서 '뉴노멀'이 될 것이라고 이야기한 바도 있다.[119] 하지만 이는 과도기적인 수단이 될 것이며, 장기적으로는 자동차가 직접 제공해주는 데이터를 활용할 예정이다. 실제로 GM과는 2016년 이후 모델에 대해서 자동차가 직접 데이터를 제공해주는 것에 대해 협의한 바 있다.[120] 그리고 뒤에서 소개되는 것처럼 도요타나 테슬라는 직접 자동차 보험사와 관련 상품을 출시하기도 했다.

현재 프로그레시브의 UBI 보험은 알래스카, 캘리포니아, 하와이, 노스캐롤라이나를 제외한 46개 주에서 가입이 가능하며, 2016년 12월에는 미국의 4개 주에서 스냅샷 모바일 서비스를 시작했다. 스냅샷 모바일 서비스는 OBD 장치를 사용하지 않고 국내의 DB손해보험에서 제공하는 서비스처럼 스마트폰 앱을 이용하게 된다. 프로그레시브 외에도 다수의 기업들이 OBD

장치를 이용한 UBI 보험상품을 출시했다. 이탈리아의 최대 보험사인 게네랄리 세구로스Generali Seguros는 2013년 2월 스페인에서 파고 꼬모 꼰두즈꼬Pago Como Conduzuco라는 UBI 상품을 출시한 바 있다. 'Pago Como Conduzuco'는 영어의 'Pay As You Drive'에 해당하는 것으로 상품명만으로는 뒤에서 소개할 메트로마일의 상품과 비슷해 보이지만 이 상품 역시 프로그레시브처럼 운전자의 운전 습관, 주행 거리, 운전 시간대 및 지역 등을 바탕으로 보험료를 할인해준다. 다른 상품들에 비해 할인 폭이 최대 40%에 달할 정도로 크다.

프로그레시브나 게네랄리 세구로스 외에도 전 세계적으로 80여 개 이상의 보험사가 UBI 혹은 PAYD 형태의 자동차 보험을 출시하고 있다. 미국 보험사인 스테이트 팜State Farm의 '드라이브 세이프&세이브Drive Safe&Save'나 올스테이트Allstate의 '드라이브와이즈Drivewise'가 대표적이다. 이들은 운전 패턴에 따라서 보험료를 5~15% 할인해준다. 국내에서도 흥국화재나 메트라이프Metlife가 UBI 보험을 출시하기 위해 파일럿을 진행하기도 했다. 이처럼 다수의 자동차 보험사들이 UBI 보험을 출시하는 이유는 다음과 같이 네 가지로 요약될 수 있다. 첫째, 보험료 할인 혜택을 통해 더 많은 고객을 확보할 수 있다. 둘째, 확보한 고객을 더 오래 유지할 수 있다. 셋째, 손해율을 낮출 수 있다. 넷째, 고객 데이터를 기반으로 새로운 사업을 추진할 수 있다.

즉, 신규 고객을 유치하거나 기존 고객을 유지하기 위한 비용을 줄일 수도 있으며 사고 발생률을 낮춤으로써 추가적인 비용을 줄일 수 있게 된다. 그리고 고객들의 주행 관련 데이터를 활용해서 자동차 용품의 판매, 자동차 정비, 여행 및 취미 관련 산업과의 연계 사업을 추진할 수도 있다.

미래지향적인 보험사라면 이 중에서 네 번째 이유에 주목해야 할 것이다. 고객의 데이터를 기반으로 이동과 관련된 산업과의 융합 서비스를 출시하거나 마케팅 제휴를 할 수 있고, 새로운 융합 서비스를 출시하는 과정에서 자신들의 강점인 신규 보험상품을 개발할 수도 있다. 예를 들면, 여행이나 취미와 관련된 서비스를 제공하면서 이와 관련된 보험상품을 함께 판매할 수도 있을 것이다. 앞으로의 비즈니스는 단순히 비용을 절감하는 데서 그치지 않고 데이터를 기반으로 새로운 수익원을 창출하는 쪽으로 전개될 것이기 때문이다.

메트로마일의 페이퍼마일

2011년에 캘리포니아의 레드우드 시티에서 설립된 메트로마일은 '페이 퍼 마일pay per mile' 보험상품을 판매하는 것으로 잘 알려진 자동차 보험 회사다. 페이퍼마일은 UBI 보험의 한 종류이지만, 프로그레시브나 다른 보험사들처럼 보험료를 산출하는 데 운전 시간대나 운전 습관과 같은 정보를 이용하지 않고 간단하게 주행 거리 정보만을 이용한다.

페이퍼마일 가입자들은 매월 고정된 기본료와 자신이 주행한 거리에 따른 요금을 청구받게 된다. 마치 과거의 이동통신 요금제와 비슷한 방식이다. 이러한 요금들은 기존의 다른 보험상품들과 마찬가지로 나이나 운전 경력, 자동차의 종류에 따라 달라진다. 주행한 거리에 따른 요금은 조건에 따라 다른데, 1마일당 2센트에서 11센트 사이 수준이다. 예를 들어, 월 기본료가 51.46달러이고 마일당 요금이 7.1센트인 가입자가 지난달에 92마일을 주행했다고 가정하면 58달러를 청구받게 된다. 페이퍼마일 가입자들은 1년에 1만 마일 이하를 주행하는 경우 보험료를 절약할 수 있으며, 5,000마일을 주행하는 경우 최대 500달러까지 보험료를 아낄 수 있다.

메트로마일이 주행 거리 이외의 다른 운전 습관 정보를 이용하지 않는 이유는 단순하다. 운전 습관과 관련된 여러 정보 중에서 주행 거리가 보험료에 미치는 영향이 가장 크고 직관적이기 때문이다. 하지만 기본료 산정에 주행 거리 외에 나이나 운전 경력 등과 같은 전통적인 요인들을 함께 반영하기 때문에 하이브리드형 보험상품이라고 하는 것이 더 정확할 것이다. 메트로마일은 2017년 현재 미국의 캘리포니아, 뉴저지, 오리곤, 펜실바니아, 워싱턴, 버지니아, 일리노이주에서만 관련 상품을 판매하고 있다. 현재까지 NEA, 인덱스 벤처스Index Ventures 등의 투자자들로부터 2억 달러 이상의 펀딩을 받았으며, 이를 바탕으로 서비스 대상 지역을 더욱 확대할 것으로 기대된다.

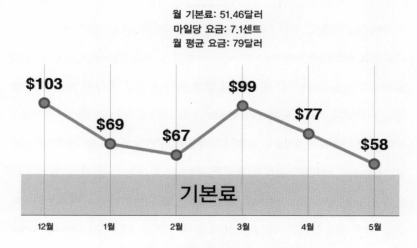

〈메트로마일의 보험료 정책〉(출처: 메트로마일)

메트로마일처럼 주행 거리만 반영하는 UBI 보험을 판매하는 기업도 다수 존재한다. 내셔널 제너럴 인슈어런스National General Insurance가 대표적인데, 2004년에 출시된 '로 마일리지 디스카운트Low-Mileage Discount'는 미국의 34개 주의 온스타OnStar 가입자들에게 제공되는 PAYD 프로그램이다. 즉, 페이퍼 마일처럼 적게 탈수록 더 적은 보험료를 지불하게 된다. 온스타는 GM의 자회사인 온스타 주식회사OnStar Corporation가 판매하는 서비스로 자동차 보안, 핸즈프리 통화, 내비게이션, 원격 검침과 같은 기능들을 제공한다. 온스타 서비스 가입자 중에서 연간 1만 5,000마일보다 적게 타는 가입자들은 최대 54%까지 보험료 할인 혜택을 받을 수 있다.[121]

국내의 UBI 보험 서비스

국내 보험사들도 속속 UBI 보험상품을 출시하고 있다. 대표적인 보험사는 메리츠화재해상보험Meritz Fire & Marine Insurance과 흥국화재다. 이들은 2015년 10월부터 이동통신사인 KT와 제휴를 맺고 관련 상품의 출시를 위한 준비 작업을 시작했다. (메리츠화재는 2016년 3월에 OBD 연동형 '마일리지 할인' 특약 상품을 판매했지만, 그에 따른 할인율을 공개하지는 않았다.) KT가 제공하는 OBD 단말기를 이용해서 운전자의 급가속, 급회전, 주행 거리, 운전 시간, 운전 장소 등의 운행 기록을 분석하고 보험사가 보험료를 산출하는 방식이다. 메리츠화재의 경우 운행 패턴 정보를 바탕으로 미국 등에서 적용 중인 GLMGeneralized Linear Model으로 보험료를 산출한다.

<PAYD 장치>

Heungkuk Fire & Marine Insurance

운전자 점수 / 서비스 사용료

운전 습관 정보 →
← 단말기 제공

kt UBI 솔루션

〈흥국화재 UBI 자동차 보험의 구조〉

이를 위해 두 보험사 모두 각각 1만 명 내외의 체험단을 모집해서 보험료 할인 요율 산출에 필요한 정보를 모은 바 있다. 그러나 두 보험사 모두 UBI 기반의 상품 출시를 사실상 포기한 것으로 알려졌다. 외국 보험사들이 할인 요율 산출을 위해 적어도 2~3년간 10억 마일 이상의 데이터를 확보하는 데 비해, 메리츠화재와 흥국화재는 고작 1만 마일의 데이터밖에 확보하지 못했기 때문이다. 이 정도의 데이터로는 안전운전 습관과 사고율 및 손해율 사이의 상관관계를 도출하는 것이 쉽지 않아 포기했을 것으로 추정된다.

OBD 장치를 사용하는 메리츠화재나 흥국화재와는 달리 DB손해보험은 SK텔레콤의 '티맵T-Map' 서비스를 이용하는 UBI 성격의 자동차 보험을 2016년 4월 출시했다. '스마트-UBISmarT-UBI'라 불리는 이 특약 상품은 스마트폰의 내비게이터 앱이 제공하는 주행 정보를 이용한다는 점이 기존 UBI 상품들과의 가장 큰 차이다. OBD 단말기 비용뿐만 아니라 일부 보험 가입자들이 OBD 단말기를 설치하는 데 어려움을 느낀다는 점을 공략한 것이다.

해당 상품에 가입을 하기 위해서는 티맵을 켜고 500km 이상 주행 후 안전운전 점수가 61점 이상 나와야만 한다. (보험계약 체결 시점에 500km를 주행하지 못했다면, 향후 500km 주행 후의 안전운전 점수에 따라 추가 가입 및 할인 혜택을 받을 수 있다.) 조건을 만족하는 고객들은 10%의 보험료 할인 혜택을 받을 수 있다. 그러나 보험 가입 시에만 운전 정보를 활용한다는 점에서 UBI 보험이라기보다는 보험 가입자 유치를 위한 마케팅 성격이 강하다. 그럼에도 불구하고 스마트-UBI 특약 가입자와 비가입자 사이의 손해율이 10% 정도 차이가 나고 있다.

통상적으로 자동차 보험의 손익분기점이 되는 손해율은 76~78%다. 2017년 1분기 기준, 삼성화재는 77.5%, DB손해보험은 77.9%, 현대해상화재보험은 78.0%, KB손해보험은 78.4% 수준이다. 반면, DB손해보험의 스마트-UBI 가입자들의 손해율은 66% 내외인 것으로 알려져 있다.[122] 이에 따라 DB손해보험은 UBI 특약 할인율을 기존 5%에서 10%로 높였으며, 이후 더 많은 고객이 UBI 특약에 가입하고 있는 것으로 나타나고 있다. 실제로, 자동차 보험 시장 3위에 머물렀던 DB화재는 스마트-UBI 상품을 출시한 후 시장 2위로 올라섰다.[123] 최근에는 KB손해보험도 티맵을 이용한 비슷한 유형의 상품을 출시하기도 했다.

도요타자동차의 G-Link 연동 자동차 보험

2019년 8월 말, 전기차 제조사로 유명한 테슬라는 캘리포니아 지역의 자사 전기차 소유자를 대상으로 자동차 보험상품을 출시한다고 밝혔다. 이 상품은 기존 자동차 보험에 비해 20% 정도 저렴할 것이라고 하는데, 자사 생산 차량에 대한 정보가 많을 뿐만 아니라 자율주행으로 사고 발생 가능성이 낮아지기 때문이라고 한다.[124] 자동차 제조사가 직접 자동차 보험상품을 출시한 것이 테슬라가 처음은 아니다. 앞에서 소개한 것처럼 이미 오래전부터 GM이나 다른 자동차 제조사들도 자동차 보험사들과의 제휴를 통해 직접 상품을 출시하기도 했다. 일본에서는 이미 2018년 초에 도요타자동차가 테슬라처럼 직접 자동차 보험상품을 출시했다. (2018년 1월에 출시했지만 2018년 4월부터 보험이 적용되었다.)

'G-Link 연동 자동차 보험G-Link連動自動車保險'이라 불리는 도요타의 자동차 보험은 운전 패턴을 바탕으로 보험료를 할인해준다. 아이오이닛세이도와 손해보험あいおいニッセイ同和損害保険과 공동으로 개발한 이 상품은 자동차의 가속기나 브레이크의 조작, 운행 속도 등의 데이터를 바탕으로 안전 운전 정도를 100점 만점으로 평가한다. 급제동이나 급발진이 많으면 점수가 깎이는 구조다. 보험료 할인액은 안전 운전 점수와 주행 거리를 바탕으로 매월 변한다. 아직까지 보험 가입 대상 차종은 제한되어 있다. 2018년 1월 이후에 출시된 렉서스 차량은 G-Link 연동 자동차 보험 가입 대상이며, 크라운 등 DCM이라는 데이터 통신 모듈을 탑재한 2018년 하반기 출시 모델들은 '도요타 커넥티드 카 보험 플랜トヨタつながるクルマの保険プラン'에 가입하게 된다.[125]

도요타가 출시한 보험은 메트로마일의 페이퍼마일처럼 기본 보험료와 운전분 보험료로 구성되어 있다. 기본 보험료는 기존 자동차 보험과 같은 방식으로 운전 경력이나 과거의 사고 이력 등을 바탕으로 결정되며, 운전분 보험

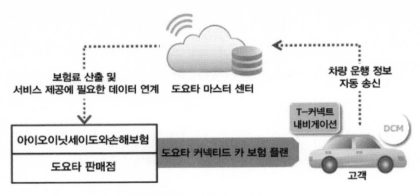

〈G-Link 연동 자동차 보험의 개요〉(출처: 도요타자동차)

료는 안전 운전 점수에 따라 달라진다. 주행 거리 8,000km를 기준으로 했을 때 운전분 보험료는 1만 2,000엔으로, 안전 운전 점수가 60점 이상이 되면 할인을 받을 수 있으며, 80점 이상이면 운전분 보험료가 최대 할인 폭인 80%의 적용을 받아 2,400엔까지 낮아지게 된다. 기본 보험료가 9만 1,200엔이기 때문에 전체 보험료 10만 3,200엔을 기준으로 하면 최대 할인 폭은 9.3%가 된다. (전체 보험료는 10등급, 사고도 계수 적용 기간 10년, 26세 이상의 조건에서 8,000km를 주행하는 경우를 가정하여 산정한 것이다.)

일본에서 운전 습관 정보를 보험료에 반영하는 상품들은 계속 늘어날 것으로 보인다. 손포재팬닛폰코아Sompo Japan Nipponkoa도 2018년 1월 이후 안전 운전 시 보험료를 할인하는 서비스를 제공하고 있으며, 소니손해보험ソニー損保도 보험료 캐쉬백 자동차 보험을 판매하고 있다. 다만 차이가 있다면, 도요타자동차가 출시한 상품들과 달리 이 보험상품들은 앞에서 소개한 것처럼 별도의 OBD2 장치를 설치해야 한다는 것이다.

도요타가 운전 패턴을 바탕으로 보험료를 할인해주는 상품을 출시한 배경에는 여러 가지 이유가 있다. 첫째는 도요타에서 자동차를 구매하는 고객들의 경제적인 부담을 덜어주는 것이고, 둘째는 이를 통해 더 많은 고객들이 도요타에서 자동차를 구매하도록 유도하는 것이다. 셋째는 보험사에 운전 데이터를 판매함으로써 자동차 판매 이외의 수익을 올리고자 함이다. 그리고 넷째는 이를 통해 도요타의 사고율을 낮춤으로써 '도요타=안전'이라는 이미지를 고객들에게 각인시키기 위함일 것이다.

그러나 도요타의 보험 할인율은 고작 9.3%밖에 되지 않아서 시장의 반응이 있을지는 미지수이다. 실제로 현재 미국에서 판매되는 UBI 보험상품들은 보험 가입 시 5~10% 선할인을 해주고 이후 운전 습관 데이터를 바탕으로 추가로 30~50%를 할인해준다. 따라서 보험사로부터의 수수료를 받기보다는 이를 보험료 할인 형태로 고객에게 돌리는 것이 더 바람직해 보인다. 대부분의 UBI 보험들은 할인된 보험료를 재계약 시 고객에게 돌려준다. 즉, 연 단위로 재계약을 해야 하는 자동차 보험의 경우, 재계약 시점에 보험 할인 혜택을 제공함으로써 고객 이탈을 방지하는 목적으로도 활용하고 있는 것이다. 이런 경우, 보험설계사에게 지불되는 수수료를 줄일 수 있는 이점도 있다.

UBI 상품 관련 고려 사항들

UBI 자동차 보험은 보험 가입자에게는 보험료 부담을 줄여주고 안전한 운전 생활을 할 수 있도록 도와줄 뿐만 아니라 보험사에게도 손해율을 낮춰주는 등 바람직한 것으로 보이지만, 프라이버시 침해 이슈를 비롯해서 몇몇 문제를 일으킬 수 있다. UBI 보험사들은 보험료 산출의 근거를 제시하기 위해 운전 습관과 관련된 다양한 정보를 문서화해야만 하며, 이때 교통사고가 자주 발생하는 지역에서의 운행 여부를 확인하기 위해서 연속적으로 GPS 정보를 이용한다. 이는 필요한 조치이기는 하지만, 동시에 운전자의 프라이버시를 침해할 가능성이 있다.

또 다른 문제는 운전 습관에 따라 보험료가 달라질 수 있다는 점이다. 즉, 지금처럼 보험료가 고정되어 있는 것이 아니기 때문에 보험 가입자들로 하여금 보험상품들을 비교하는 것을 어렵게 만든다. 이는 역으로 보험사들의 경쟁을 줄여서 보험료를 인상하도록 할 수도 있다. 이러한 점이 악용될 가능성은 높지 않겠지만, 보험료에 민감하지 않은 고객들에게는 적용될 가능성도 없지 않다.

UBI 기반의 보험상품을 도입할 때 주의해야 할 점은 할인 혜택이 신규 고객을 확보하고 그렇게 확보한 고객을 유지하는 데 활용될 수 있도록 해야만 한다는 것이다. DB손해보험처럼 가입자 유치 시에만 혜택을 제공하는 경우에는 장기적으로 보험사의 비용 부담이 증가할 수 있다. 반면에 보험 계약의 갱신 시점에 혜택을 제공하는 것은 기존 고객의 유지에는 바람직하지만 신규 고객을 확보하는 점에 있어서는 크게 도움이 되지 않을 수도 있다. 이를 위해서는 고객 혜택이 충분히 커야 하며, 안전 운전에 대한 지속적인 교육 및 보험 중개 구조를 개선하는 등의 노력이 함께 수반되어야 할 것이다.

Link
2

커넥티드 디바이스와
결합한 보험들

보험 서비스를 위해 사물인터넷 디바이스를 이용하는 것은 자동차 보험
사나 자동차 제조사뿐만이 아니다. 건강보험사나 화재보험사도 커넥티드 디
바이스를 이용할 수 있으며, 직장의료보험에 가입하는 기업이나 단체들도 웨
어러블 디바이스와 같은 장치들을 이용할 수 있다. 또한, 일부 사업자의 경우
위치 추적 장치를 이용하여 어린아이나 치매 환자에 대한 해상보험이나 여
행자 보험을 제공하기도 한다.

걸으면서 돈을 버는 오스카헬스 건강보험

의료보험은 우리나라뿐만 아니라 미국에서도 대표적인 규제산업 중의 하

나다. 특히 미국의 경우 예상 보험료 수입의 1/8 정도를 예치금으로 적립해야 하며 각 주마다 규제도 달라서 스타트업이 진출하기 쉽지 않은 분야다. 그럼에도 불구하고 오스카헬스Oscar Insurance는 2013년 미국 뉴욕을 거점으로 새롭게 건강보험업에 진출하여 승승장구를 하고 있는 보험회사다.

오스카헬스의 탄생은 오바마 케어Obama Care(버락 오바마 대통령이 주도한 미국의 의료보험 시스템 개혁 법안으로 정식 명칭은 '환자 보호 및 부담 적정 보험법')와 관련이 있다.[126] 2014년 1월부터 시작된 오바마 케어는 그동안 직장 중심으로 이루어졌던 의료보험 가입 형태를 개인들의 니즈에 따라 가입할 수 있도록 허용했다. 대표적인 것이 헬스케어 익스체인지Healthcare Exchange라는 의료보험 장터인데, 건강보험 가입자들이 직장에서 가입한 기존의 보험이 마음에 들지 않으면 새로운 보험으로 쉽게 바꿀 수 있도록 여러 보험을 비교할 수 있게 한 것이다. 오스카헬스는 이를 새로운 기회로 받아들였다.

그러나 오스카헬스가 처음부터 직접 보험상품을 개발하고 보험 서비스를 하려 했던 것은 아니다. 원래 오스카헬스의 설립자들은 기존 보험사들에게 혁신적인 보험 솔루션을 판매하려고 했었다. 그러나 보수적인 기존 보험사들은 이들의 솔루션을 거들떠보지도 않았고 결과적으로 직접 보험회사를 설립하게 된 것이다. 그 결과 이들은 건강보험업계의 혁신적인 변화를 이끌게 된다. 뉴욕주의 의료보험 장터에서는 16개의 보험사가 경쟁을 하고 있는데, 오스카헬스의 점유율이 12~15% 정도에 이르고 있다.

여기서 오스카헬스가 제공하는 보험상품에 대해 자세히 소개하지는 않겠지만, 기존의 보험상품에 비해 구조가 매우 간단하며 직관적이다. 그뿐만 아니라 의사의 원격 진료 서비스도 제공하며 연속적인 진료 서비스를 위해 보험 가입자와 관련된 다양한 자료들을 지속적으로 제공하기도 한다. 그리고 디지털 기술을 적극 활용하고 있다. 상품 가입 및 정보 확인을 위한 모바일 기반의 사용자 인터페이스도 매우 직관적이고 세련됐으며, 희망하는 가입자에게는 미스핏Misfit의 활동량 추적기를 무료로 제공한다.

이곳에서 이야기하고자 하는 것은 바로 활동량 추적기를 이용한 오스카의 고객 프로그램이다(2016년부터는 스텝 트래킹Step Tracking으로 이름이 바뀌었다). 2014년 12월에 새롭게 실시된 오스카 미스핏Oscar Misfit은 미스핏 샤인Misfit Shine이라는 미스핏의 스마트밴드를 활용하는 것으로 운동 목표 달성 시 그에 따른 보상을 제공하게 된다. 즉, 오스카 미스핏 프로그램을 신청하고 스마트폰 앱을 설치하게 되면 매일 새로운 걷기 목표가 주어진다. 오스카의 고객은 이 목표를 달성하는 경우 매일 1달러씩을 받게 된다. 20달러를 모으면 20달러짜리 아마존 기프트 카드를 받을 수 있으며, 연간 최대 240달러까지 받을 수 있다.

보험료는 다른 보험사와 비슷하거나 약간 더 저렴한데 10만 원 상당의 활동량 추적기를 제공하고 고객당 1년에 최대 240달러를 지급하게 되면 오스카헬스의 수익성은 떨어질 것이 분명하다. 그럼에도 불구하고 오스카헬스가 오스카 미스핏이라는 프로그램을 실시하는 이유는 무엇일까? 그것은 고객들로 하여금 꾸준히 운동을 하며 건강을 유지하게 하면 고객에게 지급해야 할 지급금이 충분히 줄어들 것이라는 확신이 있기 때문이다.

이를 위해 오스카는 걸음 수로 전체적인 활동량을 추정하고 있다. 조만간 심박수나 혈압, 체중의 변화까지 측정할 예정이다. 이러한 데이터들은 스트레스 수준, 심혈관의 건강 상태, 영양 상태 등을 실시간으로 확인하고 그에 따라 보험 가입자들에게 적합한 대응 방안이나 의료 서비스를 제시해줄 수 있을 것으로 기대된다. 또한 앞으로는 걸음 수뿐만 아니라 자전거 타기나 수영, 등산 등과 같은 운동 정보도 반영할 예정이라고 한다.

오스카헬스는 용돈을 주는 것에서 더 나아가 고객들이 자발적으로 건강 관리를 할 수 있도록 의사나 헬스케어 센터와 연계해주기 위한 노력도 진행 중이다. 장기적으로는 이렇게 모인 데이터를 활용해서 더 많은 혜택을 고객에게 제공하려 하고 있다. 이러한 프로그램이 잘만 진행된다면, 보험사는 물론 보험 가입자에게도 득이 될 것임에 틀림없다. 일상생활에서 더 많이 움직이면 움직일수록 비만, 당뇨, 요통, 정신질환 등이 개선된다는 수많은 연구 결과들이 뒷받침하고 있기 때문이다.

물론, 한편에서는 개인의 건강 정보에 대한 프라이버시 이슈를 제기할 수도 있다. 또 다른 한편에서는 빈번하게 술자리를 갖는다거나 주말에 소파에 앉아서 TV만 보는 것처럼 건강 점수를 떨어뜨리는 활동들에 대해 보험사가 간섭하거나 오히려 건강보험료가 더 올라갈 수 있다는 우려를 제기하는 사람들도 있다. 그러나 이러한 간섭이 보험 가입자의 건강을 위한 것이라는 점에서 가입자들은 크게 신경 쓰지 않는 상황이다.

이 점은 꾸준히 늘고 있는 오스카헬스의 가입자 수에서 확인할 수 있다. 2014년 4월 1만 6,000명 수준이었던 가입자 수는 1년 만에 4만 명으로 늘어났으며 2016년 말에는 13만 5,000명으로 급증했다.[127] 그리고 이 수치는 2019년 10월 기준 25만 명으로 또다시 급증한 상태다. 이에 따라 오스카헬스에 대한 투자도 잇따르고 있다. 2018년에는 구글의 모기업인 알파벳 Alphabet의 투자회사인 캐피탈지CapitalG와 베릴리Verily로부터 1.65억 달러를 투자받는 등 21개 투자사로부터 총 13억 달러를 투자받았다.[128] 오스카헬스의 기업 가치는 2014년 5월에 8억 달러로 평가되었으나 2016년 말에는 27억 달러, 그리고 2018년 말에는 32억 달러 수준으로 평가되고 있다.

국내에도 이와 비슷한 사례가 있다. 바로 AIA생명과 SK텔레콤이 함께 제공하는 'AIA 바이탈리티 X T건강걷기' 프로그램이다. 이 프로그램은 AIA생명 또는 SK텔레콤 가입자를 대상으로 하는 웰니스 프로그램으로 걷기 목표치를 달성하면 다양한 혜택을 제공한다. 앞에서 소개한 사례들이 보험 가입자들의 건강을 증진시키면서 보험료 할인 혜택을 제공하는 것과 달리, 이 프로그램은 통신 요금을 할인해주거나 스타벅스 이용권, 음악 서비스 이용권, 도서 구매 이용권 등을 선택적으로 제공한다.[129]

이러한 혜택을 받기 위해서는 매주 부여되는 주간 목표를 달성해야 한다. 하루에 7,500보를 걸으면 50포인트, 1만 2,500보를 걸으면 100포인트가 주어지는데, 주간 합산 포인트를 바탕으로 혜택이 제공된다.[130] 2018년 8월 말에 시작된 이 프로그램은 서비스 개시 2개월 만에 20만 명의 가입자를 확보했으며, 가입자의 60%가 주간 미션에 참여하고 있는 것으로 나타났다. 특히 AIA생명은 가입자들을 대상으로 '신체 나이 측정 조사'를 진행하고 있는데, 전체 가입자의 85%가 이 조사에 참여한 바 있다. AIA는 활동량 정보 및 신체 나이 측정 조사 데이터를 바탕으로 외국 보험사들과 같은 건강증진형 보험상품을 준비하는 데 활용할 것으로 예상된다.

도전 백만 보 프로그램

건강보험사들이 개인 고객을 대상으로 커넥티드 디바이스 기반의 보상프로그램을 제공하는 것처럼 기업 고객을 대상으로도 비슷한 프로그램을 진행하고 있다. 대표적인 것이 세계 2위의 석유 회사인 BPBritish Petroleum의 미국 법인이 실시하고 있는 '도전 백만 보Million Step Challenge' 프로그램이다. 이 프로그램은 BP 직원들의 건강을 챙기는 것과 동시에 회사가 부담해야 하는 직장 의료 보험료를 줄이기 위해 도입됐다.

건강관리 전문 기업인 스테이웰 헬스 매니지먼트StayWell Health Management와 함께 진행하는 이 프로그램은 프로그램에 가입하는 모든 BP 직원들에게 스마트밴드인 핏비트를 무료로 제공한다. 프로그램에 가입한 직원이 최초 백만 보를 걷게 되면 500포인트를 제공하고, 추가 백만 보를 걸을 때마다 250포인트를 제공한다. 1년 동안 300만 보를 걸으면 최대 1,000포인트를 적립할 수 있으며, 이 경우 회사는 1,000달러의 인센티브를 제공한다. 직원들은 이 포인트를 자기가 부담해야 하는 건강보험료를 낮추는 데 사용할 수 있다.

프로그램에 참여하는 직원들은 자신의 건강도 챙기며 그에 따른 금전적인 인센티브까지 받을 수 있어 적극적으로 걷기를 생활화할 것으로 기대된다. 2016년의 경우 2만 3,000명이 해당 프로그램에 등록했고, 그중 2,000명 정도가 200만 보 이상을 걸었다고 한다. BP의 경우 자사 직원들이 건강해짐으로써 의료비 지원에 대한 부담을 줄이고 업무 생산성이 개선되는 간접적인 효과를 기대할 수 있다. 최근에는 BP처럼 직원들을 대상으로 도전 백만 보 같은 프로그램을 실시하는 기업들이 늘고 있다. 크리넥스로 잘 알려

264

진 휴지 및 생활용품을 제조하는 킴벌리클라크Kimberly-Clark는 '리브 웰 챌린 지Live Well Challenge'를 실시하고 있는데, 이 프로그램에 참여하는 직원들은 하루에 1만 보를 걷고 있다. 프로그램에 참여자 중 50%는 체중이 줄고 근력과 유연성이 증가했으며, 47%는 심혈관의 상태가 개선된 것으로 나타났다.

인디애나 대학교는 2014년 말에 '3개월 걷기Three-Month Step Challenge' 프로그램을 도입하기도 했다. 이 프로그램에는 4,000여 명의 교직원이 참여했으며, 이 중의 40%는 체질량지수BMI가 감소했고 67%는 스트레스에 더 잘 대응하고 식습관을 개선할 수 있었다고 한다. 이런 활동이 장기적으로 지속된다면 직장의료 보험료를 줄이고 동시에 업무 생산성을 높일 수 있을 것이다.

미국의 생명공학 회사인 암젠Amgen Inc., 의료기기 회사인 다비타DaVita HealthCare Partners Inc. 그리고 보험중개 회사인 록톤Lockton Companies은 2016년부터 자사 직원들을 대상으로 '애플워치 건강 프로그램Apple Watch Vitality program'을 실시하고 있다.[131] 이 프로그램에 가입한 직원들은 25달러를 내고 애플워치를 받게 된다. 그리고 하루 1만 보 걷기나 일정 시간 동안 심장 강화 운동하기 등 자신에 맞는 건강 목표를 설정하게 된다. 매달 본인의 건강 목표를 달성하면 추가로 내는 돈이 없다. 그러나 목표를 달성하지 못하면 매달 13.5달러씩을 추가로 내야 한다. 만약 2년 동안 매달 본인의 건강 목표를 달성하면 350달러짜리 애플워치를 25달러에 이용할 수 있게 된다.

이 프로그램의 근본적인 목표는 규칙적인 운동을 통해 직원들이 건강해지는 것과 이를 통해 기업은 직장의료 보험료 부담도 줄이고 생산성도 높이는 것이다. 문제는 직원들로 하여금 규칙적인 운동을 하도록 만드는 것으로, 이 프로그램은 행동 경제 원칙 중의 하나인 손실회피성향을 활용하고 있다.

즉, 사람들은 보상 가능성보다는 잠재적인 손실의 위협에 의해 더 적극적으로 행동하게 된다는 것이다. 규칙적으로 운동을 하지 않으면 처음에 받았던 325달러의 보상을 빼앗길 수도 있다는 무언의 압박하고 있는 셈이다.

이러한 형태의 건강보험 서비스가 아직까지는 일부 기업에 근무하는 직원들을 대상으로 하고 있지만, 앞으로는 일반인들을 대상으로 하는 생명보험사들도 적극적으로 도입할 것으로 예상된다. 실제로 생명보험사인 존 핸콕John Hancock Financial은 2016년에 유사한 프로그램을 실시한 바 있다. 국내에서도 걷기 앱인 '워크온'을 운영하는 스왈라비는 포스코, LG전자, 롯데칠성음료, SBS 등과 제휴해 임직원 건강관리 프로그램을 운영하고 있다.

스마트 연기 감지기를 이용하는 화재보험

2014년 1월, 구글이 32억 달러라는 어마어마한 금액에 인수하기 전까지 네스트는 학습형 온도조절기와 프로텍트Protect라는 스마트 연기 및 일산화탄소 감지기라는 두 가지 제품을 만드는 스타트업에 불과했다. 그러나 구글에 피인수된 이후부터는 스마트홈을 중심으로 하는 제품의 라인업을 확대해 가며 공격적인 사업을 벌이고 있다. 네스트의 사업 방식은 기존의 기업들과는 달랐다. 단순히 뛰어난 제품을 만든다거나 구글의 후광을 바탕으로 사업을 전개하는 형태가 아니었다. 네스트는 비용이 많이 드는 마케팅을 통해 제품을 판매하기보다는 자신들이 생산하는 제품들이 사용되는 환경을 정확히 이해하고 그 산업의 구조를 최대한 활용하는 식으로 비즈니스를 전개하고 있다. 그런 점에서 스마트 연기 감지기인 프로텍트도 예외는 아니다.

　프로텍트는 와이파이를 통해 인터넷에 연결되는 스마트 연기 및 일산화탄소 감지기다. 단일 파장의 광원을 사용하는 기존의 연기 감지기와는 달리, 프로텍트는 서로 다른 두 개의 파장을 갖는 광원을 이용해서 연기 및 화재의 전개 속도를 감지한다. 또한 인공지능을 이용해 연기의 발생 패턴이나 전개 속도를 분석한 후 이것이 단순히 고등어를 굽다가 발생하는 연기인지 아니면 화재로 발전할 수 있는 것인지를 판별한다. 그리고 상황에 따라 음성 메시지나 스마트폰을 통해 연기의 발생 여부를 알려주거나 화재경보기를 이용해 화재 발생 사실을 알려준다.

　프로텍트는 연기의 발생 패턴을 인공지능으로 분석하기 때문에 이것이 단순한 연기인지, 수증기인지, 아니면 화재로 발전할 수 있는 것인지를 더 빠르고 정확하게 판단하게 된다. 프로텍트의 이러한 능력은 건물 소유자들이나 소방관들이 신속하게 화재에 대응하고 자산을 보호하는 데 있어서 매우 중요하다. 과거와 달리 현대의 건물들은 화재에 취약한 합성소재나 변형된 건축 양식을 많이 이용하고 있기 때문이다.

　미국의 최대 인증기관인 UL Underwriters Laboratories의 자료에 따르면, 현재의 주택들은 1950에서 1970년대 사이에 지어진 주택보다 화재의 진행 속도가 8배나 빠르다고 한다.[132] 과거에 방 하나가 화재로 뒤덮이는 데 걸리는 시간이 29분이었다면, 지금은 5분이 채 되지 않는다. 따라서 프로텍트가 제공하는 차별화된 기능은 주택 소유자나 관리자 혹은 소방관들이 신속하게 화재에 대응하도록 하는 데 결정적인 역할을 할 수 있을 것으로 기대된다.

　미국의 대표적인 보험사인 아메리칸 패밀리 보험이나 리버티 뮤추얼 Liberty

Mutual Insurance과 같은 보험사들이 네스트의 프로텍트에 관심을 두는 이유가 바로 여기에 있다. 사물인터넷과 인공지능 기술을 이용해서 화재의 발생을 조금이라도 빨리 인지하고 대응할 수 있다면, 고객들의 소중한 생명과 자산을 지킬 수 있기 때문이다. 물론, 그 결과는 보험 가입자에게 제공해야 하는 보상금의 규모를 줄여줌으로써 발생하는 막대한 비용 절감이다. 따라서 이들 보험사는 더 많은 보험 가입자들이 네스트의 프로텍트를 사용하기를 바란다. 그러나 이미 설치되어 있는 기존의 화재 및 연기 감지기를 제거하고 109달러짜리 프로텍트를 구매해서 설치할 사람들은 많지 않을 것이다. (우리나라의 경우 자동화재탐지설비 및 시각경보장치의 화재안전기준 행정 규칙에 의해 모든 건축물에는 의무적으로 연기 감지기를 설치하도록 되어 있다.) 이런 이유로 이들 보험사는 네스트와의 파트너십을 통해 프로텍트를 무상으로 제공하거나 구매 보조금을 지원한다. 그리고 보험료의 5%를 추가로 할인해주기도 한다.

단, 조건이 하나 있다. 바로 '세이프티 리워드Safety Rewards' 프로그램에 가입해야 한다는 것이다. 세이프티 리워드 프로그램은 안전과 관련된 데이터를 공유하는 고객들에게 프로텍트의 구매를 지원해주고 보험료를 할인해주는 프로그램이다. 세이프티 리워드에 가입하면 한 달에 한 번씩 디바이스의 동작 상태, 와이파이 연결 상태, 배터리 상태 등을 요약한 정보가 보험사에 공유된다. 물론, 고객들의 프라이버시 보호를 위해 프로텍트와 함께 사용하는 네스트 앱의 이용 정보나 개인 정보는 전혀 전달되지 않는다. 또한, 세이프티 리워드에서 탈퇴하고자 하는 경우에는 언제든지 탈퇴가 가능하다.

세이프티 리워드 프로그램이 2015년 6월부터 시작된 터라 아직까지 이 프로그램의 도입 효과에 대해서는 구체적으로 알려진 바가 없다. 하지만 프로텍트를 활용하고 있는 보험사들은 커넥티드 디바이스를 이용한 건강보험 서비스나 자동차 보험 서비스처럼 화재보험에서도 분명한 효과가 있으리라 기대하고 있다. 더불어 연기 및 일산화탄소 데이터를 비즈니스 관점에서 해석하기 위한 노력도 병행하고 있다.

여기서 또 하나 주목해야 할 점은 네스트의 프로텍트 판매 방식이다. 20~30달러밖에 하지 않는 기존의 연기 및 화재 감지기들을 상대로 109달러짜리 제품을 판매하기 위해서는 기존과는 다른 비즈니스 모델을 만들고 그에 맞는 타깃 고객을 새롭게 선정하여 사업을 전개해야 한다는 것이다. 만약, 기존과 같은 방식으로 건설업자나 인테리어 사업자들을 대상으로 프로텍트를 판매하려 했다면 어땠을까? 아마 어느 한 곳도 가격이 비싼 프로텍트를 선택하지 않았을 것이다.

네스트도 이러한 사실을 알고 있었다. 그래서 프로텍트가 제공하는 새로운 가치를 가장 잘 활용할 수 있는 화재보험사들을 타깃 고객으로 선정한 것이다. 만약 지금 당신의 회사에서 만들고 있는 디바이스가 있다면, 그 디바이스의 가치를 가장 잘 활용할 수 있는 새로운 고객이 누구인지를 생각해보기 바란다. 작은 디바이스 제조사가 일반 개인 고객을 타깃으로 하는 것은 쉬운 일이 아니기 때문이다.

스마트홈과 만난
출동 보안 서비스

스마트홈은 국내 이동통신사들이 관심을 두는 사물인터넷 서비스 분야 중의 하나다. 대표적인 스마트홈 상품은 원격에서 가전제품의 전원을 제어할 수 있는 스마트 스위치나 플러그, 원격에서 가스 밸브를 잠글 수 있는 스마트 가스락이나 전력 소모량을 확인할 수 있는 에너지 미터, 현관문이나 창문의 개폐 여부를 알려주는 도어락이나 윈도우락, 그리고 원격에서 집 내부의 상황을 확인할 수 있도록 해주는 홈CCTV 등으로 구성된다. 대부분이 스마트폰을 이용해서 집 안에 있는 장치를 제어하거나 집안 상태를 확인하는 정도에 불과한데, 통신사들은 이러한 디바이스의 기능을 서비스라는 이름으로 판매하고 있다. 그리고 매달 일정한 서비스 이용료를 청구하고 있다. 어떤 통신 사업자는 이런 스마트홈 서비스의 가입자가 100만을 돌파했다고 대대적으로 홍보하지만, 자발적인 가입자 및 활성 사용자의 수는 매우 낮은 것으로 알려져 있다.

사실, 고객들은 이와 같은 단순 제어 및 모니터링 서비스를 이용하면서 디바이스당 매월 1,000원씩의 서비스 이용료를 내야 하는 이유에 대해서 납득하지 못한다. 거실의 형광등을 껐다 켠다고 돈을 내는 사람이 어디 있겠는가? 더욱이 일찌감치 직접 외국에서 스마트 디바이스를 구매해서 이용했던 사람들은 더욱더 그렇다. 디바이스를 구매하기만 하면 원격 제어나 모니터링뿐만 아니라 조건에 따라 지정된 동작을 하거나 특정한 기능을 수행하는 것도 다 무료로 제공되기 때문이다.

그럼에도 불구하고 우리나라의 이동통신사들은 서비스 이용료를 청구하고 있는데, 이는 서비스에 대한 이용료를 청구하는 것이 아니라 자신들의 투자비를 회수하려는 목적에 불과하다. 따라서, 장기적으로 봤을 때 지금과 같은 스마트홈 서비스는 사라질 것으로 생각한다. 대신, 앞의 사례들에서 살펴본 것처럼 이들 디바이스가 제공하는 새로운 가치를 효과적으로 활용할 수 있는 서비스 사업자들을 중심으로 사업이 전개될 것이다.

홈CCTV와 출동 보안 서비스의 결합

그런 면에서 홈CCTV는 일찍부터 출동 보안 서비스와 결합되어 이용되고 있다. 대표적인 것이 2015년 7월에 출시된 KT의 '올레 기가 IoT 홈캠' 서비스다. 이 서비스는 가정을 대상으로 실시간 모니터링과 긴급출동 서비스를 함께 제공하는 서비스로, 기본적으로는 기존의 홈CCTV 서비스처럼 스마트폰 앱을 통해 홈캠 단말로 촬영되는 영상을 실시간 모니터링을 할 수 있다. 그리고 위급 상황에는 스마트폰 앱의 '긴급 출동' 버튼을 누르면, 보안 전문 업체인 KT텔레캅이 곧바로 출동한다.

이 서비스는 통신사들이 기존에 제공하던 홈CCTV 서비스처럼 원격에서 집안의 상황을 모니터링하거나 필요 시 녹화된 화면을 확인하는 서비스를 제공한다. 화면에 움직임이 감지되거나 이상한 소리가 감지되면 녹화를 하거나 스마트폰 앱을 통해 실시간으로 확인하는 것이 가능하다. 만약, 집에 도둑이 들었다거나 오랫동안 가스 불이 켜져 있어서 위험한 상황이라면 KT텔레캅의 긴급 출동 서비스를 호출할 수도 있다.

3년 약정 시 최초 1회는 무료로 제공하지만 이후 출동 서비스를 이용하는 경우에는 회당 2만 원의 출동 비용이 추가된다. 정액제 구독서비스인 올레 기가 IoT 홈캠 서비스와 사용량 기반의 KT텔레캅의 긴급 출동 서비스가 결합한 셈이다. 사실 필자는 2013년 말부터 여러 행사나 언론 매체를 통해 기가 IoT 홈캠처럼 커넥티드 디바이스와 기존의 물리 보안 서비스를 결합하라는 이야기를 했었다. 그러나 내가 재직하던 LG유플러스는 물론 어떤 통신사도 이런 이야기에 귀를 기울이지 않았었다. 그러다 2015년 7월 KT가 가장 먼저 관련 상품을 출시하며 상황이 달라지기 시작했다.

이후 SK텔레콤도 에스원과 함께 '세콤 홈블랙박스' 상품을 출시했고, LG유플러스는 가장 마지막으로 ADT캡스와 함께 'IoT 캡스'를 출시했다. 단지 차이가 있다면, 세콤 홈블랙박스의 경우 에스원이 기존에 제공하던 세콤 홈블랙박스와 동일한 상품을 SK텔레콤의 스마트홈 서비스에 물리적으로 결합된 형태라는 정도다. 따라서 서비스 이용료와 조건은 세콤 홈블랙박스와 동일하게 3년 약정 기준 월 6만 9,000원에 출동 횟수 제한이 없었다. LG유플러스의 IoT 캡스는 'IoT@Home'에 출동 경비 서비스와 스마트 도어락을 연동한 상품이다. 월 이용요금이 2만 6,000원인 이 서비스는 연 1회 출동 서비스를 무료로 제공하며 이후 출동 요청 시에는 회당 2만 5,000원이 부과된다. 타사 서비스와 다른 점이 있다면, 강제 출입으로 도어락이 파손됐을 경우에는 횟수 제한 없이 출동 서비스를 제공한다는 것이다.

이러한 유형의 상품들은 아파트나 연립주택 중심으로 구성된 가정시장에 진출하고자 하는 출동 보안 회사의 니즈와 통신융합형 서비스 시장에 진출하려는 통신사의 니즈가 딱 맞아떨어진 사례에 해당한다고 할 수 있다. 그러나 미국과 달리 단독주택보다는 아파트 등 공동 주택의 비중이 높은 국내의 경우는 주택 범죄율이 매우 낮기 때문에 이런 서비스들이 출동 보안회사에게 얼마나 큰 규모의 신규 매출을 가져다줄지는 미지수다. 하지만 1~2인 가구의 증가, 건망증이 심한 노인 인구의 증가는 보안 이외에 새로운 유형의 출동 서비스를 만들 것으로 기대된다.

이런 점에서 2018년 5월 SK텔레콤이 ADT캡스를 인수한 것은 시사하는 바가 크다고 할 수 있다. ADT캡스는 57만 명의 가입자를 확보한 국내 2위 물리 보안 사업자로 국내 출동 보안 시장의 30%를 점유하고 있다. 2014년에 인수한 NSOK의 시장 점유율까지 합치면 시장 점유율은 34%에 달해 업계 1위인 에스원과 사실상의 양강 체제를 구축하게 된다. 게다가 일각에서는 통신 서비스와 물리 보안 서비스의 사업 구조가 유사하기 때문에 SK텔레콤의 ADT캡스 인수가 커다란 시너지를 낼 수 있을 것으로 분석하고 있다.

하지만 내 생각은 조금 다르다. 사이버 세상에 수많은 디지털 정보를 가지고 있는 SK텔레콤과 전국적인 오프라인 네트워크를 가지고 있는 ADT캡스의 결합은 4차 산업혁명 시대의 CPS 개념과 유사하기 때문이다. 즉, SK텔레콤은 ADT캡스의 오프라인 파워를 이용해서 차세대 보안 서비스를 제공하는 것뿐만 아니라 지금까지는 생각할 수 없었던 새로운 서비스들을 할 수 있게 되리라 생각한다. 대표적인 것이 앞에서 소개한 관리형 서비스가 될 가능성이 높다. 그래서인지 SK텔레콤도 이를 두고 '토털케어' 서비스라고 말하고 있다. 그러나 SK텔레콤이 이야기하는 것처럼 단순히 어린이나 독거노인들에 대한 건강 케어 및 새로운 시설 보안 서비스에 그치지 않으리라 생각한다.

스마트 도어락을 이용한 보안 서비스

사물인터넷 기반의 상품 기획 및 사업화 전략과 관련해서 내가 자문하는 기업들 중에는 사물인터넷 디바이스 제조, 클라우드 서비스, 인터넷 서비스를 제공하는 회사들이 대부분이다. 그러나 조금 특이하게 도어락을 전문으로 하는 기업들도 있다. 여기에서는 이들과 함께 준비하고 있는 스마트 도어락 및 이를 활용한 응용 서비스 개발에 대한 이야기를 하고자 한다.

대구에 사업장을 두고 있는 이 기업들은 각각 도어락 제조(동성산업)와 차량용 도어의 제어 기술(H기업)에 전문성을 가지고 있다. 이들은 그동안 견고한 성장을 지속해 왔지만, 최근 건설 경기가 침체되고 자동차 산업이 급변하는 상황에서 새로운 돌파구를 찾고자 고민을 하고 있었다. 그러던 중 우연히 내가 진행하는 사물인터넷 사업화 전략 교육을 들은 동성산업의 부사장님

〈스마트 도어락과 오프라인 서비스의 결합〉(출처: 동성산업)

이 나에게 자문을 요청해 왔던 것이다. 사물인터넷이나 디지털 기술에 익숙하지 않은 기업들로부터 자문 요청을 받은 터라 다소 걱정도 됐지만, 변화에 대한 뜨거운 열정을 믿고 함께하기로 했다.

우리가 함께 개발하고 있는 아이템은 스마트 도어락과 이를 기반으로 하는 응용 서비스들이다. 스마트 도어락이라는 것은 인터넷에 연결되는 디지털 도어락을 생각하면 쉽게 이해가 될 것이다. 하지만, 키패드에 대고 숫자를 누르는 디지털 도어락과는 달리, 스마트 도어락은 스마트폰이나 인공지능 스피커를 이용하여 문을 여닫을 수 있다. 원격에서 출입자나 방문자를 확인하는 것도 가능하며 원격에서 문을 열어주는 것도 가능하다. 일회용 혹은 특정 사용자용 비밀번호를 생성하는 것도 가능해서 아마존의 아마존 키Amazon Key 서비스나 에어비앤비Air B&B 같은 숙박 공유 서비스에 이용할 수도 있다.

스마트 도어락은 매우 다양하게 활용될 수 있는데, 출동 보안 서비스와의 결합은 우리가 준비하고 있는 서비스 중의 하나다. 서비스 시나리오는 매우 간단하다. 현관 앞에 낯선 사람이 반복적으로 나타나거나 도어락이 물리적으로 파손되는 경우 출동 보안 서비스를 제공할 수 있도록 하는 것이다. 다만, 이를 위해 사람을 인식하고 저전력 기술을 이용해서 촬영된 이미지나 영상을 이용할 수 있는 환경을 만들어줘야 하는데, 이것은 쉽지 않은 일이다.

출동 보안 서비스 외에도 스마트 도어락은 다양한 생활 서비스와의 결합이 가능할 것으로 보인다. 방문 학습 서비스나 케어서비스 사업자와의 제휴나 식당, 미용실 등을 운영하는 사업자 대상으로도 특화 서비스를 제공할 수 있을 것이다. 물론 숙박 예약 및 여행 플랫폼 기업인 야놀자처럼 대규모 숙박 시설에 대한 출입관제 서비스를 제공하거나 산업용 출입관제 서비스를 제공하거나 산업용 출입관제 서비스를 제공하는 것도 가능하리라 생각된다. 초기 사용자 기반을 확보하기 위해서 가격도 기존 유사 제품의 절반 수준을 목표로 하고 있다. 그리고 앞에서 소개한 다양한 서비스들을 바탕으로 추가 수익을 발생시킬 예정이다.

우리 삶에 다양하게 활용되고 있는
디바이스들

스마트 디바이스는 보험 서비스나 출동 보안 서비스뿐만 아니라 다양한 생활 서비스와 결합할 수 있다. 앞 섹션에서 잠깐 소개한 도미노피자를 다시 이야기하자면, 피자를 주문하기 쉽게 하려고 다양한 스마트 디바이스를 이용했던 것처럼 피자를 배달하기 위해 도미콥터DomiCopter라는 드론이나 DRU 라고 불리는 자율주행차와 오토바이까지 이용하고 있다. 배달을 위해 드론을 처음 사용한 회사가 아마존이 아니라 도미노피자라는 사실이 놀라울 정도다. 이뿐만이 아니다. 앞에서 소개했던 것처럼 중국의 징동닷컴은 세탁이나 집 안 청소 서비스를 호출하기 위해 스마트 버튼을 이용하고 있다. 또한 수트로라는 장치는 수영장 청소나 보일러 관리 서비스를 호출하는 데 이용되기도 한다. 이외에도 다양한 장치와 생활 서비스가 결합될 수 있는데, 이곳에서는 건강관리와 미용 관련 제품들에 대해 살펴보도록 하자.

핏비트의 건강관리 서비스: 핏비트 프리미엄

활동량 추적 장치fitness tracker의 대명사인 핏비트는 2016년 3월 '블레이즈 Blaze'라는 터치스크린 기반의 스마트워치를 출시한다. 블레이즈는 기술적으로 스마트워치로 분류되기는 했으나, 활동량 추적 장치와 스마트워치의 경계 선상에 있는 제품이었다.133) 모양은 스마트워치였지만 전반적인 기능은 활동량 추적 장치의 수준을 벗어나지 못했기 때문이다. 그로부터 1년 정도가 지난 2017년 2월 핏비트는 스마트워치의 대명사인 페블Pebble을 2,300만 달러에 인수하게 된다. 애플이나 샤오미와 달리 핏비트의 경쟁상대로 여겨졌던 회사를 인수함으로써 경쟁자를 제거하고 시장 지배력을 강화한다는 측면도 있었지만, 무엇보다도 블레이즈라는 스마트워치를 만들면서 자신들의 기술적 한계를 깨달았기 때문이었다.134)

또한 이제는 단순히 제품만 판매하기보다는 독자적인 스마트워치 플랫폼을 보유해야 한다는 필요성도 느꼈기 때문이었다. 그도 그럴 것이, 핏비트는 페블을 인수한 후 소프트웨어 인력만 제외하고 나머지 인력은 모두 해고를 해버렸다.135) 그리고 활동량 추적 장치와 스마트워치를 포함하는 독자적인 서비스 생태계를 구축하기 위해 모든 노력을 기울였다. 2017년 10월에 공개된 '핏비트 OSFitbit OS'와 '아이오닉Ionic'은 그 노력의 결과물이었다. 아이오닉은 핏비트의 공식적인 첫 번째 스마트워치이며, 핏비트 OS는 아이오닉과 같은 스마트워치에 사용되는 스마트워치용 운영체제였다. 그리고 그와 함께 '핏비트 코치Fitbit Coach'라는 서비스를 출시했다. 핏비트 OS 상에서 동작하는 핏비트 코치는 아이오닉이 제공하는 데이터를 바탕으로 개별 고객에 맞는 운동량이나 운동 방법을 제공해준다.

그러나 시장의 반응은 핏비트의 기대에 미치지 못했다. 아이오닉과 비슷한 시기에 출시된 애플의 애플워치 3의 가격이 329달러인데 비해 아이오닉의 가격이 299달러로, 애플워치 3보다 조금 싸긴 하지만 아이오닉을 선택할 만큼 가격이 매력적이지 않은 데다가 독자적인 스마트워치 앱스토어의 생태계가 정상 궤도에 오르지 않은 것이 또 다른 이유로 지적되기도 한다. 핏비트는 이에 대한 해법으로 스마트워치의 가격을 인하하고 스마트워치 기반의 서비스를 강화하기로 결정한다. 그 결과 2018년 3월에 출시된 '버사Versa'의 가격은 199달러로 낮아졌는데, 이는 이후 출시된 애플워치 4 가격의 절반에 불과한 수준이다. 그리고 2019년 3월에는 '버사 라이트Versa Lite'가 버사보다 40달러나 저렴한 가격에 출시하기도 했다.

이러한 노력은 애플이나 삼성전자, 샤오미 같은 강력한 라이벌이 존재하는 시장 환경 속에서도 핏비트가 굳건하게 자리 잡도록 했다. 2019년 7월에 발표된 카운터포인트의 자료에 따르면, 2018년 글로벌 스마트워치 시장에서 핏비트는 8%의 시장을 점유하며, 애플37%, 아이무imoo, 10%, 삼성전자9%에 이어 4위를 기록하고 있다.[136] 그러나 디바이스의 가격 인하는 매출 감소로 이어졌다. 핏비트의 매출은 2016년 정점을 찍은 이후로 큰 폭으로 줄어들었다. 2017년 매출은 16.15억 달러로 2016년 21.69억 달러 대비 25.5%나 급감했다. 2018년에도 전년 대비 7% 가까이 줄었다. 물론 매출 감소의 결정적인 원인은 중국의 저가 제품들로 인해 핏비트의 활동량 추적 장치 판매량이 급감했기 때문이었다.

결국 핏비트는 서비스를 강화하기로 결정한다. 그 결과 핏비트 코치라는 트레이닝 앱에서 이용할 수 있는 코칭 서비스를 2017년 가을부터 제공하기 시작했다. 월 7.99달러, 연 39.99달러에 제공되는 이 서비스는 이전에 제공되고 있던 '핏스타Fitstar'의 검증된 운동 프로그램을 기반으로 한다. 핏비트 장치에서 제공되는 데이터를 바탕으로 사용자의 피트니스 목표나 수준에 적합한 운동 비디오 혹은 오디오 콘텐츠를 추천해주게 된다. 오디오 코칭 프로그램을 예로 들면, 안전하게 지구력이나 속도, 자세 등을 개선할 수 있도록 도와준다. 운동의 유형을 트레드밀 이용과 옥외 달리기 중에서 선택할 수 있으며, 각각의 유형에 대해 난이도, 운동 지속 시간, 트레이너, 그리고 음악 등을 선택할 수 있다. 또한 오디오 코칭 프로그램을 이용하며 진행한 운동 내역은 자동으로 핏비트 앱에 저장된다. 2018년부터는 스피닝과 일립티컬에 대한 코칭도 추가되었다.

디바이스 가격 인하를 통한 판매량 증가와 디바이스와 연계된 서비스 판매를 통한 매출 증대 노력은 지속적으로 이어지고 있다. 핏비트는 2019년 9월 15일에 스마트워치인 핏비트 버사Fitbit Versa 2를 출시함과 동시에 핏비트 프리미엄Fitbit Premium이라는 헬스 앤드 피트니스Health and Fitness 구독서비스를 새롭게 출시했다. 월 9.99달러 및 연 79.99달러에 제공되는 이 서비스는 기존의 핏비트 코치를 흡수한 것으로 핏비트 코치에서 제공하던 운동 방법뿐만 아니라 체중 감량이나 수면 스케줄 개선을 도와줄 수도 있다. 무엇보다도 핏비트 디바이스에서 제공하는 활동량이나 수면 정보를 바탕으로 개인화된 인사이트나 건강 팁을 받을 수 있다. 예를 들면, 운동 중에도 사용자의 신체 상태를 모니터링한 후 그에 맞게 운동 수준을 조절할 수 있도록 도와준다. 또한 사용자들이 그들의 전담의사들에게 공유할 수 있는 웰니스 보고서를 제공하기도 하며 헤드 스페이스나 요가 스튜디오 같은 파트너로부터의 새로운 콘텐츠도 함께 제공한다. 추가 비용을 내고 실제 헬스 코치들로부터 운동 및 건강 관련 코칭을 받을 수 있는 프로그램도 제공할 예정이다.

최근 실적 악화로 인해 구글에 매각한다는 이야기가 나오고 있는 상황에서 이러한 노력들이 실질적인 효과로 이어질지는 당분간 더 지켜봐야 할 것으로 보인다. 웰니스 코칭 프로그램에 참여한 사람들의 90%가 활동량 추적기를 이용함으로써 자신들의 건강관리 목표를 달성하는 데 도움을 받았다는 연구 결과는 핏비트로 하여금 더욱더 서비스 영역을 강화하도록 할 것으로 전망된다.[137]

한샘의 스마트 화장대

국내 가구 업계에서 사물인터넷 기술에 가장 많은 관심을 가지고 있는 회사를 말하라면 나는 한샘을 꼽는다. 2015년부터 다양한 사물인터넷 가구를 출시한 한샘은 2018년 말에도 인공지능 스피커로 제어되는 스마트 침대를 출시하는 등 그 어느 가구업체보다 적극적으로 사물인터넷 및 디지털 기술을 도입하기 위해 노력하고 있다. 또한 최근에는 부엌 수납장에 들어가는 '빌트인 TV'를 출시하기도 했고 사물인터넷을 활용하여 기존 노후 주택을 새롭게 탈바꿈시키는 '리하우스 사업'에도 적극적이다.

여느 제조기업들과 마찬가지로 한샘은 전통적인 방식으로 사물인터넷 제품을 만들어 판매하고 있다. 즉, 기존 가구에 스마트한 기능이 추가된 제품을 생산해서 비싸게 판매하는 식이다. 최근에 출시한 '스마트 모션 베드'는 동급의 일반 모션 베드에 비해 40만 원에서 60만 원 정도의 비싼 가격에 판매되고 있다. 2015년 5월에 출시되었다가 출시된 지 1년 반 만에 단종된 '매직 미러'라는 스마트 화장대의 경우도 일반 화장대보다 3~4배 비싼 140만 원에 판매됐다.

비싼 가격도 문제였지만 해당 제품과 관련된 서비스가 사실상 전무했다는 것이 가장 큰 문제였다. 스마트 화장대의 경우 스마트 미러 뒤에 숨겨져 있는 고해상도 카메라가 피부를 촬영하고 모공, 붉은 기, 피부 결, 잡티 등을 체크한 후 피부 상태에 대한 종합 결과와 맞춤형 피부 관리법 및 미용 제품까지 제공한다. 관련 서비스는 이게 전부였다. 당시로써는 이 정도만 해도 나름 괜찮은 시도라고 생각했지만, 그 이상의 서비스가 없었다. 예를 들면, 사용자가 피부 관리법을 얼마나 준수하는지를 확인할 방법이 없었으며 소개되는 미용 제품도 제한적이었다. 전문가의 상담을 받고 싶은 경우에도 방법이 없었고 해당 제품을 구매하거나 할인을 받을 수도 없었다.

물론 일부 피부과나 피부 관리 센터와 제휴를 추진하기도 했지만, 그 수가 의미가 없을 정도로 적었다. 그리고 더 늘리려는 노력도 하지 않는 것처럼 보였다. 마치 스마트밴드가 '당신은 오늘 몇천 보를 걸었습니다'라고 알려주고 끝나는 것과 다를 바가 없었던 것이다. 핏비트가 하는 것처럼 자체적인 서비스를 만들든가 서비스 사업자와 제휴를 확대했어야 했다. 사실 이런 문제는 스마트 화장대를 만들었던 에몬스Emons나 다른 가구 회사들에서도 그대로 나타났다. 또한, 현재 판매하고 있는 스마트 침대에서도 비슷하게 나타날 것으로 예상된다. 기존과 특별히 다르게 이용하지도 못하는데 소비자들이 굳이 더 많은 돈을 지불하지 않을 것이기 때문이다. 이제 소비자들은 서비스가 없이 비싸기만 한 스마트 제품에는 전혀 관심이 없다는 사실을 명심해야 한다.

서비스 사업자가 시장을 주도해야 한다

그렇다고 해서 한샘이나 다른 가구 회사들이 자신들이 생산하는 스마트 가구와 관련된 획기적인 서비스를 출시할 것 같지는 않다. 2000년대 초반부터 서비스 사업을 하겠다고 다양한 시도를 했던 삼성전자가 아직도 제대로 된 서비스 사업을 하지 못하는 것과 마찬가지다. 태생이 제조업인 회사들이 서비스를 하는 것은 하늘의 별 따기처럼 어려운 것이다. 그렇다면 어떻게 해야 할까? 마땅한 서비스를 만들어 내기도 쉽지 않고 엄청난 연구 개발 비용을 들여 개발한 침대를 일반 침대와 동일한 가격에 판매할 수도 없으니 말이다. 이런 질문에 대한 나의 답은 서비스 회사를 움직이게 하라는 것이다. 해당 제품과 관련된 서비스 회사가 스마트한 서비스를 기획하도록 만들면 된다.

예를 들면, 스마트 화장대의 경우 전국적인 피부 관리 매장을 가진 기업과 제휴해서 제품을 판매하고 관련 서비스를 제공할 수 있다. 스마트 화장대가 생성한 데이터를 바탕으로 피부 관리 센터가 기존의 피부 관리 서비스 체계를 변형한 스마트 피부 관리 서비스를 개발하도록 하고, 스마트 화장대 이용자들이 부담 없는 가격에 해당 서비스를 이용하도록 하면 된다.

스마트 화장대 이용자들이 얼마나 해당 서비스를 이용할지는 알 수 없지만, 두 기업은 스마트 화장대와 스마트 피부 관리 서비스의 제휴를 통해 신규 고객들이 더 많은 피부 관리 서비스를 받도록 만들면 된다. 예를 들면, 피부 관리 센터에 가지 않고서도 피부 관리를 받을 수 있게 하는 것이다. 그리고 피부관리 서비스 외에 다른 미용 서비스도 제공하고 미용 제품들의 판매도 할 수 있는 구조로 만들면 된다. 이를 위해 스마트 화장대의 가격을 최대한 낮추는 것은 필수적일 것이다.

만약, 스마트 제품과 관련된 마땅한 서비스 사업자가 없는 경우라면 해당 서비스를 제공하기 위한 독립적인 회사를 만드는 것도 한 방법이다. 독립적인 회사를 만들어야 하는 이유는 이 회사에서는 제조업 마인드를 철저히 배제하고 서비스 마인드로 무장해야 하기 때문이다. 그리고 디지털 전문가도 필요하지만, 가능하다면 현장 경험이 많고 오프라인의 생리를 잘 아는 사람들로 구성원을 채워야 한다. 오프라인 서비스라는 것은 책상에 앉아서 만들 수 있는 것이 아니기 때문이다.

스마트홈에서 스마트시티로

지자체를 대상으로 사물인터넷이나 4차 산업혁명에 대한 강의를 할 때 빼놓을 수 없는 주제가 바로 스마트시티다. 스마트시티는 문재인 정부에서 말하는 신성장 동력의 핵심 플랫폼 중의 하나로 언급되는데, 현재 추진되고 있는 시범 사업들을 보면 아쉽게도 기술이나 솔루션 혹은 인프라 중심으로 관련 사업이 추진되고 있어 아쉽다.

이러한 모습은 시민들이 기대하는 스마트시티의 모습과는 사뭇 다르다. 멋있고 화려한 최첨단의 솔루션은 있지만, 시민들이 유용하게 이용할 수 있는 서비스는 없기 때문이다. 따라서 업계에 종사하는 사람들은 현재 추진 중인 스마트시티 사업들이 과거의 유시티U-City와 같은 결말을 맞이하지 않을까 우려하고 있다. 기술이나 솔루션만 달라졌을 뿐 유시티 사업과 다른 것이 없기 때문이다.

물론 일부 시범 서비스에서는 모빌리티 서비스나 주차장 공유 서비스와 같은 시민 편의 서비스들이 포함되어 있기도 하지만, 대부분의 서비스는 기존 시설을 업그레이드하거나 신규로 조성되는 도시에서만 가능한 경우가 대부분이다. 따라서 스마트시티를 추진할 때는 솔루션이 제공하는 기능에서 멈추는 것이 아니라 그런 기능들을 고객 가치 관점에서 재해석하고 이를 서비스화하거나 기존 서비스들과 연결하려는 노력이 수반되어야 한다.

또한, 스마트시티를 위한 관 주도의 노력 외에도 민간 차원의 스마트화 노력이 병행되어야 한다. 민간 차원의 스마트화 노력은 각 가정의 스마트화 및 지역 중소사업자들의 스마트화를 통해서 가능해지는데, 스마트홈을 구성하는 디바이스를 이용해서 지역 중소사업자들이 제공하는 생활 서비스를 이용할 수 있을 때 그 효용성이 커질 것으로 생각한다. 게다가 이런 노력은 생활 서비스를 활성화하고 결과적으로 지역 경제를 활성화할 수도 있을 것이다.

스마트홈, 스마트시티의 시작

앞에서도 잠깐 언급했지만, 스마트시티는 인프라 측면과 서비스 측면이 균형감 있게 결합할 때 완성된다고 생각한다. 즉, 도시 인프라의 효과적이고 효율적인 관리와 관련된 내용이 주가 되는 관 주도의 스마트시티에 생활 서비스 중심의 스마트시티 사업이 추가되어야만 완벽한 스마트시티를 구축할 수 있게 된다.

문제는 아직까지 생활 서비스 중심의 스마트시티 사업이 무엇인지에 대한 개념이 정립되어 있지 않다는 것이다. 그도 그럴 것이, 아직 생활 서비스 중심의 스마트시티에 대해 고민한 사람이나 단체가 많지 않았기 때문이다. 그러나 사실 스마트시티를 구성하는 생활 서비스는 대단한 것이 아니다. 현재 도시에 사는 사람들이 이용하는 서비스가 생활 서비스이기 때문이다. 예를 들어 아침이 되면 출근을 하고 낮에는 직장에서 일하고 저녁에는 가족들과 가정생활을 하는 것들이다. 물론 가정주부나 노인들은 집안일을 하고 지인들을 만나는 등의 취미생활을 할 수도 있을 것이다.

조금 더 구체적으로 말하자면, 출퇴근길에 이용하는 교통 서비스가 있을 것이고 택배나 주문 음식 등 다양한 배달 서비스가 존재할 것이다. 또한 사무용품 관리나 가전제품 관리 서비스와 집 안 청소나 자동차 정비 서비스를 이용할 수도 있을 것이다. 아파트 커뮤니티 센터에서 운동을 하거나 지역 커뮤니티 센터를 빌려 소규모 행사를 할 수도 있을 것이다. 스마트한 생활 서비스라는 것은 별다른 것이 아니다. 앞에 소개한 것처럼 현재 우리가 이용하고 있는 일상적인 생활 서비스를 스마트한 방법으로 이용할 수 있도록 하는 것이다. 즉, 스마트폰이나 인공지능 스피커와 같은 스마트한 제품들을 이용해서 이들을 이용할 수 있으면 되는 것이다. 이를 위해 교통수단이나 버스정류장을 인터넷에 연결하고 다양한 생활 서비스 회사들을 디지털화하고 커뮤니티 센터나 공간들을 가상화하여 쉽게 접근할 수 있게 만들면 되는 것이다.

나는 그 시작이 집에 있다고 생각한다. 그리고 집을 대상으로 현재의 생활 서비스를 제공하는 생활 서비스 사업자들에 있다고 생각한다. 따라서 스마트시티를 성공적으로 추진하기 위해서는 거버넌스 관점의 사업들뿐만 아니라 일반 가정과 생활 서비스 사업자들을 디지털화하고 가상화하는 노력도 병행해야 한다. 가능하다면 이 부분이 선행되어야 한다고 생각한다.

스마트홈 서비스, 기존 방식대로는 안 된다

스마트시티를 추진하는 지자체나 정부 산하 기관은 아니지만, 다행스럽게도 다양한 사업자들이 스마트홈에 관심을 기울이고 있다. 잘 아는 것처럼, LG유플러스를 위시한 통신사들은 이미 오래전부터 스마트홈 사업을 추진해 왔으며, 최근에는 건설사들과 함께 신축 아파트를 대상으로 처음부터 스마트홈을 구축하려고 노력하고 있다. 이외에도 메이저급 가전회사들이나 인터넷 서비스 사업자들도 스마트홈에 눈독을 들이고 있다.

그러나 누차 이야기한 것처럼 현재의 스마트홈은 전혀 바람직하지 않은 방식으로 추진되고 있다. 신규 아파트의 경우에는 사용자의 니즈와는 상관도 없이 스마트 디바이스들이 설치되고 있으며 사용자들이 직접 구매해서 이용하는 디바이스들은 원격 제어나 모니터링과 같은 단순한 기능들만 제공하고 있다. 물론 최근에는 디바이스들 사이의 연동 기능을 제공하는 사업자들도 나타나고 있지만, 다른 통신사나 제조사의 제품들과는 연동이 되지 않는 것이 다반사다. 게다가 통신사의 경우 매달 터무니없는 서비스 이용료를 청구하기도 한다.

이런 식이라면 스마트홈은 불가능하다고 보인다. 실제로 스마트홈 사업이 추진된 지 4~5년이 지났지만, 제대로 된 스마트홈 서비스를 이용하는 사람들은 전체 국민의 5%도 되지 않는 것이 현실이다. 사물인터넷 아파트에 사는 사람들조차도 자신이 사물인터넷 아파트에 살고 있는지조차 알지 못하며, 그 사실을 아는 경우에도 스마트 기능을 어떻게 이용해야 하는지 모르는 경우가 태반이다. 스마트 디바이스 보급률과 실사용률에 어마어마한 차이가 있다는 사실을 명심해야 한다.

더 큰 문제는 얼마 되지 않는 이용자들도 스마트한 기능들을 한두 번 써보고는 더 이상 이용하려 하지 않는다는 것이다. 이용법이 사용자 친화적이지도 않을뿐더러, 스마트한 기능들이 제공하는 고객가치가 지극히 단편적이기 때문이다. 그럼에도 불구하고 여전히 디바이스만 열심히 공급하려는 사업자들만 있는 것이 우리나라 스마트홈 서비스 산업의 현실이다.

스마트시티로의 확대

이런 암담한 상황을 타개할 방법은 딱 하나뿐이다. 스마트 디바이스 중심의 스마트홈을 생활 서비스 중심의 스마트홈으로 만드는 것이다. 즉, 섹션 3에서 섹션 9까지 걸쳐 소개한 것처럼 스마트 디바이스를 기반으로 다양한 생활 서비스를 제공하는 것이다. 그리고 집을 마치 작은 생활 서비스 플랫폼으로 만드는 것이다. 사실 이것은 그렇게 어려운 일이 아니다. 아마존이나 구글, 네이버나 카카오 같은 인터넷 서비스 사업자들이 스마트홈에 관심을 갖는 이유가 바로 여기에 있다. 이들은 컴퓨터나 스마트폰을 통해 제공했던 다양한 생활 서비스들을 스마트 디바이스를 이용해서 가정으로 이식하기를 기대하고 있다. 그리고 그 허브로 인공지능 스피커를 생각하고 있는 것이다.

다음 장에서도 논의하겠지만, 인공지능 스피커는 사용자 친화적인 인터페이스를 통해 다양한 스마트 생활 서비스를 제공할 것으로 기대된다. 하지만 인공지능 스피커를 통해 제공할 수 있는 생활 서비스에는 한계가 있다고 생각한다. 앞서 소개한 것처럼 피트니스나 피부미용 등의 생활 서비스는 그 서비스와 잘 어울리는 디바이스를 통해 제공될 때 효과적이기 때문이다. 따라서 인터넷 서비스 사업자가 제공하고자 하는 것 이상의 스마트홈 서비스 포털이 만들어져야 하고, 이 서비스 포털에는 컴퓨터나 스마트폰을 통해서 제공할 수 있는 생활 서비스뿐만 아니라 다양한 스마트 디바이스를 통해 제공할 수 있는 모든 서비스가 포함되어 있어야 한다. 또한 이 서비스 포털에는 컴퓨터나 스마트폰은 물론 인공지능 스피커나 다양한 스마트홈 디바이스를 통해 접근이 가능해야 한다.

무엇보다 중요한 것은 이 서비스 포털에 우리가 상상할 수 있는 모든 스마트 생활 서비스 사업자들이 참여해야 한다는 것이다. 현재 많이 이용하고 있는 모빌리티 서비스나 배달 서비스 사업자들은 물론 동네 미용실이나 피트니스 센터, 병원 등도 참여해야 하며 심지어는 철물점이나 보습학원까지 참여해야 한다. 모든 생활 서비스 사업자가 참여해야 진정한 스마트시티로 확대될 수 있기 때문이다. 그러나 이런 모든 생활 서비스 사업자들이 참여하는 스마트홈 서비스 생태계를 만드는 것은 현실적으로 불가능하다고 생각한다. 따라서 특정한 지역, 예를 들면 대규모 아파트 단지를 중심으로 시범 서비스 사업을 추진하는 것이 필요하다고 여겨진다. 나는 이를 '스마트 콤플렉스Smart Complex'라고 부르는데, 다수의 스마트 콤플렉스를 구축하고 이를 통합한 것이 생활 서비스 중심의 스마트시티라고 생각한다.

그러므로 스마트시티를 구축하기 위해서는 현재 추진되는 인프라 중심의 스마트시티와 함께 생활 서비스 중심의 스마트시티를 구축해야 한다. 생활 서비스 중심의 스마트시티는 여러 개의 스마트 콤플렉스를 구축하고 이를 통합함으로써 만들어진다. 또한, 스마트 콤플렉스는 시범 스마트 콤플렉스를 구축한 후 여기서 발생하는 문제점과 이슈들을 해결한 스마트 콤플렉스들을 추가하는 식으로 단계적으로 구축해야 한다.

이와 같은 방법으로 만들어진 스마트시티는 기존의 생활 서비스 이용을 활성화할 것으로 기대된다. 이는 기존에 있는 제품이나 서비스를 더 많이, 더 자주 이용하도록 한다는 4차 산업혁명의 지향점과도 일맥상통한다. 결과적으로 현재 생활 서비스를 제공하고 있는 중소 상공인들의 사업을 활성화할 것이며 분야별 생활 플랫폼 서비스 사업자들의 사업도 활성화할 것이다.

결국 생활 서비스 중심의 스마트시티는 지역 경제를 활성화시키고 지역 구성원들의 수입을 늘리며 일자리를 늘리는 결과로 이어지리라는 것이 나의 생각이다. 물론, 내가 생각하는 스마트시티의 모습에 부족한 부분들도 많이 있겠지만, 지금처럼 세금만 낭비한다는 비판을 듣는 스마트시티 사업에서 조금이나마 참고를 하고 발전시켜 나가기를 기대해 본다.

Section
9

서비스 플랫폼
디바이스에 주목하라

어떤 디바이스가 인터넷에 연결되면 이 디바이스는 판매되는 대신 서비스 형태로 이용될 수 있으며 혹은 다른 서비스를 활성화하기 위한 수단으로도 이용될 수도 있다. 또한, 경우에 따라서는 커넥티드 디바이스가 여러 종류의 서비스를 중개하는 수단으로 이용될 수도 있음을 알 수 있다.

예를 들어, 자동차의 상태 정보를 알려주는 OBD2 장치는 자동차보험뿐만 아니라 자동차의 정비 서비스나 이동과 관련된 다른 서비스를 중개하는 수단으로 활용될 수 있다. 그리고 수트로라는 디바이스는 풀장 관리에 필요한 화학제품뿐만 아니라 풀장 관리 서비스, 보일러 관리 서비스 등을 중개할 수 있었다. 이처럼 하나의 디바이스가 여러 유형의 서비스를 중개할 때, 우리는 그 디바이스를 플랫폼 디바이스platform device 혹은 서비스 플랫폼 디바이스라고 부른다. 어떤 커넥티드 디바이스든 서비스를 위한 플랫폼 디바이스가 될 수 (있는 가능성을 품고) 있지만, 커넥티드 디바이스라고 해서 모두 플랫폼 디바이스가 될 수 있는 것은 아니다.

서비스 플랫폼 디바이스는 그 이름이 의미하는 것처럼 다양한 서비스를 제공하거나 중개하기 위한 기반이 되는 장치다. 따라서 여러 목적을 위해 사용자들이 빈번하게 이용하는 장치들이 플랫폼 디바이스가 될 가능성이 높다. 통상적으로 이런 장치들은 사용자 친화적인 인터페이스를 제공하며 디바이스나 사용자와 관련된 다양한 데이터를 생성하기도 한다. 게다가 스마트 스피커는 다른 스마트 디바이스에 비해 가격도 저렴하고 디지털 콘텐츠에서부터 다양한 생활 서비스까지 중개할 수도 있다. 이런 특성을 감안할 때 현재 플랫폼 디바이스로써의 가능성이 가장 높은 장치는 다름 아닌 스마트 스피커 다. 음성인식 기능이 있는 스마트 스피커는 이미 전 세계적으로 1억 대 이상이 보급된 상태이며, 2019년 말에는 2억 대 정도의 스마트 스피커가 보급될 것으로 예상된다.[138]

　인공지능 스피커 외에는 스마트 냉장고나 스마트 TV 같은 스마트 가전이나 가정용 서비스 로봇domestic robot, 커넥티드 카 등이 장차 플랫폼 디바이스의 역할을 할 것으로 보인다. 하지만 이들 역시 기본적으로는 음성인식 기반의 사용자 인터페이스를 제공한다는 점에 주목할 필요가 있다. 인공지능 스피커와 차이가 있다면 특정한 생활 서비스들과 관련성이 매우 높다는 정도다.

인공지능 스피커:
음성인식과 인공지능

2014년 11월, 아마존은 검은색의 긴 원통형 모양의 스피커를 출시했다. 아마존 에코Amazon Echo라 불리는 이 스피커는 와이파이를 이용해 인터넷에 연결된 스피커로 음성 명령을 통해 음악을 듣거나 생활 정보를 확인하고 집 안에 있는 스마트 램프나 스마트 플러그 같은 제품들의 제어가 가능하다. 아마존 에코가 이런 기능을 제공할 수 있었던 것은 아마존이 일찍부터 알렉사 Alexa라는 인공지능 기반의 음성인식 서비스를 가지고 있었기 때문이다.

아마존 에코가 출시되기 이전에도 음성인식 기반의 사용자 인터페이스를 이용한 서비스들이 없었던 것은 아니다. 이미 블링고Vlingo나 보이스 액션즈Voice Actions, 보이스투고Voice2Go, 그리고 뉘앙스Nuance의 드래곤고Dragon Go 같은 음성인식 혹은 음성인식 기반의 개인 비서 앱들이 존재했으며, 나중에 애플에 인수되어 아이폰의 운영체제에 통합된 시리 어시스턴트Siri Assistant 같은 앱들도 있었다.[139] 하지만 음성인식 기반의 사용자 인터페이스가 본격적으로 이용되기 시작한 것은 2011년 애플이 아이폰 4S를 출시하며 '시리Siri'를 탑재하면서부터다. 기존처럼 음성인식 앱을 찾아서 실행하는 대신 스마트폰의 홈 버튼을 길게 누르거나 혹은 전원이 연결되어 있는 경우에는 '시리야Hey Siri'라고 말하는 것만으로 언제라도 음성 명령을 이용할 수 있게 된 것이다. 이렇게 간편하게 음성으로 궁금한 것들을 물어보거나 근처의 맛집을 추천받는 것이 가능해졌다.

이후 스마트폰용 운영체제인 안드로이드를 제공하던 구글도 '구글 나우 Google Now'라는 음성인식 기반의 개인 비서 서비스를 출시했다. 2012년에 출시된 안드로이드 4.1 젤리빈에서부터 기본 탑재되기 시작한 구글 나우는 2016년에 사용자와의 상호작용이 가능한 '구글 어시스턴트Google Assistant'라는 인공지능 비서 서비스로 대체되어 오늘에 이르고 있다. 마이크로소프트도 2014년 4월 윈도우폰 8.1 등을 위한 인공지능 비서 서비스인 '코타나 Cortana'를 처음 공개하고 출시한 바 있다.

아마존 에코 생태계

애플의 시리를 시작으로 스마트폰에 음성인식 기반의 인공지능 서비스들이 탑재되면서 사용자 인터페이스가 조금씩이나마 화면 터치에서 음성 명령으로 바뀌어 나가고 있지만, 스마트폰에서 음성 명령을 사용하는 것은 한계가 있었다. 음성 인식률이 만족스럽지 않았고 음성인식을 이용해야 할 만한 서비스도 많지 않았다. 게다가 음성 명령은 스마트폰의 인공지능 비서뿐만 아니라 주변에 있는 다른 사람들도 듣게 된다는 단점도 있다. 그로 인해 사람들은 주로 차 안이나 집에 혼자 있을 때 음성인식 서비스를 이용했다.[140] 그러나 아마존 에코를 시작으로 한 인공지능 스피커의 등장은 이러한 스마트폰 환경에서 단점으로 여겨졌던 부분들을 자연스럽게 극복했다. 대부분의 음성인식 스피커는 초기에는 부엌이나 거실에 설치되었으며, 이후 침실이나 아이 방 등 개인적인 공간을 중심으로 설치되어 갔다. 따라서 크게 타인의 눈치를 보지 않고 음성인식 서비스를 이용할 수 있는 환경이 조성되기 시작했다.

여기에 음성인식 기반의 다양한 서비스들이 등장했다. 음성인식을 이용해서 날씨나 시간을 묻는 것은 물론 알람시계나 타이머 설정과 같은 일들을 할 수 있었고, 개인 일정을 확인하거나 새로운 일정을 등록하는 것도 가능해졌다. 게다가 주요 뉴스나 스포츠 경기 결과, 교통 상황 등과 같은 다양한 생활 정보 서비스들을 이용할 수도 있게 되었다. 환경의 조성과 서비스의 증가뿐만 아니라 음성으로 제어를 하거나 상태를 확인할 수 있는 스마트 디바이스들의 종류가 다양해지면서 이용하는 사람의 폭이 넓어졌다.

하지만 결정적으로 음성인식 스피커의 생태계를 강화한 것은 쇼핑 기능이었다. 실제로 아마존이 아마존 에코를 출시하게 된 근본적인 목적은 고객들로 하여금 자신들이 제공하는 전자상거래 서비스를 더 쉽고 편리하게 이용하게 하려는 데 있었다. 기존에도 대시 완드나 대시 버튼을 이용해서 기존에 주문했던 제품들을 쉽게 주문할 수 있도록 했지만, 음성인식 스피커는 이를 더욱 간편하게 만들어줄 수 있었기 때문이다. 또한 장기적으로는 기존에 주문했던 제품이 아닌 것도 음성으로 쉽게 주문할 수 있게 하기 위함이었다.

아마존의 이러한 생각은 단순히 공산품이나 아마존 뮤직, 아마존 북과 같은 콘텐츠 서비스에 국한되지 않았다. 피자와 같은 패스트푸드는 물론 집 근처의 레스토랑에서 음식 배달을 시킬 수 있었으며, 스타벅스에 커피를 주문하고 우버 택시를 부르는 것도 가능하게 만들었다. 즉, 장기적으로 음성인식 기반의 서비스 생태계를 만들어 나가는 데 인공지능 스피커의 역할이 매우 중요하다고 봤던 것이다. 이를 위해 아마존은 프라임 회원 중에서 음성으로 제품을 주문한 고객들에 한해서 배송과 반송을 무료로 제공하고 있다. 더불어 기존 고객들의 평가가 좋은 제품들을 엄선하여 추천해주기도 한다. 서비스 사업자들이 알렉사의 기능을 잘 활용할 수 있도록 '알렉사 스킬Alexa Skills'이나 '알렉사 커넥트 키트ACK' 등을 제공하고 있다.

음성으로 주문하든 디바이스로 주문하든 여기서 중요하게 볼 것은 '주문 방식의 변화' 그 자체다. 새로운 주문 방식은 고객들로 하여금 상품의 주문과 관련된 고민을 하지 않게 만들기 때문이다. 이에 익숙해진 고객들은 항상 이용하는 제품들처럼 일부 제품에 대해서는 가격 비교를 하지 않을 것이며, 결과적으로 이는 판매되는 제품들에 대한 아마존의 가격 통제력을 더욱 강하게 만든다. 즉, 마음만 먹으면 아마존이 언제든 가격을 올리는 것도 가능하게 된 것이다.

음성인식 기반의 쇼핑이 핵심이다

물론 아직까지 음성인식 기능을 이용해서 쇼핑을 하는 사용자의 비중은 그다지 높지 않다. IT 전문 매체인 더 인포메이션The Information의 보도에 따르면, 2018년 상반기에는 아마존 알렉사 이용자 중 오직 2%만이 아마존 에코를 이용해 온라인 쇼핑을 했다고 한다. 게다가 쇼핑을 한 2%의 고객 중에서 10%만이 같은 기간 동안 알렉사를 이용해서 추가 구매를 했다고 전했다.[141] 이러한 상황은 아마존의 기대와는 전혀 다르다. 아마존은 아마존 에코 등 알렉사가 지원되는 장치에서 음성으로 쇼핑을 하는 경우 추가적인 할인 혜택을 제공하는 등 보이스 쇼핑을 활성화하기 위해 노력하고 있다.

반면, 보다 많은 사용자들이 음성인식 기능을 이용해서 쇼핑을 하거나 생활 서비스를 이용한다는 조사 결과도 발표되고 있다. 글로벌 투자은행인 RBC 캐피털 마켓RBC Capital Markets은 알렉사 기반의 쇼핑 매출이 2020년에는 100~110억 달러에 이를 것으로 전망하고 있고,[142] OC&C 전략 컨설턴트OC&C Strategy Consultants의 발표에 따르면, 2022년까지 미국에서의 음성 쇼핑 시장 규모는 400억 달러 수준으로 성장할 것으로 예상된다. 이는 2017년 현재 미국에서의 음성 쇼핑 시장 규모인 20억 달러의 20배에 달하는 수준이다.[143]

2018년 말 현재 미국 가정의 약 24%는 인공지능 스피커를 소유하고 있으며, 그중 36%는 쇼핑을 위해 정기적으로 인공지능 스피커를 이용하고 있다고 한다. 영국의 경우 2017년 말을 기준으로 약 10%의 가정이 인공지능 스피커를 보유하고 있으며, 이 중 16%는 음성을 이용해서 정기적으로 쇼핑을 한다고 한다.[144] 정기적이지는 않지만, 인공지능 스피커를 이용하여 음성으로 쇼핑을 해본 경험이 있는 이용자들의 비중은 훨씬 높다. 미국의 경우 인공지능 스피커 이용자 중 62%가 한 번씩은 음성으로 쇼핑을 한 적이 있으며, 영국도 44%에 달하는 것으로 나타나고 있다.

일반적으로 젊고 부유하며 아이들이 있는 가정에서 음성으로 쇼핑을 하는 경향이 높은 것으로 나타난다. 이는 젊은 사람들이 새로운 기술을 빨리 수용하는 경향이 크기 때문이며, 부유하거나 아이들이 있는 사람들은 가격보다는 편리하게 쇼핑을 하기를 원하는 경향이 있기 때문이다. 이들은 주로 식료품20%이나 엔터테인먼트19%, 전자제품17%, 의류8%를 구입하는데, 이미 이용한 적이 있거나 잘 알고 있는 제품들을 구매하는 것으로 나타났다. 아마존이나 구글 등에서 추천한 개인화된 제품들에 대해서는 오직 39%의 사용자들만이 신뢰한다고 응답했는데, 이는 제품을 추천하는 데 있어서 음성이 가진 한계로 여겨진다.

이러한 이유로 아마존을 비롯하여 구글이나 국내 통신사업자 등 인공지능 스피커를 출시하는 기업들은 최근 디스플레이가 탑재된 제품의 출시에 적극적이다. 디스플레이가 탑재된 인공지능 스피커들은 PC나 스마트폰으로 온라인 쇼핑을 하는 것처럼 눈으로 제품을 확인하도록 하거나 제품에 대한 정보를 제공함으로써 구매 결정을 도울 수 있기 때문이다. 게다가 프라임 비디오Prime Video나 유튜브 같은 스트리밍 비디오 서비스의 활성화는 물론 화상통화 서비스의 보편화에도 크게 기여할 것으로 기대된다.

인공지능 스피커 생태계의 확대 전략

글로벌 시장조사 업체인 스트래티지애널리틱스Strategy Analytics가 발표한 자료에 따르면 2018년 1분기 글로벌 인공지능 스피커 시장의 43.6%를 아마존이 차지하고 있다. 이어서 구글과 중국의 알리바바, 그리고 애플이 각각 26.5%, 7.6%, 6.0%를 차지하고 있으며 나머지 기업들이 16.3%를 점유하고 있다.[145] 또한 캐널리스Canalys의 전망에 따르면 인공지능 스피커의 글로벌 시장 규모는 2018년에 1억 대 규모, 2020년에는 2억 2,500만 대 규모에 달할 것으로 전망하고 있다.[146]

2018년에 들어서면서 아마존의 글로벌 시장 점유율이 50% 이하로 떨어지고 있는 반면, 미국 시장에서는 여전히 강세를 보이고 있다. 시장조사 업체인 CIRPConsumer Intelligence Research Partners가 발표한 자료에 따르면, 2018년 6월 말 현재 미국의 인공지능 스피커 보급 대수는 약 5,000만 대라고 한다. 이 중 70%에 해당하는 3,500만 대는 아마존의 에코 계열 제품들이며, 구글 홈이 24%, 애플의 홈팟HomePod은 전체의 6%에 불과했다고 한다.[147] 더 인포메이션의 조사 자료에 따르면, 아마존은 2018년 6월까지 5,000만 대의 알렉사 지원 디바이스를 판매한 것으로 알려지고 있다.

아마존이 이처럼 미국 및 글로벌 시장에서 독보적인 점유율을 차지하고 있는 이유는 딱 하나다. 바로 음성인식 기반의 서비스 생태계를 주도하겠다는 큰 그림이다. 이를 위해 아마존은 인공지능 스피커의 가격을 원가 수준으로 낮게 책정해서 판매하고 있으며, 상품군도 가장 다양하게 제공하고 있다. 그에 더해 매년 7월의 프라임데이 행사에서는 프라임 회원들에게 50% 정도 할인된 가격에 제품을 판매하기도 하며 에코 닷을 3개 혹은 6개 묶음으로 판매하기도 한다. 그리고 다른 스마트 디바이스 제조사들이 알렉사를 쉽게 이용하고 음성인식 기반의 서비스를 제공할 수 있도록 하기 위해 AVSAlexa

Voice Service나 ASK를 제공하고 있다.

아마존이 이처럼 다양한 방식으로 인공지능 스피커 보급에 열심인 이유는 분명하다. 앞에서도 언급한 것처럼 음성인식 기반의 서비스 생태계를 주도하기 위해서는 처음부터 많은 사람이 아마존의 음성인식 서비스를 부담 없는 가격에 이용해야 하는데, 아마존 자신들만의 힘으로 관련 생태계를 만들어나가는 것이 불가능하다는 것을 잘 알고 있기 때문이다. 이런 이유로 경쟁사들이 스피커의 음향 품질을 높이기 위해 노력할 때도 아마존은 더 많은 이용자를 모으고 더 많은 서비스를 제공하기 위한 노력을 지속하고 있다. 예를 들면, 사용자별 목소리 인식Alexa Voice Profiles의 개발이나 복수의 인공지능 스피커에서 인식된 사용자의 명령을 처리하는 방법Echo Spatial Perception 등이 이에 해당한다.

중국에서도 최근 빠른 속도로 인공지능 스피커가 보급되고 있다. 중국 시장조사업체 AVC에 따르면 2019년 상반기 중국의 인공지능 스피커 판매량은 1,556만대로 전년 상반기 대비 233% 증가했다고 한다. 인공지능 스피커의 보급이 이렇게 빠른 속도로 이뤄지는 이유는 인공지능 스피커의 종류가 무려 86개에 이를 정도로 다양하며 평균 판매 가격이 100위안, 우리 돈으로 2만 원이 채 되지 않을 정도로 저렴하기 때문이다. 반면, 2018년 2월에 시리가 탑재된 인공지능 스피커인 홈팟HomePod을 출시한 애플은 시장에서 고전을 면치 못하고 있다. 아마존이나 구글에 비해 2~4년 정도 시장에 늦게 진출한 탓도 있겠지만, 애플은 아마존이나 구글의 가장 저렴한 제품들보다 무려 7~10배 정도 비싼 349달러에 판매하고 있기 때문이다. 이에 따라 애플도 200달러 미만의 제품을 출시할 예정이라고는 하지만 시장의 판세는 이

302

미 기울어졌다고 본다.

삼성전자도 2018년 하반기에 개최된 갤럭시 노트 9 공개 행사인 '갤럭시 언팩 2018'에서 인공지능 스피커인 '갤럭시 홈'을 공개한 바 있다. 삼성전자는 다리가 3개 달린 항아리 모양의 독창적인 디자인을 하고 있는 갤럭시 홈을 이용하여 자사의 다양한 가전 기기들을 연결하는 스마트홈 생태계를 만들어 나갈 계획이라고 한다. 그러나 갤럭시 홈의 가격도 애플의 홈팟처럼 300달러대에 판매될 것으로 전망될 뿐만 아니라 이미 국내에는 통신사들과 인터넷 사업자들이 초기 시장을 장악하고 있어서 계획대로 될지는 지켜봐야 할 것 같다.

국내에서는 삼성전자 외에 3개의 통신사와 2개의 인터넷 서비스 사업자들이 경쟁적으로 인공지능 스피커를 보급하고 있다. 특히 통신사들의 경우 인터넷 서비스를 갱신하려는 고객들을 대상으로 끼워 팔기 혹은 밀어내기식으로 인공지능 스피커를 보급하고 있다. 과학기술정보통신부의 자료에 따르면, 2019년 3월 말 기준 약 412만 대가 보급된 것으로 알려지고 있고, 이 수치는 2019년 말이면 800만에 이를 것으로 예상된다. 하지만 고객들이 자발적으로 구매하지도 않는 데다가 보급을 하는 것에만 급급할 뿐 보급하는 스피커의 음성인식률도 낮고 서비스도 충분하지 않은 상태이다 보니 이용률은 매우 낮은 것으로 알려져 있다.

스마트 가전:
냉장고의 한계를 넘다

인공지능 스피커 못지않게 플랫폼 디바이스로 이용될 수 있는 장치들이 스마트 가전제품들이다. 이들은 스마트폰이나 인공지능 스피커에 사용되는 음성인식 기반 사용자 인터페이스를 쉽게 가져다 쓸 수 있기 때문이다. 좀 과장해서 말하자면, 스마트 가전에 마이크와 스피커, 음성신호 처리 프로세서, 통신 모듈 정도만 추가하면 구현이 가능할뿐더러 구현하는 데 필요한 가격도 그리 비싸지 않다. 게다가 아마존이나 구글 같은 선도 사업자들은 음성인식 기반의 인공지능 서비스 생태계를 확대하기 위해 자신들의 음성인식 서비스 인터페이스를 무료 혹은 매우 저렴한 가격에 제공하고 있다. 그래서 최근에는 제조사를 불문하고 다양한 스마트 가전에서 음성인식 서비스를 이용하는 것이 가능하다. 경우에 따라서는 여러 음성인식 서비스 중에서 자신이 원하는 것을 선택적으로 이용하는 것도 가능하다.

스마트 냉장고

여러 가전제품들 중에서 스마트 냉장고는 플랫폼 디바이스로 이용할 수 있는 대표적인 가전제품이다. 플랫폼 디바이스로 스마트 냉장고를 가장 먼저 뽑는 이유는 다른 가전제품들과 달리 냉장고는 일반 가정에서 없어서는 안 되는 제품이기 때문이다. 물론 1인 가구가 증가하고 외식이 증가하면서 냉장고에 대한 니즈도 점점 줄어들고 그 형태도 달라지고는 있지만, 그럼에도 불구하고 충분히 한 자리를 차지할 제품이라고 생각한다.

또 다른 이유는 다른 가전제품들과 달리 냉장고는 365일 24시간 내내 전원에 연결되어 있기 때문이다. 즉, 항상 켜져 있기 때문에 언제든 사용자와 커뮤니케이션할 수 있다. 더욱이 집 안에서 가장 오래 생활하는 주부들뿐만이 아니라 온 가족이 가장 많이 이용하는 제품 중의 하나다. 무엇보다도 냉장고는 오래전부터 생활 서비스의 요람이었다. 냉장고에 치킨이나 피자가게 마그넷이나 메모지를 붙여놓고 이용하던 모습을 생각하면 쉽게 수긍이 갈 것이다. 대형 디스플레이를 탑재할 수 있는 문짝을 가지고 있다는 것도 어쩌면 하나의 이유가 될지 모르겠다.

어쨌든 이런 이유로 다수의 가전 제조사들이 일찍부터 스마트 냉장고를 출시해왔다. 섹션 1에서 살펴봤던 것처럼 2016년 3월에 삼성전자가 패밀리허브를 처음 출시했으며, 같은 해 가을에는 LG전자나 하이얼, 하이센스 같은 기업들도 디스플레이가 탑재된 스마트 냉장고를 출시했다. 이후에도 업그레이드된 버전이 제품들을 지속적으로 출시하고 있다. 그러나 스마트 냉장고의 가장 큰 문제는 가격이다. 주요 가전 제조사의 대표 제품들은 가격이 무려 1,500만 원을 호가한다. 일반 가정에서 사용하는 냉장고의 가격이 200~400만 원대 사이라는 점을 감안하면 4~7배나 비싼 가격이다. 물론 이런 제품들은 판매보다는 기업이나 브랜드 이미지를 강화하는 것이 주된 목적일 것이다. 그리고 많이 팔아야 하는 전략제품의 가격을 상대적으로 저렴하게 보이도록 만들기 위함이기도 하다. 1인분에 10만 원이 넘는 한정식 메뉴를 보다가 3~4만 원짜리 메뉴를 보게 되면 고민 없이 선택하는 것처럼 말이다.

냉장고를 공짜로 드립니다

그렇지만 냉장고를 플랫폼 디바이스로 활용하기 위해서는 3~400만 원도 비싸다고 생각한다. 평상시 3~4만 원짜리 저녁 식사를 하지 않는 것처럼 말이다. 결국 10만 원이 넘는 메뉴를 보고 비교하지 않더라도 고민하지 않고 주문할 수 있는 저렴한 가격의 저녁 식사처럼, 냉장고도 가격에 대해 고민하지 않고 선택할 수 있어야 한다. 인공지능 스피커처럼 누구나 부담 없는 가격에 스마트 냉장고를 구입할 수 있게 해야 한다는 것이다.

공짜로 줄 수 있다면 공짜로 줘도 된다. 그러나 그것이 바람직한 방법은 아니다. 공짜로 얻은 티켓으로 공연을 보게 되면 제대로 집중을 하지 않는 것처럼, 공짜로 얻은 냉장고는 제대로 이용하지 않을 가능성이 크기 때문이다. 이는 국내 통신사들이 마치 공짜인 것처럼 인공지능 스피커를 제공하는 과정에서도 똑같이 발견된다. 그렇다면 스마트 냉장고를 얼마나 싸게 제공할 수 있으며 어떻게 하면 싼 가격에 제공할 수 있을까? 사실 제품의 가격은 그 상품의 판매 전략과 관련된 것이기 때문에 뚜렷하게 정해진 답은 존재하지 않는다. 하지만 해당 제품이 서비스 플랫폼 디바이스로 활용되어 제품 판매 이외에 추가적인 수익을 제공해줄 수 있다면 상황은 달라진다. 예상되는 추가적인 수익만큼 가격을 낮게 책정할 수 있기 때문이다.

냉장고가 서비스 플랫폼 디바이스로 활용될 때 발생하는 추가 수익은 냉장고가 어떤 서비스를 중개하느냐에 따라 달라지는데, 가장 먼저 생각할 수 있는 서비스는 식자재 주문 및 배달 서비스다. 이는 냉장고를 이용하는 가구에서 한 달 동안 식자재 구입에 이용하는 비용에 통상적인 유통 수수료를 곱하는 식으로 도출할 수 있는데, 4인 가족을 기준으로 하는 경우 월 10만 원 정도가 될 것으로 추정된다. 4인 가족이 한 달에 대형 할인마트에서 사용하는 금액이 43만 원 정도이며 유통 수수료가 평균 23% 정도이기 때문이다.

이는 식자재 중개만으로도 1년에 120만 원, 10년에 1,200만 원의 추가 수익을 올릴 수 있음을 의미한다. 물론 이러한 수익은 이상적인 최대치이지만, 그 외에도 음식 배달, 청소, 세탁 등 다양한 생활 서비스를 중개하거나 요리 레시피나 음악 등의 콘텐츠 서비스 수수료까지 감안한다면 무시하지 못할 추가 수익을 올릴 수 있을 것으로 기대된다. 이 수익은 웬만한 스마트 냉장고는 그냥 줘도 될 정도의 금액이다.

다만 실제로 예상한 만큼의 서비스 중개 수수료가 발생할지는 확신할 수 없는 일이고, 설령 발생한다고 하더라도 수익을 발생시키기까지는 오랜 시간이 걸리기 때문에 제품을 무료로 제공한다거나 혹은 아주 저렴한 가격에 제공하기는 쉽지 않을 것이다. 하지만 충분한 추가 수익이 발생할 것으로 기대되다면 사용자 기반을 확보하는 차원에서라도 전략적으로 고객들이 놀랄 만한 가격에 제품을 판매할 수도 있을 것이다. 그래야만 사용자 기반이 만들어지고 냉장고를 서비스 플랫폼처럼 이용하는 것이 가능해지기 때문이다.

서비스 로봇:
베스타 · 페퍼 · 아이보

인공지능 스피커나 스마트 가전제품 못지않게 서비스 플랫폼 디바이스로 사용할 수 있는 제품을 고르라면 나는 무조건 가정용 로봇 혹은 홈서비스 로봇Domestic Robot을 고를 것이다. 인공지능 스피커나 스마트 냉장고처럼 음성 인터페이스를 보유하고 있으면서 기동성도 제공할 수 있기 때문이다. 게다가 단순하지만 가벼운 물건을 옮긴다거나 물리적인 버튼을 누르는 등의 일도 할 수 있다. 그래서인지 일찍부터 다수의 기업이 가정용 서비스 로봇을 출시하고 있다. 일본 소프트뱅크의 페퍼나 대만 에이수스의 젠보가 대표적이다. 페퍼의 경우는 1차 모델들이 출시될 때마다 품절되는 등 관심을 끌기도 했지만, 아직까지는 가격도 비싸고 기능도 제한적이어서 스마트홈을 위한 서비스 플랫폼으로 이용되는 데에는 한계가 있어 보인다. 하지만 시간이 지나면서 상황은 달라질 것으로 예상된다. 이미 스마트폰이나 인공지능 스피커를 이용해서 쇼핑을 하거나 배달 음식을 주문하는 것이 일상적인 모습이 되어가고 있으며, 이용할 수 있는 서비스들이 더욱 다양해지고 있기 때문이다. 이러한 서비스들이 홈서비스 로봇과 결합하면 상황이 달라질 것으로 본다.

아마존의 베스타 프로젝트

2019년 7월 어느 날, 아마존의 CEO인 제프 베조스는 자신의 SNS에 파란색 테이프로 아마존 에코를 부착한 로봇 청소기 사진을 올린다. 집에 왔더니 자신의 아이들이 이렇게 만들어 놓았다는 것이다. 그러나 언론은 제프 베조스의 말을 있는 그대로 받아들이지 않았다. 기자들은 이 사진을 보자마자 아마존이 곧 가정용 로봇, 즉 홈서비스 로봇Domestic Robot을 출시할 것이라고 생각했다. 그도 그럴 것이 몇 달 전에 아마존이 가정용 서비스 로봇을 개발하기 위해 베스트Vesta라는 프로젝트를 진행하고 있다는 소문이 돌았기 때문이다.[148] 베스타는 로마신화에 나오는 가정과 집을 지키는 여신의 이름이고, 이 프로젝트가 로봇을 전문으로 개발하는 아마존 로보틱스Amazon Robotics가 아니라 에코 스피커나 파이어 TV와 같은 가정용 하드웨어를 담당하는 랩 126Lab 126의 주관 아래 진행되고 있었다.

아마존이 가정용 서비스 로봇을 만들 것이라는 사실은 에코가 등장하면서부터 예상됐던 일이다. 이미 다른 기업들이 음성인식 기반의 서비스 로봇을 출시한 바 있으며, 서비스 로봇에 들어가는 주요 기능인 음성 인터페이스 기능이나 이미지 인식 기능 등이 에코 룩Echo Look 같은 기기에 이미 사용되고 있다. 즉, 기존의 에코 장치에 이동성만 더하면 쉽게 가정용 서비스 로봇을 만들 수 있다는 것이다. 아마존의 가정용 서비스 로봇 출시는 가정용 서비스 로봇의 서비스 생태계 역시 아마존이 주도해 나가겠다는 의지의 표출로 이해할 수 있다. 아마존은 아마존닷컴으로 인터넷 서비스 생태계를, 킨들을 시작으로 디바이스 중심의 서비스 생태계를, 그리고 아마존 AWS를 중심으로 클라우드 서비스 생태계를 확대·발전시켜 왔기 때문이다. 이러한 현상은 아마존 에코는 물론 다른 커넥티드 디바이스에서도 그대로 확인되고 있으며, 가정용 서비스 로봇에서도 예외는 아닐 것으로 전망된다.

문제는 기존에 가정용 서비스 로봇을 출시하고 관련 서비스 플랫폼을 구축해 나가던 기업들이다. 서비스 플랫폼이 제대로 자리 잡기도 전에 강력한 경쟁자가 등장하는 것이기 때문이다. 그러므로 가정용 서비스 로봇에 대한 서비스 플랫폼을 구축하고자 하는 사업자들은 기능이 제한되더라도 저렴한 서비스 로봇을 개발하고 이를 바탕으로 하는 생활 서비스 생태계를 구축하는 데 박차를 가해야 할 것이다.

국내 기업들 중에는 LG전자가 서비스 로봇 개발에 적극적이다. 로보스타Robostar와 같은 로봇 전문기업을 인수하고 '클로이CLOi'라는 이름의 서비스 로봇을 다수 출시하고 있다. 삼성전자도 2019년 초에 3종의 서비스 로봇을 공개하기는 했지만, 로봇보다는 로봇 등에 사용될 수 있는 인공지능 플랫폼에 주력할 것으로 보인다.[149] 다만, 가정을 대상으로 하는 홈서비스 로봇은 아직 출시되고 있지 않다.

소프트뱅크의 페퍼

일본의 소프트뱅크는 2014년 6월에 가정용 서비스 로봇인 페퍼를 출시했다. 페퍼는 초등학교 2~3학년 정도의 몸집을 가지고 있는 사람 모양의 휴머노이드 로봇이다. 움직일 수 있는 양손과 손가락은 있지만 집 안이나 사무실을 돌아다닐 때는 바퀴를 이용한다. 페퍼는 IBM의 인공지능 서비스인 '왓슨Watson'을 이용하여 사람의 말을 이해하고 그에 따른 대응을 하게 된다. 물론, 가슴에 있는 10.1인치 터치스크린을 이용해서 구체적인 명령을 할 수도 있다. 이러한 장치들을 통해 페퍼는 사람의 감정을 이해하고 그에 따라 대응을 하기도 한다. 기쁜 일이 있을 때는 목소리 톤이 올라가기도 하지만, 안타까운 일에는 같이 한숨을 쉬기도 한다.[150] 아무리 인공지능을 이용해서 사람의 표정이나 음색을 이해한다고 하지만 놀라울 뿐이다.(페퍼에 대한 자세한 설명은 Section 3 - link 3. 참조)

더 놀라운 것은 페퍼의 가격이다. 원래 페퍼는 기업용으로 출시되었는데, 페퍼의 하드웨어 가격은 100만 엔 정도이고 여기에 기업에 특화된 소프트웨어를 별도의 비용을 내고 구매하는 식이다. 우리 돈으로 환산하면 최소 1,000만 원에서 2,000만 원을 지불해야 하는데, 놀랍게도 개인들에게는 5분의 1 수준인 19만 8,000엔에 판매하기 때문이다. 부담 없는 가격 덕분인지 2015년 6월부터 매달 1천 대씩 한정으로 판매됐던 페퍼는 판매 개시 1분 만에 품절이 될 정도로 반응이 좋았다.

소프트뱅크가 개인 고객들을 대상으로 페퍼를 저렴한 가격에 판매한 또 다른 이유는 시장 초기부터 경쟁자들을 도태시킴으로써 홈서비스 로봇 관

런 생태계를 독점하기 위한 의도도 있다고 생각한다. 소프트뱅크와 달리 자금 여력이 충분하지 못한 다른 로봇 제조사들은 손해를 감수하면서까지 로봇 가격을 낮출 수 없기 때문이다. 결과적으로 일본에서는 페퍼가 홈서비스 로봇 시장을 주도하고 있다. 아직까지 스마트폰이나 인공지능 스피커에서처럼 다양한 서비스를 이용할 수 있는 것은 아니지만, 페퍼를 더 효과적으로 이용할 수 있도록 하는 앱들이 속속 등장하고 있다. 같은 맥락에서 2017년 11월에는 기업용 앱스토어인 '로봇 어플리케이션 마켓 포 비즈ロボアプリマーケット for Biz'를 런칭하기도 했다.[151]

소프트뱅크 로보틱스에 의해 운영되는 로봇 어플리케이션 마켓 포 비즈는 비즈니스용 페퍼 어플리케이션을 이용하기 위한 라이선스 및 비즈니스용 페퍼와 관련된 서비스 판매를 위한 사이트다. 비즈니스용 라이선스는 소프트뱅크가 엄격히 심사한 것들로 소매점, 음식점, 서비스, 금융, 자동차, 호텔 및 관광, 병원 및 약국, 개호, 이벤트 및 전시회 등 다양한 분야에 걸쳐 있다. 특이한 점은 일본답게 페퍼용 유니폼도 판매하고 있다는 것으로, 페퍼의 응용 분야에 따라 요리사나 웨이터, 안내원 등의 복장을 구입할 수 있다.

애완 로봇, 소니 아이보

소니Sony는 2018년 1월에 강아지 모양의 4족 보행 애완 로봇인 아이보Aibo를 새로이 출시했다. 1999년 처음 출시된 아이보ERS-110는 2005년 9월에 발표된 모델 ERS-7M3를 마지막으로 생산이 중단됐다가 12년 만에 새롭게 출시된 것이다. 1999년에 출시된 아이보는 인터넷 접수 시작 20분 만에 5,000 대에 달하는 초도 물량이 매진되는 인기를 끌었으며, 2006년까지 7년 동안 15만 대가 판매됐다. 그러나 아이보는 수익성 악화로 2006년 단종됐고 2014년부터는 제품 수리마저 불가능하게 됐다. 고장 난 아이보를 더 이상 고칠 수 없게 되자 아이보 마니아들을 중심으로 다른 아이보를 위한 '장기(부품) 기증'을 하기도 하고 장례식을 열기도 했다. 이처럼 아이보에 애착을 느끼는 사용자가 많았던 만큼 2018년에 새롭게 출시된 아이보에 대한 인기도 뜨거웠다.

소니 입장에서 아이보의 부활은 단순히 애완 로봇 하나를 되살렸다는 것 이상의 의미를 가진다. 경영상의 문제 등 악재가 겹쳐 접어야 했던 사업을 다시 살리는 것일 뿐만 아니라 소니의 인공지능+로봇 전략의 일환이기 때문이다. 예를 들면, 소니는 자체 개발한 뉴럴 네트워크 라이브러리Neural Network Libraries를 아이보의 딥러닝 학습 및 이미지 인식을 위해 활용하고 있다. 이를 통해 음성인식은 물론 사람의 얼굴을 추적하거나 물체를 구분하는 것이 가능하며 감정 표현도 가능해진다. 이러한 학습 능력은 제한된 음성인식만 가능했던 기존의 아이보와는 달리 새로운 말을 배우고 명령을 수행하는 수준까지 진화할 수도 있다. 실제 반려동물처럼 소유자가 아이보를 대하는 방식에 따라 아이보의 성격이나 행동, 지식이 다르게 형성되기도 한다. 주인의 성격이나 집안 환경에 따라 고유한 성격을 갖게 될 수 있는 것이다.

그렇다고 해서 아이보가 반려동물에게 기대할 수 있는 정서적 역할이나 정신적 치유 효과만 제공하는 것은 아니다. 아이보는 주인을 대신해서 이메일을 확인해줄 수도 있고 독거노인의 상태나 안부를 확인하는 역할도 할 수 있다. 또한 방범용으로 사용될 수도 있다. 결국 이러한 가능성은 아이보 스토어를 통한 수익 모델을 가능하게 만든다.

아이보 역시 페퍼처럼 19만 8,000엔(부가세 별도)에 판매된다. 그러나 아이보를 제대로 이용하려면 매월 2,980엔(부가세 별도)에 달하는 아이보 기본 계획에 3년 약정으로 가입해야 한다. 이는 아이보가 성장하는 데 필요한 서비스이기에 필수로 가입해야만 하며, 대신 와이파이가 지원되지 않는 환경에서도 전용 서버와 통신할 수 있는 아이보 전용 통신 서비스가 지원된다. 3년간 납부하면 총 10만 7,280엔(약 790달러)에 달하는데, 9만 엔을 일시불로 내고 구매할 수도 있다. 이외에도 아이보 관리 지원 서비스를 선택적으로 가입할 수 있다. 1년짜리 상품은 2만 엔이며 3년짜리 상품은 5만 4,000엔이다. 아이보 관리 지원 서비스에 가입하면 기능 회복 및 유지를 목적으로 하는 수리, 건강진단 서비스를 횟수에 상관없이 50% 할인된 가격에 이용할 수 있다. 일본에서 출시 3개월 동안 1만 1,000대 이상이 판매되었다. 아이보 관련 서비스는 현재 일본에서만 이용할 수 있다.

소니는 2019년 6월부터 아이보를 이용한 보안 서비스인 '아이보 경찰관Aibo Patrol' 서비스를 제공하고 있다. 기본 서비스와 별개로 월 1,480엔을 내면 이용할 수 있는 이 서비스는 집 안을 돌아다니며 사물을 인식하는 아이보의 기능을 활용한 서비스다. 그렇다고 해서 외부 침입자를 발견했을 때 실제 강아지처럼 침입자를 향해 짖거나 침입자를 물지는 않는다. 특이 상황이 발생했을 때 원격에서 집 안의 상황을 모니터링하거나 물리 보안 업체인 세콤에 출동 보안 서비스를 요청하게 된다.[152] 이를 위해 사용자는 마이 아이보My Aibo 앱을 이용해서 관심 있는 사람을 등록해 놓아야 한다.

가족이나 친구 등 생활공간을 자주 방문하는 사람들의 얼굴과 이름을 최대 10명까지 등록할 수 있다. 만약 등록되지 않은 사람이 발견되면 아이보는 스마트폰으로 알람을 보내고 관련 영상을 저장하며 세콤에 출동 서비스를 요청하게 된다. 소니는 아이보 경찰관 외에도 '아이보 사진사'나 '아이보 일기' 등의 서비스를 순차적으로 도입할 예정이다. 아이보 기반의 다양한 서비스를 개발하기 위해 2019년 8월부터는 아이보의 소프트웨어 API를 일반에 공개하고 있다. 다양한 기업 및 단체, 개인 등이 아이보 기반의 서비스를 개발하고 보급하여 아이보 기반의 서비스 생태계가 확산되도록 하고 있다.

이 책에서 자세히 다루지는 못하지만, 소니의 아이보와 같은 장난감 로봇은 개호介護 목적으로도 사용될 수 있다. 간호看護가 아픈 사람을 돌봐준다는 의미라면 '개호'는 아픈 것과 무관하게 노약하거나 연약한 사람을 돌봐준다는 의미가 있는 말이다. 대표적인 제품에는 우리나라 스튜디오크로스컬쳐의 '부모사랑 효돌'이라는 인형과 일본 후지소프트富士ソフ트의 '팔로Parlo', 지능시스템知能システム의 '파로Paro', 그리고 도요타의 '포코비Pocobee, ポコビィ' 같은 제품들이 있다. 이들은 일반적인 생활 서비스뿐만 아니라 독거노인들이나 혼자 사는 사람들을 위한 맞춤형 서비스를 제공할 때 유용할 것으로 생각된다.

커넥티드 카:
테슬라가 그리는 미래

가정에서 인공지능 스피커나 스마트 가전, 그리고 서비스 로봇을 중심으로 서비스 생태계가 구축된다면, 커넥티드 카는 이 서비스 생태계의 반경을 로컬 비즈니스로까지 더욱 확대하는 수단이 될 것이다. 예를 들면, 스트리밍 음악이나 동영상과 같은 콘텐츠 서비스, 음식 배달이나 청소 등과 같은 생활 편의 서비스, 인터넷 쇼핑 등의 서비스는 자연스럽게 집에서 자동차로 범위가 확대될 것이다. 그뿐만 아니라 자동차 정비나 세차, 자동차 용품 쇼핑과 같은 자동차 관련 서비스들은 물론 식당 예약, 여행, 레저 등과 같은 이동과 관련된 새로운 서비스들이 자연스럽게 추가될 것으로 보인다. 이는 기존의 자동차 기반 서비스 생태계로 생각되던 카인포테인먼트의 범위를 뛰어넘는 것으로, 자동차의 쓰임새가 완전히 달라지는 것을 의미한다.

운송수단이라는 전통적인 자동차의 기능 관점에서도 우버나 리프트 같은 온디맨드 운송 서비스를 중심으로 하는 모빌리티 서비스 생태계도 본격 확대될 것으로 보인다. 차량의 대여나 카풀, 대리운전 서비스는 기본이며, 음식 배달 및 택배 등 다양한 유형의 배달 서비스, 주차 관련 서비스, 공유 차량의 정비 및 청소 서비스 등 개별적으로 존재하던 서비스들이 하나의 서비스 생태계를 구성할 것으로 보인다.

이런 측면에서 커넥티드 카를 중심으로 하는 서비스 생태계는 자동차 제조사나 운송 서비스 사업자뿐만 아니라 구글이나 다음, 네이버와 같은 인터넷 서비스 사업자나 아마존과 같은 종합 전자상거래 사업자 등 다양한 주체가 관심을 갖는 영역이라 할 수 있다. 장기적으로 누가 커넥티드 카 중심의 서비스 생태계를 주도할지는 모르겠지만, 당분간은 국가별로 다양한 주체들이 독자적인 서비스 생태계를 구축해 나가다가 한두 개의 주도 사업자를 중심으로 재편될 것으로 전망된다.

테슬라가 사명에서 'Motors'를 뺀 이유

2007년 1월, 애플은 사명을 애플 컴퓨터Apple Computer Inc.에서 애플Apple Inc.로 바꾸면서 기존의 컴퓨터 제조사에서 종합 소비자 가전 기업으로 탈바꿈했다. 즉, 컴퓨터와 MP3 플레이어만 만들던 애플이 스마트폰과 TV뿐만 아니라 손목시계와 오디오를 포함한 다양한 소비자 가전제품은 물론 다양한 미디어 서비스도 제공했던 것이다. 그로부터 10여 년이 지난 지금 애플의 기업 가치는 2007년에 비해 15배 이상 뛰어올랐으며 당당히 세계 1위 기업의 자리를 차지하고 있다(2018년 8월 2일, 애플은 미국 상장회사 사상 최초로 1조 달러가 넘는 기업 가치를 지닌 기업이 되었다).

애플이 사명을 변경한 지 딱 10년이 되는 해였던 2017년 2월, 전기자동차 제조사로 잘 알려진 테슬라자동차Tesla Motors, Inc.도 사명을 테슬라Tesla, Inc.로 변경했다.[153] 애플이 그랬던 것처럼 테슬라도 더 이상 전기차만 생산해서 판매하지 않고 사업 포트폴리오를 다각화하면서 미래의 일등 기업이 되겠다는 강력한 의지를 표명한 것이다. 이를 위해 그동안 모델 S와 모델 X라는 프리미엄 세단만 생산하던 테슬라는 보급형 세단인 모델 3와 이를 기반으로 한 SUV인 모델 Y, 그리고 픽업트럭인 세미Semi까지 전기차 라인업을 확대했다. 더욱이 가정용 에너지 저장장치battery storage 및 태양광 패널 지붕solar roof 등으로 제품 포트폴리오를 확대하고 있다. 2016년 11월에는 태양광 패널을 생산하는 솔라시티SolarCity를 인수하기도 했다.

그러나 우리가 테슬라의 사명 변경에서 주목해야 하는 것은 겉으로 드러나는 사업 포트폴리오의 다변화가 아니라 그 뒤에 숨어 있는 사업 전략의 변화다. 물론 솔라시티의 인수를 통해 포트폴리오를 다양화하고 불안정한 수익 구조를 개선하려는 부분도 있지만, 근본적으로는 판매 중심의 비즈니스 모델을 서비스 중심으로 바꾸고자 하는 것에 있다. 이러한 노력은 일론 머스크Elon Musk의 의도와는 상관없이 기존 산업을 붕괴시키고 산업 간의 경계를 무너뜨릴 것으로 전망된다는 것이 중요하다. 그렇다면 테슬라와 솔라시티의 합병에 숨어 있는 사업 전략은 무엇일까? 우리는 그 답을 일론 머스크가 2016년 7월에 발표한 '테슬라에 대한 두 번째 마스터플랜Master Plan, Part Deux'에서 찾을 수 있다. 이 마스터플랜에서 머스크는 '에너지의 생산과 저장의 통합, 전기자동차 제

품군의 확대, 자동화, 그리고 공유'를 핵심적인 내용으로 소개하고 있다.[154]

　얼핏 보면 자동차와 에너지를 중심으로 제품군을 확대하고 이를 바탕으로 전력 판매/거래 서비스나 완전자율주행 기능을 바탕으로 하는 차량공유 서비스를 새로 제공하겠다는 것처럼 보인다. 하지만 머스크의 야심은 그 이상이라고 생각되며, 그 근거는 사명의 변경과 함께 발표한 정책의 변화에서 발견된다.

　테슬라는 그동안 테슬라 자동차를 구매하는 고객들에게 무상으로 제공되던 전기차 충전 서비스를 2017년 2월 이후 신규 고객들부터는 유료로 전환하기 시작했다. (고객들의 반발로 2017년 5월 하순부터 슈퍼차저에서의 무료 충전을 재개했다. 하지만 모델 S와 모델 X 소유자에 한하며, 기존 테슬라 고객의 추천 코드를 이용해서 새로운 테슬라 전기차를 구입한 고객들에 한해 연간 400kWh만큼 무료로 이용 할 수 있다. 향후 가장 큰 비중을 차지할 모델 3 소유자들은 여전히 유료로 이용해야 한다.) 대신 보급형 세단인 모델 3를 기존 제품들의 1/2에서 1/3 수준밖에 되지 않는 3만 5,000달러에 공급하기 시작했다. (테슬라 모델 3가 3만 5,000달러라는 것은 하드웨어만의 가격이며, 오토파일럿이나 자율주행 같은 소프트웨어는 옵션으로 기본적으로는 포함되지 않는다. 만약 모든 기능이 포함된 모델 3를 구매하고자 하는 경우에는 4만 3,000달러를 지불해야 한다. 하지만 여기에 연방정부지원금이나 연료비 절감액 등을 감안하면 다시 3만 5,000달러 수준으로 구매할 수 있다.) 즉, 자동차를 저렴한 가격에 판매하고 대신에 충전소 이용료를 받겠다는 것이다. 사실 인하된 자동차 가격과 향후 지불하게 될 충전소 이용료의 합계가 같다면 사용자 입장에서는 큰 차이가 없을 것이다. 그러나 테슬라 입장에서는 큰 차이가 발생한다. 자동차의 초기 구매 가격이 높은 경우보다 자동차 이용자 기반이 많이 늘어날 것이며, 결과적으로 충전소 이용 빈도도 늘어나기 때문이다. 이는 결과적으로 자동차의 생산 원가 및 충전소의 구축 및 운영비용을 낮추게 된다. 또한 충전소인 슈퍼차저Supercharger의 빠른 확산은 다시 테슬라 전기차의 경쟁력을 높일 것이며 동시에 태양광 발전 시설을 생산하는 솔라시티의 경쟁력도 높일 것으로 여겨진다.

이런 정책 변화와 함께 테슬라는 2018년 5월 슈퍼차저의 이용료를 기습 인상했다.[155] 그동안은 주에 따라 충전소 이용료에 커다란 차이가 있었는데, 이번에 20%에서 40% 정도 인상을 통해 대략 kWh당 25센트 전후로 이용료를 평준화한 것이다. 표면적으로는 충전소 이용료의 평준화였지만 이용료를 20% 이상 올렸다는 것은 테슬라의 수익성 개선에 큰 영향을 미칠 것으로 예상된다. 결과적으로 테슬라는 경쟁이 치열하고 수익성도 높지 않은 전기차 판매에서 수익을 포기하고 수익성이 좋은 충전 서비스 분야를 강화한 것으로 이해할 수 있다. 큰 승리를 위해 작은 손실을 취한다는 이대도강李代桃畺의 전략을 실천에 옮긴 것이다.

산업 생태계의 붕괴

테슬라의 사명 변경의 영향은 테슬라의 포트폴리오의 변경이나 비즈니스 모델 혹은 전략의 변화에 그치지 않는다. 경쟁 상대마저 바꾸고 있다. 테슬라가 전기차 충전 서비스에서 수익을 확보하려 하면서 경쟁 상대는 더 이상 GM이나 포드, 현대자동차와 같은 자동차 메이커가 아니라 모빌Mobil이나 쉘Shell 혹은 SK주유소 같은 주유소나 정유회사로 바뀌게 되는 것이다. 즉, 전통적인 경쟁 생태계가 바뀌게 되는 것이다.

이러한 변화는 자동차와 정유 업계에서만 발생하는 것이 아니다. 테슬라는 직접 차량공유 서비스를 할 수도 있으며, 이는 전통적인 택시 업계뿐만이 아니라 우버나 리프트 같은 차량공유 혹은 차량 호출 서비스 사업자들에게도 영향을 미칠 것이다. 테슬라가 다른 기업들에 비해 일찍부터 개발하고 도입한 자율주행 기능은 운송시장에 파란을 일으킬 것으로 전망된다. 운송 서비스 사업자들의 비용을 획기적으로 줄여줄 것이기 때문이다. 실제로 일론 머스크는 2020년 말부터 오토파일럿 시스템을 이용해서 '로보택시Robotaxi' 서비스를 제공하겠다고 밝히기도 했다.[156] 이 서비스는 테슬라 차량을 소유한 고객이 '테슬라 네트워크'를 통해 언제부터 언제까지는 차량을 이용하지 않겠다고 표시하면 그 시간 동안 서비스를 위해 사용된다.

아직 구체적으로 정해진 것은 없지만, 테슬라는 차량공유 서비스 운임의 25~30%를 수수료로 취하고 나머지는 차량 소유주에게 제공할 예정이다.[157] 경우에 따라서는 일정 기간 의무적으로 차량을 공유하는 조건으로 지금보다 훨씬 저렴한 가격에 차량을 판매할 수도 있을 것이다. 예를 들면, 신차 구매 후 3년 동안 일주일에 1~2일 혹은 한 달에 7~8일 정도 의무적으로 차량을 공유하도록 하는 조건으로 5,000달러나 1만 달러에 차량을 판매할 수도 있다. 재정적인 문제만 해결이 된다면 이러한 정책은 테슬라 차량의 보급 속도를 폭발적으로 증대시키는 데 결정적인 역할을 할 것으로 생각된다. 시간이 지날수록 전기차 보조금이 빠른 속도로 줄어들면서 전기차 구매 부담이 상대적으로 커지고 있기 때문이다.

만약 로보택시 서비스가 가능하게 된다면, 자율주행 차량 안에서 음악이나 동영상 서비스를 제공하는 것은 자연스러운 수순일 것이다. 이를 위해 테슬라는 운행 중인 차량 내에서도 유튜브나 넷플릭스와 같은 동영상 스트리밍 서비스나 음악 서비스를 제공할 예정이다. 동영상 서비스의 경우 아직까지는 정지 중에만 이용할 수 있지만, 관련 규제가 사라지면 자율주행 중에도 이용할 수 있을 것으로 보인다. 또, 차량 내의 운전대를 이용한 게임도 가능하게 하고 있다.

테슬라 제품들의 가장 큰 특징들은 그것이 전기차가 됐든 태양열 충전 패널이 됐든 모두 인터넷에 연결된다는 것이다. 이들은 해당 제품을 이용하는 사용자에 대한 정보를 제공하고, 사용자의 위치 정보와 전력의 이용 정보는 테슬라로 하여금 고객들을 더 깊이 이해할 수 있게 만든다. 고객이 어디를 가고 집에는 어떤 제품들이 있으며 이들을 어떻게 이용하는지 알 수 있게 해 준다. 결국 테슬라는 고객 정보를 기반으로 새로운 산업 분야로 사업 범위를 넓힐 수 있으며 테슬라 생태계를 강화할 수 있게 된다.

그동안 테슬라는 모델 3의 자동화가 지연되면서 재정적인 이슈가 부각되기도 하는 등 큰 어려움을 겪었다. 그러나 2019년 2분기부터 분기당 10만 대에 육박하는 테슬라 차량이 고객에게 인도되고 있고, 중국 상하이 공장이 가동되기 시작하는 2019년 4분기부터는 10만 대를 훨씬 넘어서는 차량들이 인도될 것으로 예상된다. 이러한 안정적인 상황은 그대로 실적으로 이어지고 있다. 모델 3는 2019년 2분기 9만 5,200대가 인도되면서 미국 전기차 판매량의 67%를 차지하고 있다.[158] 또한, 2019년 1~3분기 동안 미국 중소형 럭셔리 자동차 시장의 24%를 점유하고 있다.[159] 테슬라의 사용자 기반이 빠른 속도로 늘어나는 만큼 커넥티드 카를 기반으로 하는 테슬라의 서비스 생태계 구축도 더욱 박차를 가할 것으로 보인다.

구글과 애플보다 아마존을 더 주목해야…

테슬라가 혁신적인 비즈니스 모델을 바탕으로 전기차 제조사에서 전기차를 기반으로 하는 서비스 사업자로 변신하려 하는 반면, 구글이나 애플은 처음부터 서비스를 염두에 두고 자율주행차를 개발하고 있다. 일찌감치 자율주행차를 연구해온 구글은 자회사인 웨이모Waymo를 통해 2018년 12월부터 미국 일부 지역에서 로보택시 서비스를 제공하고 있다.

구글이 로보택시 서비스를 준비하는 이유는 너무나도 잘 알려져 있다. 자율주행차를 이용하는 고객들의 시간을 장악하기 위함이다. 즉, 자율주행차 이용자들에게 검색 기반의 광고 서비스는 물론 유튜브 같은 미디어 서비스, '스타디아Stardia' 같은 클라우드 기반 스트리밍 게임 서비스 등을 제공하기 위함이다. 그런 측면에서 현재의 로보택시 서비스는 다수의 사람에게 완전 자율주행차를 일찍 경험하게 하고 그들로부터 자율주행차 내에서의 서비스 이용 패턴을 파악하기 위함일 것이다.

반면, 애플은 자동차 제조사와의 제휴를 통해 애플의 서비스 생태계를 자동차로 확대하려는 움직임을 보이고 있다. 이를 위해 2014년에는 '카플레이CarPlay'를 선보이며 아이폰을 자동차 엔터테인먼트 시스템과 연동하여 전화나 메시지, 길 안내, 음악 감상 등의 기능을 제공하고 있다. 그러나 커넥티드 카를 중심으로 하는 서비스 생태계를 애플에 빼앗기기 싫어하는 자동차 제조사들이 하나둘 이탈하면서 독자적으로 자율주행차를 개발하고 있다. 전문가들은 전기차 배터리나 자율주행 관련 기술, 관련 제도 등을 고려했을 때 애플은 빨라야 2023년 이후에나 자체 커넥티드 카를 출시할 수 있을 것으로 예상하고 있다.[160] 커넥티드 카 시장이 무르익어 가고 있을 즈음에 출시되고 지금처럼 고가 정책을 유지한다면 아무리 애플에서 선보이는 자동차라고 할지라도 시장에서 살아남기는 쉽지 않으리라 생각한다.

이런 관점에서 오히려 애플보다는 아마존에 더 주목해야 할 것이다. 아마존은 구글이나 애플처럼 직접적으로 자율주행차와 관련된 연구를 해오지는 않았다. 대신 자동차 제조사들이 알렉사를 이용해서 자신들의 서비스를 제공할 수 있도록 '알렉사 오토Alexa Auto'와 같은 소프트웨어 개발 키트SDK를 제공하는 등 자동차 제조사들과의 관계를 좋게 유지해 오고 있는 상황이다. 자동차 제조사들이 아마존의 음성인식 기술을 이용하여 자신들의 서비스를 손쉽게 제공하도록 도와주면서 아마존의 전자상거래나 클라우드 서비스를 활성화하겠다는 전략인 것이다.

최근에는 자율주행차 관련 스타트업을 인수하거나 투자하며 적극적으로 자율주행차 시장에 뛰어들고 있다. 2017년에는 무인배달 로봇 스타트업인 '디스패치Dispatch'를 인수한 바 있으며, 2019년 초에는 자율주행 스타트업인 '오로라 이노베이션Aurora Innovation'과 전기차 제조사인 '리비안Rivian'에 투자를 하기도 했다.[161, 162] 이와 관련하여 아직까지는 '스카우트Scout'와 같은 소형 배달 차량을 이용하는 데 관련 기술들을 이용하고 있지만, 시간이 지나면서 장거리 운송은 물론 다양한 형태의 배송 서비스 시장을 장악할 것으로 전망된다. 자율주행차량의 판매나 로보택시 시장에의 진출 여부와 관련해서는 전혀 언급되는 바가 없지만, 자신들의 기존 비즈니스를 활성화할 수 있다면 영역을 가리지 않고 진출할 것으로 예상된다.

Section
10

디지털 전환을
준비하라

지금까지 살펴본 것처럼 사물인터넷은 개별적으로 사용되던 사물들을 인터넷을 통해 다른 사물들과 연결함으로써 새로운 고객가치를 제공하고 결과적으로 기존의 비즈니스 패러다임을 바꿀 것으로 기대된다. 이러한 변화는 단순히 스마트폰으로 사물인터넷 디바이스의 상태를 확인하거나 제어하고 혹은 디바이스들끼리 알아서 자율적으로 동작하는 것을 넘어선다. 제품을 인터넷에 연결함으로써 우리는 제품을 서비스 형태로 판매하고 제품이 제공하는 기능이나 성능을 바탕으로 비용을 청구할 수도 있으며, 제품의 상태를 관리해줌으로써 새로운 수익을 발생시킬 수도 있다. 제품이 인터넷에 연결되기 때문에 손쉽게 디지털 콘텐츠와 결합해서 사용될 수도 있으며, 사물인터넷 디바이스와 관련된 다른 제품이나 소모품을 주문하는 용도로도 이용할 수도 있다.

무엇보다도 중요한 것은 사물인터넷 디바이스가 기존의 온라인 및 오프라인 비즈니스와 결합해서 이용될 수 있다는 사실이다. 즉, 사물인터넷 디바이스는 새로운 형태의 비즈니스를 만들기보다는 기존의 비즈니스(주로 서비스)와 결합하여 기존 비즈니스를 활성화하는 수단으로 이용된다는 것이다. 이러한 특성은 서비스 사업자들로 하여금 사물인터넷 디바이스에 대한 시각을 바꾸고 있다. 물론 사물인터넷 디바이스의 특성에 따라 결합될 수 있는 비즈니스는 제한적일 수 있다. 하지만 지금까지 살펴본 인공지능 스피커나 스마트 가전, 그리고 홈서비스 로봇이나 커넥티드 카와 같은 서비스 플랫폼 디바이스들은 정보 서비스에서 생활 서비스에 이르기까지 다양한 서비스와 결합된다.

서비스 플랫폼 디바이스라 불리는 이런 장치들은 디바이스 및 서비스 이용 패턴으로부터 사용자와 관련된 다양한 데이터를 수집함으로써 기존의 사물인터넷 서비스를 지능화 및 고도화하거나 전혀 새로운 서비스를 만드는 데 이용할 수도 있다. 요컨대 사물인터넷 디바이스는 기존의 비즈니스를 활성화할 뿐만 아니라 새로운 방식의 비즈니스도 가능하게 한다. 이러한 이유로 사물인터넷을 4차 산업혁명에 있어서 가장 중요하며 가장 기본이 되는 기술이라고 말하는 것이다.

그럼에도 불구하고 우리나라의 기업들은 여전히 사물인터넷을 어떻게 활용해야 할지 모르고 있다. 기껏해야 스마트폰을 이용해서 원격으로 제품의 상태를 확인하거나 제어할 수 있는 제품을 만들기만 하면 된다고 생각할 뿐이다. 그러나 이는 스마트폰이라는 범용 리모컨으로 제어할 수 있는 제품을 만드는 것에 불과하다. 무선 리모컨이 TV와 같은 가전제품의 이용을 편리하게 만들기도 했지만, 리모컨이 없다고 해서 문제가 생기는 것도 아니다.

TV의 가치는 리모컨 때문이 아니라 TV를 통해 제공되는 방송 콘텐츠에 의해 결정된다는 사실을 누구나 잘 알고 있으리라 생각한다. 여기에 영화나 홈쇼핑, 교육이나 취미 프로그램이 더해지면서 TV의 가치가 커졌던 것처럼, 사물인터넷 디바이스들도 디바이스 본연의 기능 외에 고객가치가 큰 다양한 서비스를 제공할 때 그 이용 가치가 더욱 커진다고 할 수 있을 것이다. 그러므로 이제 기업들은 단순히 인터넷에 연결되는 제품이나 서비스를 만들려고 하지 말고, 제품이나 서비스를 인터넷에 연결하여 사용자들이 이들을 더 많이 이용할 수 있도록 비즈니스 모델과 전략을 바꾸어야 한다. 즉, 사물인터넷을 위시한 디지털 기술을 이용해서 비용을 줄이고 매출과 수익이 커지도록 비즈니스 패러다임을 전환해야 하는 것이다.

Section 2에서 언급했던 것처럼 이러한 총체적인 노력을 두고 디지털 전환 혹은 디지털 트랜스포메이션이라 한다. 따라서 Section 10에서는 사물인터넷을 기반으로 기존의 비즈니스 패러다임을 디지털 전환하는 개략적인 방법과 그 과정에서 고민해야 하는 이슈들에 대해 살펴보도록 하겠다.

누가 주인공이 될 것인가?

지금까지의 사물인터넷 비즈니스는 대부분 IT 관련 기업들이 주도하고 있다. 적어도 국내에서는 말이다. 삼성전자나 LG전자와 같은 가전 제조사들은 물론 3대 이동통신사KT, SK텔레콤, LG유플러스나 네이버Naver, 카카오Kakao 같은 인터넷 서비스 사업자가 그렇다. 기업들에게 사물인터넷 플랫폼이나 클라우드 기반의 빅데이터 혹은 인공지능 솔루션을 판매하는 기업들이나 전통적인 시스템 통합SI 비즈니스를 하는 기업들도 적극적이다. 그러나 이들이 지난 몇 년간 만들어 놓은 사물인터넷 기반의 상품이나 서비스들 중에 크게 성공했다거나 주목할 만한 것들은 거의 없다. 산업 사물인터넷Industrial IoT 분야에서는 비용 절감을 위해 그나마 적극적으로 도입 및 활용하고 있지만, 이 역시 기존의 IT 솔루션이나 M2M 솔루션이 사물인터넷으로 이름을 바꾼 것에 불과하다.

330

반면, 개인 고객들을 대상으로 하는 소비자 사물인터넷Consumer IoT 분야는 시끄럽기만 하지 아직까지 전혀 시장이 열리지 않고 있는 상태다. 구체적이고 실질적인 고객가치를 제공하지 못하다 보니 초기에 공격적인 마케팅으로 모아놓은 가입자 기반마저 무너져 가는 실정이다.

서비스 기업과 비 IT 기업이 주도해야 한다

이 책에서 소개한 사례들을 되돌아보면 상당수가 비非 IT 기업들이 다양한 디지털 기술을 바탕으로 비즈니스 패러다임을 바꾸려 노력했던 것들이었다. 스포츠용품을 판매하는 나이키가 그랬고, 피자를 판매하는 도미노피자가 그랬다. 산업용 기계 설비를 판매하는 롤스로이스나 고마쓰, 캐져 콤프레소렌도 예외는 아니다. 이 책에서는 다루지 못 했지만, 커피숍 체인인 스타벅스나 패스트패션 시장을 주도하는 자라ZARA 같은 기업들도 이에 해당된다. 대부분 비-IT 혹은 비-디지털 기업들이다. 나는 여기에 사물인터넷 비즈니스의 성공 요인이 숨겨져 있다고 생각한다. 즉, 이들은 IT 중심의 국내 기업들과는 달리 사물인터넷 제품이나 솔루션들을 비즈니스의 최종 목적이 아니라 수단으로 바라보았다. 그래서 자신들이 잘 알지도 못하는 사물인터넷과 같은 디지털 기술의 도입과 활용에 적극적이었던 것이다.

이에 비해 우리 기업들은 사물인터넷 제품을 만들거나 과거의 IT 혹은 M2M 솔루션들을 사물인터넷 솔루션으로 진화시키기만 했을 뿐, 비즈니스 패러다임은 전혀 바꾸지 못했다. 비즈니스 패러다임을 바꾸는 데는 전혀 관심도 없었다고 하는 것이 맞을 것이다. 사물인터넷 제품이나 솔루션을 비즈니스 패러다임을 바꾸기 위한 수단이 아니라 목적으로 바라봤기 때문이다. 이러한 사실로부터 우리가 알 수 있는 것은 사물인터넷 비즈니스는 사물인터넷 디바이스를 잘 만드는 기업들이 아니라 사물인터넷 디바이스를 잘 활용할 수 있는 기업들이 주도해야 한다는 것이다. 이 말은 사물인터넷 기술이나 솔루션을 보유한 기업들이 기존에 하던 것처럼 단순히 제품이나 솔루션을 판매하기만 해서는 안 된다는 것과 같다.

고객들이 그런 기술과 솔루션을 도입해서 어떻게 활용하고 그 결과 어떤 효과를 볼 수 있는지에 대해 비전을 제시해야 한다. 그리고 자신들의 기술과 노하우를 바탕으로 더 많은 기업이 성공하게 만듦으로써 자연스럽게 자신들도 성장할 수 있게 만들어야 한다. 이런 이야기를 하면 당장에 실적을 내야 하는데 이게 말이 되느냐고 반문하는 사람들도 있을 것이며 혹은 우리 정서와는 맞지 않는다고 말하는 사람들도 있을 것이다. 하지만, 이 방법 외에 당장에 실적을 낼 방법은 없다. 이제는 옛날처럼 열심히 뛰어다닌다고 성공하는 시대가 아니다. 내가 성공하기 위해서라도 고객이 먼저 잘돼야 하는 시대인 것이다.

먼저 시작하는 자가 주인공

사물인터넷 비즈니스에서 성공하는 기업은 크게 두 가지 유형으로 구분된다. 하나는 변화에 대한 간절함이 있는 서비스 중심 기업이고, 다른 하나는 이런 기업을 적극적으로 도와주려고 하는 기술 중심의 기업이다. 먼저 변화에 대한 간절함이 있는 기업은 기존의 비즈니스 프로세스를 개선함으로써 혁신적으로 비용을 줄이고 동시에 매출과 수익성을 개선하기 위해 고민하는 기업들이다. 상품의 기획이나 생산, 그리고 판매, 마케팅, 유통 및 고객관계관리CRM에 이르기까지 비즈니스의 모든 부분을 개선함으로써 고객을 만족시키고 성장하려는 기업이다.

물론 이런 고민을 하지 않는 기업들은 하나도 없을 것이다. 다만 간절함에서는 차이가 있다고 생각한다. 실제로 여러 기업을 만나보면 어떤 기업들은 실패를 하더라도 해보겠다는 기업이 있고, 어떤 기업들은 검증이 되기 전까지는 꿈쩍도 하지 않는 기업이 있다. 비즈니스에서 검증된 방법이 나타나는 순간 시장은 레드 오션Red Ocean이 되고 말기 때문에 검증된 방법을 기다리기보다는 경쟁자들보다 먼저 자신들만의 고유한 방법을 찾아야 할 것이다.

즉, 사물인터넷 기반의 비즈니스에서는 간절함을 바탕으로 먼저 시작하는 기업이 타 경쟁사들보다 먼저 결실을 얻을 것이라고 본다. 그리고 대부분은 관련 생태계를 장악할 수도 있으리라 생각한다. 이들은 경쟁사들보다 먼저 온라인과 오프라인을 연결하는 과정에서 발생하는 문제들을 경험하게 될 것이며 고객과 관련해서 어떤 데이터를 수집해야 하는지도 먼저 알 수 있게될 것이기 때문이다. 그 결과는 자명하다. 플랫폼 중심의 인터넷 비즈니스가 승자독식의 특성을 띠는 것처럼 사물인터넷 비즈니스에서도 비슷한 양상이 나타날 것이라고 여겨진다. 사물인터넷 시대에 성공의 여부를 결정짓는 것은 얼마나 빠르게 사용자 기반과 서비스 기반을 확보하느냐의 문제일 뿐이다.

사물인터넷 비즈니스에서 성공하는 두 번째 유형의 기업은 고객을 먼저 성공하게 만들어주는 기업이다. 이들은 사물인터넷뿐만 아니라 빅데이터나 인공지능 등과 같은 다양한 디지털 기술에 대한 전문성을 가지고 있는 기술 중심의 기업일 가능성이 크다. 그러나 기존의 방식으로 자신들의 솔루션이나 노하우를 판매하며 수익을 창출하려는 기업들은 대상에서 제외된다. 즉, IT 혹은 디지털 솔루션 기업들은 이제 자신들의 솔루션이나 노하우를 제공하는 것에서 그쳐서는 안 된다. 고객들이 이를 활용하는 방식까지도 함께 변화시켜야만 한다. 클라우드 서비스를 제공하는 기업들이 고성능 서버나 네트워크 장비를 제공하던 회사들을 대신하는 모습은 더 이상의 설명이 필요 없게 만든다.

그런 측면에서 통신사들이나 컨설팅 회사들도 예외는 아니다. 통신사들은 과거처럼 회선 판매에 연연해서는 안 되며, 컨설팅 회사들은 고객들의 실적에 상관없이 비용을 받아서는 안 된다. 앞으로 기술 중심 기업들은 고객들과 운명공동체가 된다는 자세로 임해야 한다. 자신들이 살아남기 위해서라도 고객들을 변화시키고 성공하게 만들어야 하는 것이다. 기술 및 솔루션 기업들도 서비스 기업들처럼 비즈니스 방식을 전환하고 간절함을 가져야 한다는 이야기다.

디바이스 제조사도 희망을…

디바이스 제조사들은 아마도 사물인터넷 비즈니스에 가장 관심이 많은 기업군일 것이다. 하지만 앞에서 말한 것처럼 스마트 디바이스만 만들어서 성공한 기업은 찾아보기 어렵다. 스마트 디바이스를 만들어서 성공한 기업들은 대부분 디바이스를 서비스화하거나 기존 서비스와 결합하는 식으로 자신들의 입지를 만들어나간 기업들뿐이다. 그나마 시장 초기에는 스마트 디바이스를 만들어서 나름 성공한 기업들도 있었지만, 대부분 오래 버티지 못했다. 초기에는 차별화된 기능만으로도 시장의 주목을 받을 수 있었지만, 그 기능들은 대부분 경쟁자가 쉽게 따라 할 수 있는 것들이었고 실질적이며 구체적인 고객가치를 제공하기에는 한계가 있었기 때문이다. 짧은 성공을 맛봤던 기업들도 결국은 제품을 서비스화하거나 제품과 서비스를 결합하는 시도를 하고 있다.

사물인터넷 디바이스 제조사가 성공하기 위해서는 디바이스 판매를 중심으로 하는 기존의 사업 전략을 버리고 서비스 중심적인 전략으로 전환해야 한다. 이를 위해 사내의 모든 조직을 서비스 중심으로 재편할 필요가 있다. 그러나 대부분의 디바이스 제조사들은 이렇게 하지 않는다. 여건이 맞지 않아 할 수 없다고 말하는 기업들도 많다. 그러면서 사물인터넷 시대에서 살아남기를 바란다. 다시 말하지만, 디바이스 제조사들이 사물인터넷 시대에 살아남기 위해서는 사내 조직은 물론 사업 전략까지 모든 것을 서비스 중심으로 재구성해야 한다. 디바이스 판매 수익을 최소화하고 서비스에서 수익을 극대화하는 방안을 마련해야 한다. 만약, 이렇게 바꿀 생각도, 자신도 없다면 사물인터넷 비즈니스를 포기하는 것이 정답이다.

자신들이 직접 할 수 없다면 서비스를 전문으로 하는 자회사를 설립하는 것도 괜찮은 방법이다. 단, 이 경우에도 서비스 자회사의 경영에 관여하기보다는 서비스 자회사가 원하는 대로 자신들의 사업 전략을 수정할 수 있어야 한다. 전통적인 제조사들이 이렇게 하는 것은 사실상 불가능하리라 생각하지만, 빠르게 변화해 가는 비즈니스 시장에서 살아남기 위해서는 더 이상의 방법이 없다는 것을 명심하기 바란다.

사용자 기반을 확보하라

    사물인터넷 시대의 주인공이 되기 위해서는 기존의 비즈니스 방식부터 재검토해야 하고, 기존의 비즈니스 모델이나 전략을 새로운 시대에 맞게 바꾸어야 한다. 기존보다 더 좋은 품질과 더 좋은 성능을 제공하는 뛰어난 디자인의 제품을 만들어서 비싼 값에 판매하려 하기보다는 연결을 통해 해당 제품을 더 다양한 목적으로 더 자주 이용하게 만들어야 한다. 이때 가장 중요한 것이 사용자 기반과 서비스 제공자 기반을 확보하는 것이다. 사물들이 연결된다는 것은 그와 관련된 서비스 플랫폼을 구축한다는 것을 의미하며, 사물인터넷 서비스 플랫폼이 양면 시장two-sided market의 특성을 띠고 있기 때문이다.

저렴한 디바이스를 제공하라

사용자 기반과 서비스 제공자 기반 중에서 어느 것을 먼저 구축해야 할지 고민이 될 수도 있는데, 사용자 기반을 반드시 먼저 구축해야 한다. 사용자만 많으면 서비스 제공자들은 알아서 몰려들 것이다. 사실 서비스 제공자 기반을 먼저 만들 수 있다면 이것도 한 방법이겠지만, 고객이 없는 플랫폼에 참여하려는 서비스 사업자는 하나도 없을 것이다. 그렇다면 사용자 기반을 어떻게 마련해야 할까? 기존처럼 TV나 인터넷을 통해 광고를 할 수도 있을 것이고 블로그나 SNS를 통해 바이럴 마케팅을 진행할 수도 있을 것이다. 그러나 사물인터넷 비즈니스는 기존의 비즈니스들과 비슷한 점도 많지만 다른 점도 많기 때문에 이런 전통적인 방법들은 서비스 혹은 플랫폼 비즈니스가 본격적으로 제공될 때에는 효과가 있을지 몰라도 사업 초기에는 별다른 효과가 없을 것이다.

사물인터넷 비즈니스에서는 기존의 비즈니스와는 달리 사용자 기반을 확보하기 위해 사용자들이 스마트 디바이스를 이용해야 한다. 이것은 인터넷 서비스에서 사용자 계정을 하나 더 만들어주는 것과는 차원이 다르다. 서비스에 따라 사용해야 여러 개의 디바이스가 필요할 수도 있으며, 디바이스의 가격도 낮게는 1~2만 원에서 많게는 수십에서 수백만 원에 이를 수 있기 때문이다. 이런 이유로 인해 전통적인 방식으로 아무리 열심히 홍보해도 큰 효과를 얻기는 힘들다.

가장 확실한 방법은 디바이스를 공짜로 주는 것이지만, 공짜라면 양잿물도 마신다는 말이 있듯이, 쓰지도 않을 디바이스를 챙기려는 사람들 때문에 장기적으로 봤을 때 이는 바람직한 방법이 아니다. 그보다는 해당 디바이스를 필요로 하는 사람들이 자발적으로 그 디바이스를 구매하도록 만들어야 한다. 앞에서도 설명한 바 있는 아마존 대시 버튼과 SK텔레콤의 스마트 버튼 꾹을 떠올려보면 그 이유가 명확해진다.

가장 좋은 방법은 디바이스 기반의 서비스를 제공하려는 사업자가 디바이스를 놀랄 만한 가격에 판매하는 것이다. 예를 들어, 평균 가격이 300~400만 원 정도 하는 스마트 냉장고를 100만 원 정도에 판매한다거나, 20~30만 원 하는 인공지능 스피커를 3~5만 원 정도에 판매해보는 것이다. 공짜는 아니지만, 공짜로 주려는 마음가짐을 가져야 한다.

'적당한 가격대'라는 것은 디바이스의 유형에 따라 달라지겠지만, 적어도 고객들의 입에서 '대박'이라는 말이 나올 정도로 파격적이어야 한다. 그래야 이전에는 가격 때문에 구매하지 못하던 고객들도 선뜻 제품을 구매할 수 있게 만들 수 있다. 기존에 잘 쓰고 있던 제품이 있더라도 기꺼이 새 제품으로 교체할 수 있게 만들어야 한다. 일반적으로 이런 가격은 현재 판매되는 제품의 가격보다 절반 이하이며, 직접 재료 원가보다 조금 높은 수준인 경우가 많다.

서비스 사업자를 활용하라

디바이스를 저렴하게 책정한다고 해서 사용자 기반을 쉽게 확보할 수 있는 것은 아니다. 그리고 그렇게 확보한 사용자들이 생각대로 서비스 매출을 올려주는 것도 아니다. 잘못하다가는 디바이스 가격만 낮추고 손해만 커질 수도 있다. 이런 경우에는 서비스 사업자를 활용하는 것도 하나의 방법이다. 어차피 사물인터넷 디바이스는 특정한 서비스와 함께 이용될 가능성이 크기 때문이다.

한 예로, 스마트밴드는 디바이스 제조사가 직접 판매하는 것보다는 스마트밴드를 이용해서 건강관리나 다이어트 서비스를 제공할 수 있는 피트니스센터나 웰니스센터에서 자신들의 서비스와 함께 판매하는 것이 더 바람직하다. 대신 서비스 사업자들은 6개월이든 1년이든 서비스 약정을 맺고 마케팅 차원에서 최신의 스마트밴드를 무상으로 제공하는 것이다(서비스 약정 시 한두 달 치에 해당하는 이용료를 면제해주는데, 이용료 면제 대신 스마트밴드를 제공한다).

이렇게 하면 서비스 사업자들은 디바이스를 대량으로 구매함으로써 구매 단가를 낮출 수 있다. 더불어 디바이스 구매 단가의 몇 배에 해당하는 서비스 기간을 약정으로 잡아 놓음으로써 기본적인 수익을 보장받을 수도 있으며, 디바이스에서 나오는 데이터를 바탕으로 개인 PT와 같은 부가 서비스를 추가로 판매할 수도 있게 된다.

메이저 고객군을 타깃으로

어떤 새로운 제품이나 서비스가 시장에 보급되고 확산되는 과정을 잘 설명하는 것이 '기술수용주기 모형Technology Adoption Life Cycle'이다. 미국의 사회학자인 에버렛 로저스Everrette Rogers가 쓴 《혁신의 확산Diffusion of Innovation》이라는

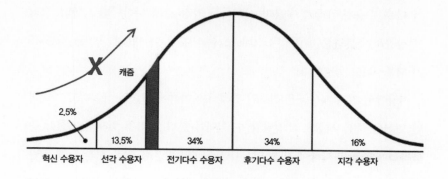

2.5%

13.5%   34%   34%   16%

혁신 수용자   선각 수용자   전기다수 수용자   후기다수 수용자   지각 수용자

X 캐즘

〈기술수용주기 모형〉

책에서 처음 소개된 기술수용주기 모형은 첨단기술이나 새로운 제품을 수용하는 소비자를 소비 행태, 즉 얼마나 빨리 새로운 기술을 수용하느냐에 따라 소비자를 다섯 개의 그룹으로 나눈 것이다.

다섯 개의 소비자 그룹은 혁신 수용자Innovations, 선각 수용자Early Adopters, 전기 다수 수용자Early Majority, 후기 다수 수용자Late Majority, 그리고 지각 수용자Laggards로 나뉘는데, 이에 대해서는 많은 사람들이 잘 알고 있으리라 생각하므로 추가적인 설명은 하지 않도록 하겠다. 다만 이와 관련하여 제프리 무어Jeffrey Moore가 주장한 '캐즘Chasm' 이론에 대해서 잠깐 언급하고 넘어가고자 한다.

캐즘이라는 개념은 제프리 무어가 그의 저서 《캐즘 마케팅Crossing the Chasm》에서 처음 사용한 개념으로 기술수용주기 모형에서는 선각 수용자와 전기 다수 수용자 사이에 존재한다. 혹은 초기 시장과 주류 시장 사이에 존재한다고 이야기하기도 한다. 캐즘은 새로운 기술이나 변화에 대한 소비자들의 저항 때문에 나타나게 되는데, 통상적으로 보수적 성형이 두드러지는 전기 다수 수용자와 선각 수용자 사이에서 가장 크게 나타난다고 한다. 그리고 성공하지 못하는 제품이나 서비스들은 대부분 이 캐즘을 넘어서지 못하기 때문이라고 설명한다.

시장에서 진정한 성공을 거두기 위해서는 이러한 캐즘을 극복하고 기술적인 혁신을 주류 시장으로 전달할 수 있어야 한다. 그러기 위해서는 선각 수용자들에게 퍼진 제품에 대한 인식과 긍정적인 반응을 짧은 시간 안에 일반 대중에게 전달하는 것이 중요하며, 이렇게 캐즘을 극복하는 마케팅이 바로 제프리 무어가 말하는 캐즘 마케팅이다. 캐즘이라는 개념과 캐즘 마케팅 기법은 특히 첨단기술을 기반으로 하는 스타트업이나 신사업을 추진하는 대기업 담당자들에게 성공을 위해서 매우 중요한 것으로 받아들여지고 있다. 캐즘을 건너뛰어야만 초기 사용자 기반을 확보할 수 있고, 결과적으로 안정적인 수익 기반을 가져갈 수 있기 때문이다. 따라서 많은 기업이 캐즘을 극복하기 위한 다양한 노력들을 전개한다.

일정 부분에 대해서는 이들의 상황에 대해 수긍이 가지만, 캐즘 이론에는 두 가지 커다란 오류가 있다고 생각한다. 하나는 사물인터넷 제품은 첨단기술이 적용되었을지는 모르지만 사실은 기존에 이용하던 친숙한 제품들이라는 사실이다. 다른 하나는 첨단기술을 적용한 제품이나 서비스는 무조건 혁신 수용자나 선각 수용자가 먼저 수용을 하고 전기 및 후기 다수 수용자로 전파되는 것이라고 단정하는 것이다. 반면, 최근에 시장에서 환영받는 기업들은 혁신 수용자나 선각 수용자들이 좋아할 만한 상품보다는 일반인들이 쉽게 그리고 적극적으로 수용할 수 있는 것들을 주로 제공한다. 아마존이 그렇고 아마존을 따라 하는 중국의 샤오미가 그러하며, 일본의 제네릭 가전

제조사들도 예외는 아니다. 이들은 어떤 새로운 상품을 제공할 때 중요한 것은 그 상품이 제공하는 고객가치이지, 거기에 사용되는 기술이 아니라는 사실을 정확히 알고 있다. 그래서 이들은 고객들이 제품이나 서비스에 사용된 기술들에 대해 전혀 몰라도 된다고 생각한다.

이런 생각은 시장에 대한 접근 방법을 달리하게 만든다. 즉, 초기 타겟 시장을 16%에 불과한 혁신 수용자나 선각 수용자로 잡는 것이 아니라 68%에 달하는 다수 수용자로 잡는다. 만약 혁신 및 선각 수용자까지 함께 수용할 수 있다면, 초기 타깃 시장의 규모는 84% 정도의 고객이 된다. 이는 기술 중심의 시장 접근이 아니라 가치를 중심으로 시장에 접근해야 함을 의미한다. 실제로 시장에서 성공적으로 고객 기반을 확보한 기업들은 첨단기술이 다수 포함된 제품보다는 어느 정도 알려지고 성숙한 기술을 이용하는 경우가 많다. 첨단기술이 포함된 제품들은 고객들에게 설명을 해야 하며 가격도 비싸면서 안정적이지 않은 경우도 종종 발생한다. 반면에 성숙한 기술은 고객들을 설득시킬 필요도 없으며 상대적으로 가격도 저렴하다. 그래서 더 많은 다수 수용자가 비교적 쉽게 수용할 수 있다.

세상에 공짜는 없다

사용자 기반을 확보한다고 해서 사물인터넷 비즈니스에서 성공하리라는 보장은 없다. 사용자 기반을 모으는 것뿐만 아니라 비즈니스 모델 캔버스에서 말하는 비즈니스의 아홉 가지 요소들에 대해 철저하고 꼼꼼하게 준비해야 하며, 이를 바탕으로 수차례의 시범 서비스를 수행하고 가설을 검증해 가면서 보다 완성된 사업 모델과 전략을 만들어 나가야 한다. 사물인터넷 비즈니스가 커넥티드 디바이스를 이용한다는 것을 빼면 기존의 비즈니스를 위한 활동들은 대부분 그대로 추진하면 될 것이다. 하지만 비즈니스를 위해 커넥티드 디바이스를 이용하는 것은 기존에는 전혀 생각지도 못했던 여러 이슈들을 발생시킨다. 사용자 경험, 금융, 그리고 보안과 프라이버시에 관련된 것들이다. 이러한 것들에 대해서는 조금이라도 내 생각을 공유하는 것이 필요하리라 생각한다.

먼저 사용자 경험과 관련해서 이야기하자면 사물인터넷 비즈니스는 디바이스와 서비스 측면을 모두 고려한 사용자 경험을 설계하도록 해야 한다. 즉, 디바이스의 이용 측면뿐만 아니라 디바이스를 이용해서 서비스를 개시하고, 디바이스를 통해서 서비스를 전달하는 모든 과정에 걸쳐서 사용자 경험에 대해 고민해야 한다는 것이다. 사용자 인터페이스 방식에 대해서도 함께 고민해야 하는데, 이는 사용하는 디바이스에 따라 달라질 수 있다. 스마트 디바이스가 제공하는 사용자 인터페이스는 사용자와 서비스 사업자가 소통하는 방식을 정의하기 때문에 매우 중요하다. 일반적으로 다양한 센서를 이용해서 사용자의 의도나 디바이스 주변의 상태를 파악하는데, 가능하다면 비접촉식 센서를 이용할 것을 추천한다.

앞에서 사용자 기반을 빠르게 확보하기 위해서는 디바이스를 저렴하게 제공하여, 고객들이 다양한 서비스를 더 많이 이용하도록 만들어서 투자비를 회수하는 기간을 최대한 단축해야 한다고 했다. 하지만 이런 방법은 중단기적으로 기업의 재무에 리스크를 안길 수 있다. 그러므로 증자를 하거나 추가 투자를 유치하는 등의 방안을 함께 준비할 필요가 있다.

보안과 프라이버시 이슈에 대해서는 서비스 기획 단계부터 아주 철저하게 준비해야 한다. 만약 이와 관련해서 충분한 준비 없이 서비스를 제공하다가 보안이나 프라이버시 문제가 발생하면, 해당 서비스뿐만 아니라 회사 전체에 치명적인 타격을 입힐 수도 있다. 그러므로 다양한 측면에서 보안과 프라이버시 특성을 제고할 수 있는 방법을 고민해야 한다. 예를 들면, 디바이스의 전원이 안정적으로 유지되어야 하며 통신이 끊기는 경우에 대한 대응 시나리오도 준비해 두어야 한다. 디바이스 이용자를 확인하거나 이용 권한을 확인하는 것도 필요하며 디바이스가 생성하는 데이터에 대한 신뢰성을 보장하는 방법도 함께 마련되어야 한다. 이외에도 보안 및 프라이버시와 관련해서 고려해야 할 것들이 한두 가지가 아니다. 그럼에도 불구하고 아직 대부분의 사물인터넷 디바이스들은 보안 기능을 최소한으로만 구현하고 있다. 비용이 많이 들 뿐만 아니라 보안 전문가라는 사람들조차도 사물인터넷 보안에 대해 잘 모르기 때문이다. 인터넷 보안과는 전혀 다른 관점에서 사물인터넷 보안 이슈를 검토해야 한다.

이러한 이슈들 외에 마음에 새겨 둬야 할 것이 있다면 모두가 승자가 되는 시나리오를 발굴해야 한다는 것이다. 과거 인터넷 시대처럼 고객이나 경쟁자에게서 더 많은 것을 가져온다고 해서 승자가 되는 시대는 이제 지나갔다. 사람과 사물과 비즈니스가 복잡하게 연결되는 세상에서는 나 혼자 열심히 한다고 승자가 될 수 없다. 인터넷 시대가 승자독식의 제로섬zero sum 시대였다면 4차 산업혁명 시대는 플러스섬plus sum 시대라고 할 수 있다.[163] 플러스섬 시대는 혁신적 가치 창출과 분배로 인해 모든 시장 참여자가 승자가 되는 시대다. 따라서 스마트 제품이나 서비스를 판매하는 판매자는 물론 그런 상품을 구매하는 구매자도 승자가 되며, 이들이 함께 살아가고 있는 사회도 승자가 되어야 한다. 즉, 모두가 승자가 되는 윈-윈-윈Win-Win-Win의 시대인 것이다.

사물인터넷이라는 아주 낯선 개념을 바탕으로 모두가 승자가 되는 비즈니스를 만드는 것은 결코 쉬운 일이 아닐 것이다. 변화를 싫어하는 임원들을 설득해야 하며 워라밸을 중시하는 젊은 팀원들도 설득해야 하기 때문이다. 어쩌면 뇌의 구조가 전혀 다른 서비스 업계와 제조업계 사람들이 협업해야 하는 것이 가장 큰 장벽일지도 모른다. 그리고 사업부가 없어지기 전에 눈에 보이는 실적을 만들어야 한다는 점까지…. 하지만 사물인터넷 비즈니스는 1~2년 안에 실적을 보여줄 수 있는 것이 아니다. 과거처럼 물건을 하나 팔거나, 서비스를 한 번 제공했을 때 즉시 돈이 들어오는 것과는 다르다. 사용자 관련 데이터가 제이 커브의 티핑포인트를 만나기 전까지는 죽을 만큼 지루하고 힘들 수 있는 것이 사물인터넷 비즈니스라고 생각한다.

과거의 조급증은 당장에 버려버리고 그 시간에 엉뚱한 상상을 해보자. 기존에는 아무런 상관도 없었던 디바이스와 서비스가 연결되는 상상 말이다. 아무런 상관도 없는 사물들 사이의 연결에서 고객들이 진정으로 원하던 가치를 발견하는 사람이 새로운 시대의 주인공이 될 것이다.

참고 문헌

Section 1. 냉장고를 공짜로 드립니다

1) 정용창·고성민, 〈가트너 부사장, "IoT 시대 생존 위해서는 냉장고를 공짜로 팔아라"〉, 조선비즈, 2015.9.1.

2) 박소라, 〈삼성전자, IoT 가전 시대 서막 여는 '패밀리허브' 냉장고 출격〉, 전자신문, 2016.3.30.

3) 삼성전자 프레스센터, 〈삼성전자, IoT 기술부터 정온냉동까지 갖춘 '혁신' 끝판왕 '셰프컬렉션' 냉장고 공개〉, 삼성전자 뉴스룸, 2016.1.7.

4) 삼성전자 패밀리허브 T9000, https://www.samsung.com/sec/refrigerators/

5) 삼성전자 프레스센터, 〈삼성전자, 'CES 2017'에서 더 똑똑해진 '패밀리허브 2.0' 최초 공개〉, 삼성전자 뉴스룸, 2017.1.3.

6) 권건호, 〈라인업 확대하는 패밀리허브 냉장고〉, 전자신문, 2017.11.28.

7) 권건호, 〈삼성전자, 'IFA 2016'에서 유럽 겨냥한 '패밀리허브' 공개〉, 전자신문, 2016.8.28.

8) 삼성전자 제품뉴스, 〈"이런 냉장고, 기다리셨죠?" 제품 기획자가 말하는 셰프컬렉션 패밀리 허브 냉장고의 매력〉, 삼성전자 뉴스룸, 2016.3.30.

9) 권동준, 〈[IFA 2017] 스마트홈 이제는 시장 대세… '연결성'이 전자업계 승부 가른다〉, 전자신문, 2017.9.3.

10) 조재환, 〈[IFA 현장] '부르면 오는 냉장고'… 가전도 자율주행 시대〉, 지디 넷코리아, 2017.9.3.

11) 〈냉장고와 대화를? 스마트 냉장고의 미래를 듣다〉, Social LG전자, 2016.11.1.

12) 김학용, 차두원 외, 《포워드 2019 미래를 읽다》, 한스미디어, 2018.11.

Section 2. 비즈니스 패러다임의 변화

13) 김학용, 《사물인터넷》, 홍릉과학출판사, 2014.9.

14) 〈Computers & the Internet〉, futuretimeline.net

15) Adam Banks, 〈Thanks for the memory: How cheap RAM changes computing〉, ars Technica, 2016.11.4.

16) 김학용, 《NodeMCU로 시작하는 사물인터넷 DIY》, 지앤선, 2017. 12.

17) Joe Sommerlad, 〈IBM unveils world's smallest computer〉, Independent, 2018.3.20.

18) 클라우스 슈밥, 《클라우스 슈밥의 제4차 산업혁명》, 송경진 옮김, 새로운 현재, 2016.4.

19) 〈E-commerce share of total global retail sales from 2015 to 2023〉, Statista.

20) 통계청, 2018년 5월 온라인쇼핑 동향, 2018.7.4.

21) 홍성국, 《수축사회》, 메디치미디어, 2018.12.

22) 김지현, 《프로비스》, 미래의창, 2015.7.

23) Cisco Systems, 〈Cisco Visual Networking Index: Forecast and Trends, 2017~2022 White Paper〉, 2019.2.27.

24) 김학용, 〈IoT와 행정환경의 변화〉, KIRD, 2019.8.14.

Section 3. 구독형 비즈니스 모델

25) 삼성전자 프레스센터, 〈삼성전자, 2019년 2분기 실적 발표〉, 삼성전자 뉴스룸, 2019.7.31.

26) 윤진우, 〈길어지는 스마트폰 교체주기⋯ "美소비자, 평균 33개월 쓴다"〉, 한국경제, 2019.8.24.

27) Porsche, 〈Porsche Launches New Sports Car and SUV Subscription Program〉, Porsche newsroom, 2017.10.10.

28) Wikipedia, Vehicle subscription.

29) 이정헌, 〈"안녕, 페퍼" 물으니 "좋은 일 있어요?"〉, 중앙일보, 2015.6.20.

30) 〈Engage, Return and Repeat: The Subscription Economy〉, Euromonitor International, 2017.1.

31) Andrew Perrin, 〈Book Reading 2016〉, Pew Research Center, 2016.9.1.

32) 블루이드, 〈아마존 뮤직 언리미티드 관련 내용 정리_16년 12월 16일 ver〉, 블루이드의 티스토리, 2016.12.16.

33) 티엔 추오, 게이브 와이저트, 《구독과 좋아요의 경제학》, 박선령 옮김, 부키, 2019.1.

34) 로비 켈먼 백스터, 《멤버십 이코노미》, 김원호 옮김, 알에이치코리아, 2018.2.

35) 〈Subscription Economy Index™〉, Zuora.

Section 4. 사용량 기반의 비즈니스 모델

36) Paul Ausick, 〈Why a Boeing 777 costs $320 million〉, USA Today, 2014.3.30.

37) 〈Rolls-Royce celebrates 50th anniversary of Power-by-the-Hour〉, Rolls-Royce, 2012.10.30.

38) Bernard Marr, 〈How Big Data Drives Success At Rolls-Royce,〉 Forbes, 2015.6.1.

39) Thomas J. Howard, 〈Design and Product Development〉, 2012.7.

40) 곽기호, 이하목, 〈제조업 빅데이터 활용 동향 분석과 시사점〉, 주간기술동향, 2016.9.7.

41) 〈Rolls-Royce Holdings plc annual report 2012〉, Rolls-Royce, 2013.

42) 홍연경, 〈공기압축기의 종류와 용도〉, 아트라스콥코 코리아 공식 블로그, 2015.8.17.

43) 〈Sigma Air Utility: Just buy the compressed air!〉, Kaeser Kompressoren, 2017.4.12.

44) 〈Using the Internet of Things to Provide 'Air-as-a-Service'〉, ASUG, 2015.6.26.

45) 〈산업용 IoT를 도입하여 고객의 중단 시간을 60% 단축한 중장비 업체〉,

HPE, 2017.

46) 임성아, 〈네덜란드 LED 공공조명시장〉, KOTRA 해외시장뉴스, 2011.11.30.

47) 이소정, 〈제조업에 서비스를 더해 수출시장 돌파구를 찾은 네덜란드 기업들〉, KOTRA 해외시장뉴스, 2017.4.27.

48) 〈Philips Circular lighting: a sustainable choice〉, Philips.

49) 임동진, 〈없는 것만 못한 태양광 대여 사업〉, 한국경제TV, 2018.8.3.

50) Alex Georgiou, 〈Fixed Rate Solar Plan〉, Shinehub, 2018.4.18.

51) 박주연, 〈쏘카·타다·풀러스… 이재웅의 뚝심 눈길〉, 뉴시스, 2019.6.26.

52) 이형두, 〈추가금 내면 드라이버와 대화 없이… 우버, '컴포트' 옵션 출시〉, 전자신문, 2019.7.10.

53) Andrew J. Hawkins, 〈Uber introduces an Amazon Prime-style monthly subscription service〉, The Verge, 2018.10.30.

54) 〈A Bill That Fits Your Lifestyle: How Metromile Billing Works〉, Metromile, 2018.9.26.

Section 5. 관리 서비스 모델

55) KBS 스페셜, 〈1백년 일등 기업 GE의 혁신〉, KBS, 2016.7.7.

56) 김순신, 〈건설 현장까지 접수한 드론·클라우드… 디지털 없인 공사도 못해〉, 한국경제, 2016.4.17.

57) Courtney Humphries, 〈Americans are exposed to more

pollutants indoors than outdoors. One solution: Create buildings that breathe cleanly〉, The Agenda, 2017.5.10.

58) 〈World's smartest green wall Naava introduced to U.S. market〉, Naava, 2017.11.8.

59) Frasel Torpy, Nicholas Clements 외 5명, 〈Testing the single-Pass VOC removal efficiency of an active green wall using methyl ethyl ketone (MEK)〉, Air Quality, Atmosphere &Health, March 2018, Volume 11, Issue 2, pp. 163-170.

60) 최수진, 〈'렌탈'의 힘… LG전자의 新성장동력〉, 시사위크, 2019.7.9.

61) 강희종, 〈경동나비엔 글로벌 부품 정보 시스템 도입〉, 디지털타임스, 2014.6.10.

62) Frank M. Grillo, Karl Hellman, 〈Delivering customer outcomes versus selling products: The GE Digital case〉, The Marketing Journal, 2018.6.11.

63) Charles Babcock, 〈GE Uses Machine Learning To Restore Italian Power Plant〉, InformationWeek, 2016.6.16.

64) Joseph Barkai, 《The Outcome Economy》, CreateSpace Independent Publishing Platform, 2016.5.

Section 6. 디바이스와 디지털 콘텐츠의 결합

65) 김지현, 《프로비스》, 미래의 창, 2015.7.

66) 〈Ebook timeline〉, The Guardian, 2002.1.3.

67) Richard Adams, 〈Amazon's ebook sales eclipse paperbacks for the first time〉, The Guardian, 2011.1.28.

68) Claire Cain Miller, Julie Bosman, 〈E-Books Outsell Print Books at Amazon〉, The New York Times, 2011.5.19.

69) Open Parachute, 〈Are ebooks taking off?〉, Open Parachute, 2010.10.21.

70) PublishDrive, 〈Amazon Ebook Market Share 2017 — is it big enough?〉, PublishDrive Blog, 2017.1.4.

71) 김학용, 차두원 외 7명, 《포워드 2019 미래를 읽다》, 한스미디어, 2018.11.

72) Hayley Peterson, 〈Amazon customers should be paying $785 for Prime Membership — Here's Why〉, Business Insider, 2018.5.17.

73) Deena M. Amato-McCoy, 〈Study: Amazon Prime doubles in size in two years〉, CIRP, 2017.4.25.

74) Dennis Green, 〈Prime members spend way more on Amazon than other customers — and the difference is growing〉, Business Insider, 2018.10.17.

75) Ethan Baron, 〈Amazon reveals number of Prime members for first time〉, The Mercury News, 2018.4.18.

76) Irene Kim, Jack Houston, 〈From free two-day shipping to special Prime member-only deals, here's how Amazon gets

you to spend more〉, Business Insider, 2019.9.14.

77) Soul Cycle, https://www.soul-cycle.com

78) Bizion, 〈실내 자전거에 넷플릭스를 결합하다! '펠로톤'〉, Bizion 네이버 포스트, 2017.6.9.

79) Mary Ann Azevedo, Jason D. Rowley 외 3명, 〈Peloton (Finally) Drops Its S-1, Revealing Sharply Rising Revenue And Net Losses〉, crunchbase news, 2019.8.17.

80) Global Market Insights, 〈Fitness Equipment Market to be valued $14bn by 22024〉, GlobeNewswire, 2018.11.15.

81) ㈜포스트미디어 외, 〈실감 체험형 콘텐츠 기반 스마트 스트리트 구현 기술 개발(최종보고서)〉, NDSL, 2017.4.

82) Latch, https://www.latch.com/

83) Natasha Lomas, 〈Latch tools up with second smart access product for offices, apartment blocks〉, TechCrunch, 2017.3.9.

84) Ben McInnis, 〈Introducing the Alexa Connect Kit: Connect Devices to Alexa without Managing Cloud Services, Writing an Alexa Skill, or Developing Complex Networking and Security Firmware〉, Alexa Blogs, 2018.9.20.

Section 7. 디바이스와 일반 상품의 결합

85) appleinsider Staff, 〈Nike and Apple launch Nike+iPod product

line〉, appleinsider, 2006.5.23.

86) 정재윤, 《나이키의 상대는 닌텐도다》, 마젤란, 2006.11.

87) Liam O'Connell, 〈Nike's revenue worldwide from 2005 to 2019〉, statista, 2019.7.29.

88) Peri Hartman, Jeffrey P. Bezos 외 2명, 〈Method and system for placing a purchase order via a communications network〉, US Patent 5960411(Google), 1999.9.28.

89) Caitlin Palmieri, 〈Amazon's 1-Click patent expired this week〉, Total Retail, 2017.9.14.

90) Taylor Soper, 〈Amazon Dash: A shopping device that lets you scan, speak to order groceries〉, GeekWire, 2014.4.4.

91) Rich McCormick, 〈Amazon's new Alexa-enabled Dash Wand is basically free for Prime subscribers〉, The Verge, 2017.6.15.

92) Marcel Weiß, 〈Why Amazon can establish new platforms like the Dash button easier than others〉, Early Moves, 2016.6.27.

93) Leena Rao, 〈Two Years After Launching, Amazon Dash Shows Promise〉, Fortune, 2017.4.25.

94) Amazon Dash Button, https://www.amazon.com/b?ie=UTF8&node=17729534011

95) Field Agent, 〈Amazon Dash Buttons - 2017 Report〉, 2017.9.

96) 백봉삼, 〈SKT, 간편 쇼핑 서비스 '스마트 버튼 꾹' 출시〉, ZDNet Korea, 2016.9.19.

97) 김윤희, 〈11번가, IoT 쇼핑 서비스 출시… 버튼 누르면 주문〉, ZDNet Korea, 2017.7.3.

98) Lara O'Reilly, 〈Domino's has launched a physical button you push to order pizza〉, Business Insider, 2015.11.23.

99) Scott Stein, 〈How Pizza Hut's TV-pausing, pizza-ordering shoes work〉, CNET, 2018.3.8.

100) Michael Grothaus, 〈Amazon stops selling physical Dash buttons〉, Fast Company, 2019.3.1.

101) Dash Replenishment, https://developer.amazon.com/dash-replenishment-service

102) Amazon Dash Replenishment, https://www.amazon.com/b?ie=UTF8&node=15426532011

103) Michael Wolf, 〈Meet Fetch, Target's Smart Home Powered Replenishment Service〉, The Spoon, 2018.4.12.

104) Maria Mora, Gia Liu, 〈After a long wait, the Tovala oven is here for modern cooking convenience〉, Digital Trend, 2018.2.10.

105) Tim Moynihan, 〈Tovala's smart oven wants to replace your microwave〉, Wired, 2016.3.9.

106) Ashley Carmen, 〈Tovala launches a lighter, redesigned second-generation smart oven〉, The Verge, 2018.11.13.

107) David Pierce, 〈This smart oven bakes perfect cookies

without your help〉, Wired, 2015.6.9.

108) Molly McHugh, 〈Inside the kitchen that listen to food and cooks by itself〉, Wired, 2015.11.4.

109) 정구민, 〈밀레, 레스토랑을 집 안으로 배달하는 엠쉐프 서비스〉, 아이뉴스24, 2018.8.31.

110) Joel R. Spiegel, Michael T. Mckenna 외 2명, 〈Method and system for anticipatory package shipping〉, US Patent 8615473, 2012.8.24.

Section 8. 디바이스와 생활 서비스의 결합

111) 〈The 2014 Pizza Power Report〉, PMQ Pizza Magazine, 2013.11.

112) 〈The 2019 Pizza Power Report: A State-of-the-Industry Analysis〉, PMQ Pizza Magazine, 2018.12.

113) Domino's Anyware, https://anyware.dominos.com/

114) 구정모, 〈車보험 마일리지 특약 가입 비율 4년새 3배 급증〉, 연합뉴스, 2017.4.23.

115) Wikipedia, On-board diagnostics.

116) Andrew G. Simpson, 〈Progressive goes national with usage-based 'Snapshot' car insurance program〉, Insurance Journal, 2011.3.14.

117) 〈Progressive Snapshot reaches 10 billion mile mark〉,

Progressive, 2014.3.20.

118) Mike Juang, 〈A new kind of auto insurance technology can lead to lower premiums, but it tracks your every move〉, CNBC, 2018.10.6.

119) John Huetter, 〈Progressive: Usage-based insurance is the future, likely assisted by OEM data〉, Repairer Driven News, 2017.5.17.

120) 126과 동일.

121) Marc Lifsher, 〈Pay-as-you-drive policies gaining mileage in state〉, Los Angeles Times, 2008.7.15.

122) 강구귀, 〈동부화재 UBI 차보험, 60%대 '꿈의 손해율'〉, 아시아경제, 2017.4.26.

123) 정슬기, 〈요동치는 車보험 시장… 동부화재 '약진'〉, 한국경제TV, 2017.10.23.

124) Suzanne Barlyn, Tamara Mathias, 〈Tesla rolls out insurance in California〉, REUTERS, 2019.8.29.

125) 斉藤 壮司, 〈安全運転なら保険料安く, トヨタとあいおいニッセイが自動車保険を共同開発〉, 日経XTECH, 2017.11.9.

126) 〈머리를 폭발하게 하지 않는 의료 보험, Oscar Health〉, Healthcare Business, 2015.8.27.

127) Steven Levy, 〈Oscar is disrupting health care in a hurricane〉, Wired, 2017.1.5.

128) Christina Farr, 〈Oscar Health, Josh Kushner's health insurance start-up, raises $165 million from Alphabet and others〉, CNBC, 2018.3.27.

129) 김동표, 〈그냥 걸어다녀서 할인 받은 통신비가 6억 원〉, 아시아경제, 2018.11.1.

130) 홍창기, 〈'AIA 바이탈리티 X T건강걷기' 가입자 수 출시 2개월 만에 20만 명〉, 파이낸셜뉴스, 2018.11.1.

131) Luke Dormehl, 〈Health company offering Apple Watch for $25 if you hit your fitness goals〉, Cult of Mac, 2016.3.3.

132) 〈More Fire Danger Seen with New Homes〉, Paint Square, 2015.3.2.

133) Dion Dassanayake, 〈Fitbit Ionic smartwatch REVEALED – Release date, price, specs for new Apple Watch rival〉, Express, 2017.8.29.

134) Lauren Goode, 〈Why Fitbit buying Pebble makes sense — at least, in the short term〉, The Verge, 2016.12.1.

135) Steve Kovach, 〈Fitbit discloses that it bought smartwatch startup Pebble for $23 million〉, Business Insider, 2017.2.23.

136) Satyajit Sinha, 〈Global Smartwatch Shipments Grew 41% YoY in 2018〉, Counterpoint, 2019.6.25.

137) Brian Kiessling, Carol Kennedy-Armbruster, 〈MOVE MORE, SIT LESS, AND BE WELL: Behavioral Aspects of Activity

Trackers〉, 《ACSM's Health & Fitness Journal》, Vol. 20, Issue.6, 2016.12, pp. 26-31.

Section 9. 서비스 플랫폼 디바이스에 주목하라

138) Audio Express Staff, 〈Smart Speaker Market to Reach 92 Million Units Shipped in 2019〉, Audio Express, 2019.9.18.

139) Mark O'Neill, 〈10 Digital Assistant Alternatives To Apple's Siri〉, Small Business Trend, 2018.12.24.

140) 이윤정, 김승인, 〈스마트폰 음성 인식 서비스의 상황별 만족도 조사〉, 《디지털융복합연구》, 제15권 제8호, 2017.8, pp. 351-357.

141) Priya Anand, 〈The Reality Behind Voice Shopping Hype〉, The Information, 2018.8.6.

142) Tae Kim, 〈Buy Amazon because Alexa will drive $10 billion in sales by 2020, RBC's Mahaney predicts〉, CNBC, 2017.12.21.

143) 〈Voice Shopping Set to Jump to $40 Billion By 2022, Rising From $2 Billion Today〉, CISION PR Newswire, 2018.2.28.

144) Sarah Perez, 〈Voice shopping estimated to hit $40+ billion across U.S. and U.K. by 2022〉, TechCrunch, 2018.3.3.

145) Milton Keynes, 〈Strategy Analytics: Amazon's Global Smart Speaker Share Falls Below 50% in Q1 2018 as Competition Heats Up〉, STRATEGY ALALYTICS, 2018.5.17.

146) Korea Times, 〈Samsung's entry into AI speaker market will wake up rivals such as Kakao, Google and Amazon〉, South China Morning Post, 2018.7.24.

147) Eric Jhonsa, 〈Amazon Echo, Google Home and Apple HomePod: 7 Key Smart Speaker Takeaways〉, The Street, 2018.8.8.

148) Mark Gurman, Brad Stone, 〈Amazon Has a Top-Secret Plan to Build Home Robots〉, Bloomberg Technology, 2018.4.23.

149) 김승민, 〈김현석 삼성전자 사장 "로봇 사업, 두뇌인 AI 개발이 핵심"〉, ZDNet Korea, 2018.08.31.

150) 이정헌, 〈"안녕, 페퍼" 물으니 "좋은 일 있어요?"〉, 중앙일보, 2015.6.20.

151) ロボアプリマーケット for Biz, https://bizapp.robot.softbank.jp/

152) Andrew Liszewski, 〈Sony Gives Aibo a New Paint Job and Plans to Teach It Some Home Security Tricks〉, Gizmodo, 2019.1.23.

153) Sean O'Kane, 〈Tesla Motors changes company name just to Tesla〉, The Verge, 2017.2.1.

154) Elon Musk, 〈Master Plan, Part Deux〉, Tesla, 2016.7.20.

155) Andrew Liptak, 〈Tesla raises prices at its Supercharger stations〉, The Verge, 2018.5.12.

156) Roberto Baldwin, 〈Tesla promises 'one million robo-taxis' in 2020〉, Engadget, 2019.4.22.

157) Andrew Liptak, 〈Elon Musk says that Teslas will soon be able to stream Netflix and YouTube〉, The Verge, 2019.7.27.

158) Zachary Shahan, 〈Tesla Model 3 = 67% of US Electric Vehicle Sales in 2nd Quarter〉, Clean Technica, 2019.8.10.

159) Zachary Shahan, 〈Tesla Model 3 = 24% of Small & Midsize Luxury Car Sales in USA〉, Clean Technica, 2019.10.7.

160) Ben Lovejoy, 〈Opinion: My money is still against an Apple-branded car in 2025〉, 9to5Mac, 2018.8.15.

161) Mark Harris, 〈Amazon quietly acquired robotics company Dispatch to build Scout〉, TechCrunch, 2019.2.7.

162) Neal E. Boudette, 〈Amazon Invests in Rivian, a Tesla Rival in Electric Vehicles〉, The New York Times, 2019.2.15.

Section 10. 냉장고를 공짜로 줍시다

163) 이민화, 〈제로섬 아닌 플러스섬 선순환해야〉, 서울경제, 2018.4.11.

냉장고를 공짜로 드립니다

초판 1쇄 발행 · 2019년 11월 20일

지은이 · 김학용
펴낸이 · 김동하

책임편집 · 김원희
기획편집 · 양현경
온라인마케팅 · 이인애

펴낸곳 · 책들의정원
출판신고 · 2015년 1월 14일 제2016-000120호
주소 · (03955) 서울시 마포구 방울내로9안길 32, 2층(망원동)
문의 · (070) 7853-8600
팩스 · (02) 6020-8601
이메일 · books-garden1@naver.com
포스트 · post.naver.com/books-garden1

ISBN 979-11-6416-039-6 03320